U0939080

□浙江大学环境与能源政策研究中心

中央高校基本科研业务费专项资金
资助出版

China's Clean Energy and Sustainable Development in the New Era

浙江大学公共管理蓝皮书系列

China's Clean Energy and Sustainable Development in the New Era

新时代中国清洁能源与可持续发展

主　编　郭苏建　方　恺　周云亨

浙江大学出版社

前　　言

我国现在正在积极推进能源生产与消费革命，建立清洁低碳、高效安全的能源体系，鉴于我国能源转型的长期性和复杂性，未来解决能源资源和环境矛盾的根本出路在于调动各方面的积极性，积极开发和利用清洁能源。为了促进清洁能源的发展，未来中国需要着力解决两个层面的问题：一是技术层面，即如何依靠科技创新和技术进步来提高能源的利用效率，降低清洁能源的开发成本；二是政策层面，即如何打破体制机制方面的障碍，实行进一步的改革开放，通过公平高效的经济政策来推动清洁能源的发展。

基于以上问题意识，浙江大学环境与能源政策研究中心和浙江大学公共管理学院于 2018 年 9 月 22 日在浙江大学紫金港校区共同举办了“新时代中国清洁能源与可持续发展”学术研讨会，来自高等院校、科研机构、相关产业的专家和学者围绕“清洁能源发展与国际能源合作”“能源系统优化与可持续利用”“碳排放与区域可持续发展”“清洁能源发展与新能源汽车”等课题，就清洁能源发展的重要理论和实践问题，开展了深入的交流与讨论。在此会议的基础上，我们编写了这部论文集。以下是论文集各部分简介。

中国投资协会能源投资专业委员会副会长兼秘书长张杰撰写了《能源转型中的清洁能源投资机会》一文。中国正步入能源转型期，在国家做好顶层设计、主管部门推动产业发展、科研机构推动能源技术革命的条件下，转型的进展非常可观。关于能源转型工作的重点，他总结为“四个革命、一个合作”的战略思想，即供给革命、消费革命、技术革命、体制革命和全方位加强国际合作；关于未来清洁能源发展的方向，他总结为“三化四能”,“三化”为清洁化、电力化和综合化,“四能”为创能、储能、节能和智能;而未来清洁能源发展的投资机会,应该重点关注城市能源、综合能源服务和能源新材料这些领域。

在“清洁能源发展与国际能源合作”这一专题中,国家发改委能源所原所长韩文科撰写了《我国清洁能源发展机遇与前景》一文。我国提出能源生产和消费革命战略,趋向就是绿色低碳、主动创新,持续增加清洁能源的生产和消费,同时要降低化石能源的使用比例。在这种政策环境下,基于国家意志进行大量投资,是促进我国清洁能源发展的主要机遇。由于过去国家对清洁能源实行固定价格补贴的政策,随着清洁能源的成本快速下降,补贴的不可持续问题突出,固定价格补贴要转换为平价补贴,出现了补贴资金艰难的问题,给清洁能源的发展带来阻碍。而随着政策的调整,补贴资金艰难的问题逐渐过渡,当前清洁能源发展面临的挑战主要集中在市场规模扩张和上网消纳、就地消纳等问题上。

国际能源署中国合作部主任涂建军撰写了《中国与全球的能源治理:现状与展望》一文。国际能源行业未来的发展受到以下四个趋势的影响:①美国成了全球油气行业的领导国;②太阳能发电规模快速扩张;③中国的能源政策越来越受到空气污染治理的影响;④未来能源行业电力进程势不可挡。因此,未来中国能源的发展应注意以下几个问题:第一,由于经济结构的转变以及地缘政治的紧张局势,中国的能源转型有非常大的不确定性,未来中国如何参与国际治理,在新形势下应该有新思路;第二,中国关于国际能源治理的态度实际上是与时俱进的,新的政治与经济形势需要中国在这个领域取得更大的突破;第三,能源贫困问题是中国未来参与国际能源治理的一个最有希望的突破口。

云南大学国际关系学院院长吴磊教授撰写了《国际能源体系变革与中国的能源转型》一文。吴磊教授认为,能源不仅是重要的经济资源,更是重要的战略资源,是国家权力的重要组成部分,在历次国际能源转型中,对能源资源的掌控成为决定性的影响因素,因此从权力政治的视角看,能源转型的实质是能源权力转移、能源权力结构变化以及国际政治权力变迁。谈到能源转型的现状与趋势,吴教授认为全球能源消费低碳化趋势已经出现，未来进程会加快，2030 年前后能源领域将发生大的转型或革命，具体将表现为汽车电气化发展、模块化方法发电、大规模太阳能应用、氢能消费普及等。中国应引领能源转型和能源革命，特别是在再生能源领域，中国应注重能源转型战略设计的整体性、前瞻性以及政策制定与执行的连续性；在高碳能源结构仍将持续、能源峰值尚未到来的情况下，中国应采取以保障能源安全为核心、兼顾环保的能源转型思路，引领新一轮的国际能源转型。

中国人民大学国家发展与战略研究院副院长、国际关系学院教授许勤华撰写了《"一带一路"绿色发展背景下中韩清洁能源合作》一文。许教授首先介绍了绿色"一带一路"倡议和现状，指出绿色"一带一路"的内涵是建设资源节约、绿色消费、低碳智慧之路，目标是建设绿色利益、绿色责任和绿色命运共同体。这一倡议受到沿线国家欢迎。随后，许教授探讨了绿色"一带一路"倡议下，中韩清洁能源如何合作的问题。自 2005 年中国加大对可再生能源产业的财政补贴后，中韩之间清洁能源特别是可再生能源产业处于竞争状态，两国能源关系一定程度上也会影响两国的外交关系，有时候会起到关键性作用。未来中韩在清洁能源合作领域可以关注以下几个层面：第一，引领使用清洁能源，提升"一带一路"地区绿色发展水平；第二，加强绿色投资合作，发挥各自优势，进一步提升产能合作；第三，借"一带一路"多边平台，将产业竞争关系转化为合作关系。

在"能源系统优化与可持续性利用"这一专题中，复旦大学能源经济与战略研究中心副主任、教授潘克西撰写了《中国车用燃料乙醇发展研究》一文。潘教授基于大数据介绍了中国煤炭从生产、运输再到分行业的主要用途，认为中国煤炭甚至中国能源最大的问题是总数问题，在 2014 年经过数据调整后，煤炭数据的一致性已经大有改观，但是有关煤炭的统计数据还存在模糊不清的问题。关于煤炭行业未来的发展，应当认识到，实际上煤炭清洁利用了以后也是一种清洁能源，在煤炭利用技术上中国在全世界也是领先的。习总书记讲过，对煤的注意力不要分散，因此应当坚持开发煤炭利用技术，部署一些煤炭清洁利用的项目，尤其是高效发电的项目。

浙江大学公共管理学院米红教授撰写了《城乡居保养老金投资新能源发展的政策仿真研究》一文。米教授认为，中国新能源的发展潜力主要在于两个领域：第一是页岩气，中国富有机质页岩分布广泛，可采资源量为25万亿立方米，超过常规天然气资源；第二是太阳能，光伏产业将是未来人类第四次能源革命的重头戏与经济主角，中国的光伏产业的发展潜力吸引了世界资本的眼球。关于社保基金的保值增值问题，米教授指出，当前我国社保基金统筹模式包括现收现付制、完全积累制和部分累积制。如何认识社会保障基金投资新能源的可行性？简要来说，第一，千亿量级的投资仅是开端，要破解地方向中央归集投资资金的体制、心理和现实障碍，尽早达到万亿量级；第二，全部委托社保基金会投资也非长策，需要研究更多元化、专业化的养老基金投资体制。社保基金投资应遵循的原则包括投资的安全性原则、投资的流动性原则、投资的盈利性原则，以及与政府宏观调控相适应原则。

青岛科技大学贾小平副教授撰写了《过程集成与能源规划研究：以莱西生物质发电为案例》一文。过程集成，简要来说，就是每个化工企业，或者工程企业，或者任何一个有生产、有物流进出或者有运营管理等流程的单位，从系统的角度研究提高效率的问题。以能源领域供能为例，具体操作是两大步，第一步是确定这个系统里面的冷热供应工程的目标，第二步是设计网络，找到不同单元的关联度。关于能源规划的问题，研究的关注点在碳排放和碳足迹，贾副教授以三个案例分别对其进行阐述。

吉林大学新能源与环境学院宋俊年副教授撰写了《基于投入产出模型的区域农业废弃物能源化技术产业化模拟与效益评估》一文，主要是秸秆资源能源化技术的产业化模拟与效益评价，以吉林省为一个研究区来做实证研究，应用的方法是目前比较流行的投入产出方法。宋副教授认为，生物质能源尤其是秸秆资源最大的特征就是碳综合性，即生产中所吸收的二氧化碳和燃烧过程中排放的二氧化碳等同。我国尤其是吉林省拥有非常丰富的秸秆资源，为后续能源的转化利用提供一个很好的基础，可以通过各种类型的能源转化技术，转化成各种类型的能源产品。宋副教授的研究涵盖几个方面：第一，区域的秸秆资源的储量以及秸秆可能源化利用的研究;第二,基于具体区域的秸秆物流过程的优化;第三,针对某些具体的秸秆能源化利用技术的环境表现、能源表现等进行评价。对于整个模型的结果来说,无论是从能源效益、环境效益还是经济效益来看,直接燃烧发电和固定成型燃料相对来说更具有优势。

在“碳排放与区域可持续发展”这一专题中,华北水利水电大学测绘与地理信息学院赵荣钦教授撰写了《区域“水—土—能—碳”耦合作用机制分析》一文。这些年来,我国碳排放研究涉及很多领域,有自然科学,也有社会经济科学,但是更多的是关注碳排放本身的区域示范意义,缺乏从资源开发的源头来探寻人类开发活动对区域环境及气候变化的影响,所以存在两个问题:第一个是不同时空尺度、不同人类活动情况下,各种资源组合方式和耦合开发效率对碳排放有什么影响;第二个是怎么将资源节约和碳减排结合起来推动社会可持续发展。基于这样两个问题,赵教授主要从以下五个方面进行介绍:①研究背景分析;②区域“水—土—能—碳”系统及要素解析;③区域“水—土—能—碳”耦合作用机制分析;④基于不同视角的案例研究,例如农业输入资源开发的碳排放效率,河南省资源利用效率和碳排放的关系,不同产业碳排放足迹效率的研究等;⑤未来的研究展望。

浙江大学公共管理学院土地管理系主任吴宇哲教授撰写了《FEW 联结视角的国土空间优化探索》一文。FEW 指的是食品能源和水的一种连接,来源于 2011 年世界经济论坛发布的《全球风险报告》,该报告将 W-F-E nexus 作为全球三大重要风险之一,认为人口增长与日益繁荣对资源产生不可持续的压力;提出任何策略若只从单一的角度出发而忽视粮食、能源、水之间的关联,将导致不可预期的后果。当前我国规划空间布局存在很多矛盾,主要表现在耕地保护、生态安全和建设发展多目标规划的次序冲突,不同主体功能区定位的区域安排次序不合理,重点开发、优化开发、限制开发和禁止开发在不同尺度上比较模糊。基于 FEW 联结视角,应当做到:第一,生态基础设施优先保护;第二,耕地保护制度以质量保护为先;第三,城市重点发展区促进集聚发展;第四,规划预留空间,三者用地协调发展。

清华大学公共管理学院朱俊明副教授撰写了《气候与环境政策的技术创新效应及机制》一文。朱教授首先介绍了为什么我们需要重视政策对于绿色创新或低碳技术创新的作用：第一，低碳技术特别是零碳减碳的技术对于我们实现气候政策目标有非常关键的作用；第二，低碳技术与可持续发展其他各个方面存在耦合；第三，国家的绿色技术创新实际上到了一个必须反思、总结、规划的时间点。基于此，主要做了两方面的研究：第一，我国碳排放权的交易试点是否影响了低碳创新？研究发现，碳交易政策对于交易企业的低碳创新和非低碳创新都有很明显的促进作用。第二，关于清洁生产政策，研究发现，清洁生产标准作为一个纯资源型的推荐性的标准，有一个非常强的创新促进作用。

南京大学地理与海洋科学学院揣小伟副教授撰写了《土地利用与碳排放研究进展》一文，主要是关于激励效应以及我们怎样通过土地利用的视角去开展低碳机理研究，其中一个机理是土地利用变化对植被、土壤碳储量以及植被的吸收能力的影响。揣副教授就土地利用对碳排放影响的一些事例分析进行了介绍，第一个是土地利用变化对生态系统碳储量的影响，第二个是土地利用变化对陆地生态系统碳源碳汇的影响。关于开展低碳利用，主要进行了三个方面的研究：第一个是低碳土地利用的结构优化；第二个是在优化的基础上进行空间布局，以便土地管理者进行空间上的管制；第三个是明确在保证开发结构实现的前提下需要哪些经济条件和社会条件，会付出多少的经济代价。

浙江大学公共管理学院方恺研究员撰写了《区域碳排放权分配的理论与实践》一文。人类活动导致了二氧化碳等温室气体排放，造成 20 世纪中叶以来全球变暖，因此要实现温控目标，就必须控制温室气体的当量。由于碳排放权是具有稀缺属性的公共资源，与各国的发展空间和人类福祉息息相关，从这个意义上说，温室气体的减排问题可以归结为如何分配碳排放权的问题。我国从 2011 年开始就在 7 个省市实行了碳排放权交易试点，但是直到 2017 年 12 月底，全国碳排放权交易市场才真正启动，一个重要的限制因素是对于各个省区市的排放配额缺乏明确的界定。方研究员认为，基于当前碳排放权分配研究存在一些共性问题，应当有一个新的分配构架来对 2030 年我国各省区市的碳排放配额进行分配，主要的分配原则是公平性、效率性、可行性、可持续性，研究方法是零和收益数据包络分析。从分配结果来看，年均呈现一个西北偏低、东南高的阶梯状分布形式，这是由各个省区市的历史排放贡献以及它们的社会经济和环境维度的区域差异共同决定的。方研究员认为，各省区市碳排放配额的分配并不是一成不变的，未来要根据不同的排放情景，对各省区市碳排放配额进行实时精准的调整，同时建议鼓励一些盈余省区市的部分配额进入全国碳交易市场进行再分配。

在“清洁能源发展与新能源”这一专题中，中国科学院地理科学与资源研究所研究员张雷撰写了《西藏清洁能源的开发利用》一文。能源对人类文明的发育进步作用巨大，清洁能源机制的建立对生态脆弱地区人文社会的发展作用尤为重要。西藏自治区的气候地理环境造成该地区脆弱的生态环境，决定了当地能源开发利用的独特性，即如何在平衡生态环境安全保障和社会经济发展两者利益的前提下，实现本地能源的高效、合理和可持续发展利用。张研究员介绍了西藏的自然基础和人文活动状态，常规能源的开发利用状况，清洁能源的发展历程等。总体来看，西藏清洁能源的开发利用应因地制宜，以生态保护为先。基于对问题前景的判断，未来西藏清洁能源工作应从以下两个方面展开：①准确地把握清洁能源开发利用的方向；②合理安排清洁能源空间布局。

中化集团经济技术研究中心研究员、高级经济师王海滨撰写了《中国交通运输领域清洁能源的发展》一文。中国政府积极支持交通运输业清洁能源的发展，主要是基于优化能源消费结构、治理污染、保障国家能源安全等角度来考虑。王海滨研究员认为，清洁燃料和动力的发展对中国石油的消费起到了一定的替代作用，同时通过减少颗粒物和氮氧化物等污染物的排放，缓解了道路污染。迄今为止，中国交通运输领域清洁能源的推进主要得益于自上而下的发展路径。目前正在经历的一个大变化是，中国政府对清洁能源发展的支持已经从大量给予财政补贴转到减少补贴、增加强制性措施等政策；此外，目前中国清洁交通的发展严重缺乏非政府组织和公民社会的参与，这将给中国交通运输领域清洁能源的发展带来不确定性。不过,国际原油价格的反弹让替代燃料和动力继续享有竞争优势,在后补贴时代,中国政府、企业应努力利用有利条件,有效应对挑战,增强交通运输领域清洁能源发展的可持续性。

江苏大学财经学院孙华平副教授撰写了《新能源汽车专利池潜力测度——基于专利合作的网络机制》一文,从创新的模式、创新的角度审视了这一领域的发展。中国的新能源汽车在国家相应战略的推动下进展非常迅猛,2015 年大概产量是 34 万辆,销量达到 33 万辆,2016 年就突破了 50 万辆,而 2018 年将近 80 万辆,预计到 2020 年有望突破 200 万辆。我国的汽车产业是高度管制的,一汽、长春、上海、河北等企业、地方有比较大比例的汽车产业,相应地它们的新能源汽车从研发到专利的布局也就比较多。但具体到新能源汽车的电池,在我国申请新能源汽车电池专利的前十名的企业主要是欧美以及日本的企业。通过对研究结果的分析,孙副教授建议:①增加研发投入;②提升企业的竞争力;③构建专利池。

浙江工业大学政管学院叶瑞克副教授撰写了《从“补贴推动”到“内源驱动”——新能源汽车补贴退坡政策的 SD 动态仿真研究》一文。叶副教授认为,未来汽车的“四化”特征是网联化、智能化、共享化和电动化,而当前中国的电动汽车发展的态势可以总结为:首先,我们的新能源汽车注册数量在全球领先;其次,我们的新能源汽车保有量全球第一,但是主要动因是国家补贴政策的刺激,在技术上与发达国家的差距不容忽视,因此需要考虑的问题是新能源汽车是否可以摆脱补贴,如何摆脱,以及如何判断是否摆脱。基于此,叶副教授建立了一个汽车动力学模型,并基于研究结果提出以下建议:①“内源驱动”的能力培育与提升应该成为我国新能源汽车推广应用的重要准则;②明确补贴取消的时间点;③税收优惠政策应该逐步转向电池技术等共性技术研发;④政府应该出台更多的传统汽车的限制性政策;⑤加强商业模式,形成需求导向的内生成长机制。

浙江大学公共管理学院龚斌磊研究员撰写了《“三桶油”主要竞争对手与竞争压力研究》一文。龚研究员认为,油气资源对于我国能源安全、经济发展和环境保护具有重要意义,当前我国的三大油企面临三个方面的路径选择:同构化还是差异化,本土化还是全球化,专业化还是一体化。

基于此，可利用全要素生产率，通过分析全球油气市场和主要石油企业来评价我国三大油企的发展战略和路径选择，结论如下：①我国三大石油企业应实施差异化的发展路径，减少负外部性带来的损失；②现阶段我国三大石油企业实行的一体化和全球化发展战略是正确的；③无论是国有还是私营石油企业，一体化和全球化的发展战略都能提高企业的竞争力，而私营石油企业对一体化和全球化发展战略的积极性更高。

目　录

专题四 清洁能源发展与新能源

能源转型中的清洁能源投资机会

张　杰

中国投资协会能源投资专业委员会

一、能源转型与当前能源形势——能源革命与能源发展趋势

当前我国正面临能源转型的现实问题，如何实现转型，对此学界已经进行过较多研究，目前来看，能源转型在国家顶层设计层面已经趋于成熟，主要的问题集中在具体执行层面，原因在于主管部门对能源转型顶层设计的理解尚不到位，因此，充分理解能源转型中清洁能源的投资机会，是正确执行能源转型战略的必然要求。

党的十九大报告指出：推进绿色发展。应加快构建绿色生产和消费的法律制度，确立政策导向，建立健全绿色低碳、循环发展的经济体系；构建市场导向的绿色技术创新体系，发展绿色金融，壮大节能环保产业；清洁生产产业、清洁能源产业。推进能源生产和消费革命，构建清洁低碳、安全高效的能源体系。能源转型领域需要贯彻“四个革命、一个合作”的思想，四个革命指的是能源供给革命、能源消费革命、能源技术革命和能源体制革命，一个合作指的是全方位加强合作。对于四个革命而言，最重要的是理解其中的关系，包括开展的顺序、重视程度等方面。

对于能源革命而言，最重要的是生产侧和供给侧的革命。能源生产侧在资本投资方面较为完善，无论是技术方面，还是政策方面，在一次能源和二次能源的使用上已经可以和经济发展实现较为良好的衔接，但是关于能源消费侧革命的研究还有大量空白，能源被用在什么地方，使用者是谁，产生了什么效果，这些都是亟待加大力度研究的问题。例如我国的电力使用，国家统计局虽然针对电力消耗进行了统计，但是统计结果非常

笼统,包括不同行业的电力消耗量以及电力消耗的整体分布与演进状况等都没有得到直观的展示。

在能源革命中,能源技术革命是最为重要的一环。能源的发展离不开科技的推动,从过去的化石能源到现在蓬勃发展的清洁能源都是科技进步推动的结果。技术不仅保证了清洁能源的供能效果,更重要的在于减少了清洁能源的供能成本,使其具有了充足的价格优势,在与化石能源的竞争中扭转了劣势。

能源体制革命是能源革命领域里开展难度最大的一个层面。市场可以实现资源的优化配置,将能源投进市场无疑能够充分提高能源使用的效益,但是由于能源涉及国家安全这一特殊性,因而将能源完全市场化并不现实。在当前能源半市场化、半行政化指导发展的情况下,开展能源体制革命必然会触动国家的能源体系。虽然我国在天然气、电力等领域已经进行了能源市场化的初步探索,但是进程缓慢。

能源发展需要全方位的国际合作。目前能源的国际合作已成规模,尤其是在清洁能源领域,引入国外的先进技术,充分利用中国的广大市场,使得包括风能、太阳能等在内的清洁能源的发展方兴未艾,因此,应在此基础上进一步加强国际合作。我国推出了未来发展的"一带一路"倡议。"一带一路"沿线涵盖大量的发展中国家,因此中国可以利用自身相对的技术优势,开展国际合作,实现共赢的局面。

未来清洁能源转型有三个方向,即"三化四能"。"三化"指清洁化、电力化和综合化。清洁化指的是传统化石能源的清洁化利用与发展可再生能源产业。电力化指的是清洁、高效、便捷的二次能源利用。在未来一次能源转化过程当中,电力化的转化趋向较为明显,主要源自互联网技术的发展,通过互联网技术与电网技术的融合,能够较为简单地实现转化目标。综合化指的是能源发展注重多能互补、协调规划、优化运行、协同管理、交互响应。传统的能源生产思路是大范围的生产建设,通过建设规模巨大的火电网实现稳定的能源供应,但是清洁能源并不适应于传统能源的建设思路,原因在于大多数清洁能源如太阳能和风能是间歇性能源,不具有稳定性的输出。因而未来能源发展应当是传统能源与清洁能源综合发展、互相补充的格局。

所谓“四能”指的是创能、储能、节能、智能。创能即能源生产多元化、清洁化、高效化、市场化。节能即采取技术上可行、经济上合理以及环境和社会可以承受的措施，降低消耗、减少损失、制止浪费，有效、合理地利用能源。储能即削峰填谷，提高能源供应系统的稳定性，在新能源并网、电动汽车、微电网、家庭储能系统、电网支撑服务等方面发挥重要作用。智能即信息网络、能量网络和能源网络的高度融合，实现信息流、能量流和能源流的自由接入、实时流动、即时交换与共享。

在国家的顶层设计以及主管部门围绕顶层设计推动产业发展的共同促进下，中国的能源转型实现了大幅度跨越。从2009年到2017年，世界一次能源消费结构变化不大，最显著的变动来自可再生能源，从1%增加到4%，是近年来消费占比增长的唯一能源种类，而石油仍是世界第一大能源，8年间世界石油能源消费量维持在34%左右，始终在一次能源消费结构中位列第一。2017年，中国占全球能源消费量的23.2%和全球能源消费增长的33.6%。中国连续17年稳居全球能源增长榜首。中国的能源结构持续改进。尽管煤炭仍是中国能源消费中的主要燃料，但2017年其占比为60.4%，创历史新低。2017年中国可再生能源消费增长31%，占全球增长的36.0%。中国的可再生能源消费占全球总量的21.9%。

2017年我国各类能源发电量中，火电占比接近80%，在可再生能源中，水电和风电占较大比例。从2010年到2018年，水电和火电的比例都有了一定的下降，核电、光伏、风电都有小幅增长。

二、各类清洁能源发展状况

在未来能源发展布局中，水电资源的开发依旧是值得关注的重点，但是开发水电面临以下几个问题。①水电资源主要集中在大江大河上游和少数民族地区，如西藏、四川、云南与黑龙江，生态环境保护、移民安置等社会性问题越来越受各方关注。②大江大河上游河段水电工程地处偏远，交通条件差，输电距离远，造成水电建设和输电成本高。③“十三五”期间每千瓦的成本已经超过1.5万元，四川、云南等地区弃水问题仍未得到有效解决。④2017年我国水电利用小时数为3579小时，其中弃电量515亿千瓦时，弃电率高达4.1%。针对这些问题，在水电开发中，建议：

①尽快将水电纳入可再生能源配额考核的统计范围;②应借鉴解决黄河用水矛盾、三峡水电分配等重大事项的成功经验,尽快建立一个国家层面的可再生能源协调机构,负责电源、电网建设和市场消纳的统筹规划和实施。

天然气同属于低碳能源的范畴,也是在当前能源消费中占有地位越发重要的能源之一。我国天然气资源总量较为丰富,但资源禀赋差,开发难度大,增储上产难度高,所以丰富的资源存储并不能转化为即时的能源供应,因而在国内需求增长迅速的背景下,对外依存度快速上升。目前世界天然气供应充足,但我国进口严重依赖个别国家。此外,国内天然气价格发现机制和价格形成机制与市场不匹配,因而在未来天然气的开发与利用中,需要注意:第一,接收站、储气库、管道、配套城市管网等基础设施建设应进一步完善;第二,基于我国国情进行天然气体制改革。

当前风电开发面临的挑战在于:第一,核心技术领域的主要发展瓶颈在于大机组、大叶片、低风速、高海拔机组等系统化技术还不完善。第二,风力资源与电力消费的不匹配、调峰能力不足、技术经济性、政府定价机制、输配不畅(220kV 输电线路严重不足)等原因导致我国弃风限电问题长期难以得到有效解决。因此,第一,加大核心技术领域的研究力度,提高效率、降低成本。第二,提高市场、价格体系、调度机制的灵活性,激励传统能源行业、电网公司乃至消费者消纳更多风电。

当前光伏发电面临的挑战在于:①财政补贴缺口日益增大,光伏项目补贴拖欠一般长达 2～3 年,对光伏产业链各方都带来一定的风险和影响,行业发展难以持续。②光伏行业过快发展带来了严重的弃光限电问题。③光伏制造产能过剩问题、产品和电站建设质量问题正逐步显现。④非技术性成本的不断升高阻碍光伏发电实现平价上网。因此在未来光伏产业的发展中:①激发企业发展内生动力。促进光伏行业从依靠国家政策向更多地依靠市场转变,减少补贴依赖,促使企业通过降本增效提高企业发展质量,实现光伏行业优胜劣汰,加速淘汰落后产能,倒逼产业技术进步。②大力推进分布式市场化交易。积极鼓励不要国家补贴项目的建设,加速平价上网的步伐。③抓紧可再生能源电力配额制度的落地实施。强化各地方政府和售电公司、参与市场交易大电力用户、自备电厂等市场主体对消纳可再生能源的责任。

当前生物质发电面临的主要问题在于:①生物质与农业、农民问题。生物质能源原材料主要来自农村的秸秆、剩余物和林业废弃物,都涉及农民的自身利益,生物质电厂发挥重要支农、稳农的角色,不仅仅是一个商业问题。②生物质能源成本问题。在当今形势下生物质发电行业存在的高成本问题已经制约了行业的发展,建设和运营成本相对较高,上网电价难以支撑生物质能发电厂的正常运营。③整体研发水平低、人才支撑不够。我国生物质发展技术水平较低,设备制造能力弱,技术和设备生产较多依靠进口,技术研发能力和生产能力与国外先进水平差距较大。④政策体系有待完善。在未来生物质发电建设中:①生物质产业发展的"三农"问题及政策完善需要从长远角度考虑,全面研究探讨解决办法。而成本与技术问题可通过鼓励创新、资金投入与人才引进等方式尽快着手解决。②加快技术创新的步伐并建立支撑生物质发电快速发展的产业体系以降低生物质发电的成本。③作为新兴的行业其产业化和商业化程度低,市场竞争力比较弱,制定合理的上网电价和政府加强财政税收政策的支持和激励是促进生物质能发展的必要措施。

当前核电开发面临的主要问题在于:①除了核电站高昂的建设费用,将核废料的处理、核电站保护所增加的军事防御、军队、武警等经费,以及即将退役所产生的关闭成本等都纳入核电站间接成本的情况下,核电成本大幅提高。②核电反应堆堆芯关键设备和材料的国产化是我国核电最重要的技术瓶颈。③核安全问题备受关注,一旦在内陆地区出现重大核事故,必定是在几千年、上万年都难以补救的事故。中国核原料对外依存度很大,仅现在已建、在建的几十座核电站年需求的天然铀对外依存度已高达85%;核废料处理技术不成熟,现有的处理方法不能从根本上解决放射性核废料带来的威胁。核电是比较具有争议的清洁能源,其安全性一直备受关注,在未来能源开发中,应当秉持安全第一的理念,然后才是高效、清洁与低碳,所以核电的开发应当量力而行。

三、清洁能源发展方向和投资机会

（一）城市能源

由联合国环境规划署发布的《城市区域能源：充分激发能源效率和可再生能源的潜力》中指出，城市在全球向可持续能源应用转型过程中可起到核心作用：作为相互关联的能源服务产业和公共设施的管理者，城市具有可通过综合解决方案以迅速提高能源效率并普及可再生能源的独特优势。城市能源系统包括水、电、热、气、冷。水包括城市用水管理、污水处理系统、水体污染治理和海绵城市基础设施；电包括分布式太阳能、风能及生物质、天然气热电联产、储能设施和电力基础设施；热包括天然气热电联产、空气源热泵、地源热泵、地热供暖等，以及供暖基础设施；气包括天然气存储设施、天然气供气管道和 LNG 运输、点供设备；冷包括天然气热电联产、空气源热泵、地源热泵等和智慧供冷控制系统。城市能源从消费侧角度来看，需要考虑到水、电、热、气、冷的流向，由于当前不同能源区块管理构架的主体不一，导致整体运营效率和管理系统产生混乱，导致效率的降低与能源的浪费。因而在未来尤其是城市的旧城改造以及新城建设，特别是小城镇中建设，需要注重城市能源供应的协同。

（二）储能及分布式综合能源

储能是智能电网、可再生能源高占比能源系统、"互联网＋"智慧能源（以下简称能源互联网）的重要组成部分和关键支撑技术，能够促进能源生产消费开放共享和灵活交易、实现多能协同，是构建能源互联网，推动电力体制改革和促进能源新业态发展的核心基础。基于当前能源不稳定性和能源效率的问题，应当注重以天然气三联供为基础，以储能为支撑的分布式综合能源系统，利用大型综合能源基地风能、太阳能、水能、煤炭、天然气等资源组合优势，结合储能系统，增强清洁能源稳定性和削峰填谷能力，推进风、光、水、火储多能互补系统建设运行。

（三）绿色交通与绿色出行

2016 年的统计数据显示，中国约为 54％的石油是用于交通领域，包括陆地交通、水上交通和航空，因此未来电动汽车是重要的发展方向。但是电动汽车的使用需要完善的基础配套设施。根据《节能与新能源汽车产业发展规划(2012—2020年)》的目标要求,预测到2020年,纯电动汽车和插电式混合动力汽车累计产销量超过500万辆,意味着需要建480万个分布式充电桩、1.2万座集中式充换电站。按当前建设费用计算,直接市场规模将超过1300亿元。2018年3月7日,国家能源局出台的《2018年能源工作指导意见》指出,统一电动汽车充电设施标准,优化电动汽车充电设施建设布局,建设适度超前、车桩相随、智能高效的充电基础设施体系。2018年将积极推进充电桩建设,年内计划建成充电桩60万个,其中公共充电桩10万个,私人充电桩50万个。至2017年底,全国机动车保有量3.1亿,其中汽车2.17亿辆,停车场缺口达5000万个,大城市车位比约1∶0.8,中小城市约1∶0.6,远低于发达国家的1∶1.3。新能源汽车的普及推动充电桩产业的发展,进而对停车场的需求和要求都进一步提升。在国家能源局对分布式光伏的政策引导下,随着电动汽车产业的发展,“光储充”模式逐渐成为热点,上海、宜昌、南京等地相继建成停车场光伏发电项目,在政策支持及成功项目经验引导下,将有更多停车场+光伏发电项目落地。

(四)综合能源服务

电力企业向综合能源服务转型是迎接能源生产和消费革命的必然趋势,是适应绿色发展和低碳发展的必然要求,是承载能源互联网技术应用的必然产物,也是电力企业落实市场化改革的必然选择。推动向综合能源服务转型,建议:①深入推进“互联网+”在能源服务领域的应用;②加快新电改中与价格机制相关改革举措的落地;③发挥企业市场主体作用,全面提升自主创新能力;④强化市场导向,满足客户不断升级变化的需求;⑤深化国际、国内综合能源服务的业务交流合作;⑥加快推进混合所有制改革,规范公司治理结构。

(五)氢能

氢能的使用包括上游制氢、中游储运和下游应用。氢的高密度储存一直是一个世界级难题。其存储有以下方式:低温液态储氢、高压气态储氢、固态储氢和有机液态储氢等。这几种储氢方式有各自的优点和缺点。氢输运又分为气氢输送、液氢输送和固氢输送。低温液态储氢不经济。高压气态储氢产业最为常用且应用最为成熟,致命缺点是体积比容量小,安全性能较差。固态储氢主要可分为物理吸附储氢和化学氢化物储氢，储氢密度大、操作容易、运输方便、成本低，较为安全，极具发展潜力。此外，有机液体储氢近年来备受关注。在当前的运输中，气态和液态运输最为常见。整体而言，氢能的使用最重要的在于安全问题，因而，技术的开发是首要目标。

（六）碳排放权交易

碳排放权交易是实现经济发展与环境保护协调的重要手段，在未来碳排放权分配中占有重要地位。2011 年 10 月，国家发改委印发《关于开展碳排放权交易所试点工作的通知》，批准北京、上海、天津、重庆、湖北、广东和深圳等 7 省市开展碳交易试点工作。2013 年 6 月 18 日，深圳碳排放交易市场在全国 7 个试点省市中率先启动交易，在运用市场机制实现低碳发展方面担负起探路者的角色，目前已有碳市场管控单位 811 家。截至 6 月 7 日，深圳排放权交易所二级市场配额成交额突破 10 亿元大关。2017 年 12 月 18 日，国家发改委印发《全国碳排放权交易市场建设方案（发电行业）》，全国统一碳市场建设拉开帷幕。碳排放权交易系统建设分为基础建设期、模拟运行期和深化完善期。

（七）能源新材料

能源新材料包括石墨烯、碳纤维、硅负极材料、纳米材料、拓扑超导材料、磁性材料等等。

专题一

清洁能源发展与国际能源合作

我国清洁能源发展机遇与前景

韩文科
中国宏观经济研究院

一、我国清洁能源发展现状

2017 年全国一次能源消费总量 44.9 亿 tce，比上年增长 2.9%，其中：煤炭消费量比上年增长 0.4%，原油消费量增长 5.2%，天然气消费量增长 14.8%（见表 1）。

表 1 2017 年我国的能源消费结构

能源类型	数量(亿 tce)	占比(%)
煤炭	27.12	60.4
石油	8.44	18.8
天然气	3.14	7.0
水电、核电、风电、太阳能等清洁能源	6.20	13.8
能源消费总量	44.90	100.0

二、我国清洁能源发展机遇和面临的主要问题

(一)发展机遇

我国提出 2016—2030 年能源生产和消费革命战略，战略取向为安全为本、节约优先、绿色低碳、主动创新；战略目标为持续增加清洁能源生产和消费，显著降低高碳化石能源在能源生产和消费结构中的比重，初步建立现代能源体系。要求非化石能源占一次能源消费总量的比重达到 20%左右，天然气比重达到 15%左右，新增的能源需求主要依靠清洁能

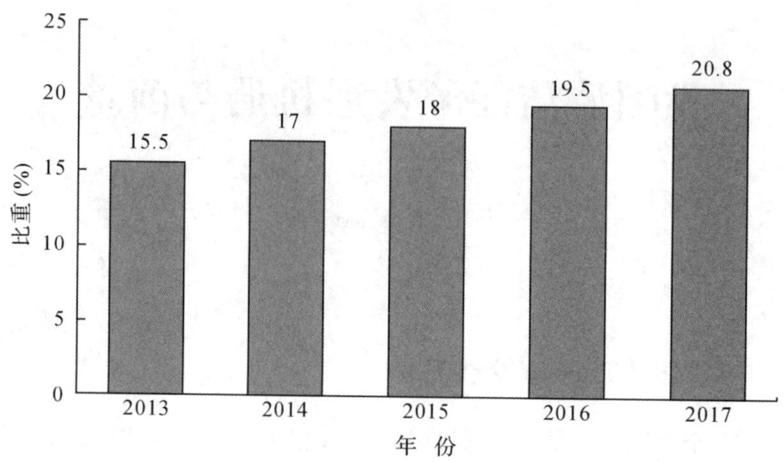

图1 2013—2017年清洁能源占能源消费总量比重

源供应。整体而言,战略的趋向就是绿色、低碳、主动创新,持续增加清洁能源的生产和消费,同时要降低化石能源比例。与此相呼应,党的十九大报告提出,要壮大节能环保产业、清洁生产产业、清洁能源产业。4月2日,中央财经委员会第一次会议指出:打好污染防治攻坚战,要坚持源头防治,调整"四个结构",做到"四减四增";其中的第二条即是"要调整能源结构,减少煤炭消费,增加清洁能源使用"。可以看出,推动清洁能源发展已经上升到了国家战略层面,依靠国家意志的推动,有了充足的发展动力。

我国光伏发电成本也在快速下降。根据国家能源局的数据(国家能源局,李创军),2007—2017年,我国光伏发电单位发电成本下降了约90%。2017年,我国多晶硅片价格比2016年下降26.1%,电池片价格下降25.7,组件价格下降33.3%。

一些龙头企业明后年可实现初步的平价上网。2020年以后,平价上网将成为主流发展趋势,"十四五"期间将实现真正的平价上网。

(二)面临的挑战

当前清洁能源发展面临的主要挑战在于可再生能源发展基金入不敷出。我国可再生能源发展基金的收入来源为向电力用户征收的可再生能源电价附加，标准从2006年的1元/兆瓦时调整到2015年12月的19元/兆瓦时。2006年我国开始实施的可再生能源法要求国家要通过补贴规划发展可再生能源，补贴的方式是固定电价和竞争性补贴。当前是以固定电价为主，而固定电价的补贴主要是由国家可再生能源发展基金拨付。由于可再生能源发展较快，补贴出现了较大缺口，目前可再生能源发展基金面临资金不足、程序较复杂、补贴发放延迟等问题。

(三)可再生能源激励政策展望

随着可再生能源发电成本的快速下降，可再生能源补贴资金增长的转折点已经到来。今后，可再生能源大规模发电的主要障碍会越来越集中到市场规模扩张和上网消纳、就地消纳等问题上，因而激励政策将转向多种政策相互协调和相互联动，补贴政策的艰难时期即将过去。

近两年，光伏发电新增分别达到3424万、5306万千瓦，2017年底并网装机容量累计超过1.3亿千瓦，存在光伏发电弃光问题显现以及补贴需求持续扩大等问题，直接影响光伏行业健康有序发展，需要根据新形势、新要求调整发展思路，完善发展政策。2018年5月31日，国家发改委出台《关于2018年光伏发电有关事项的通知》，显示出国家在促进光伏产业发展上思路的转变。具体的原因可以归结为以下几点：①降电价影响。今年政府工作报告提出继续降电价，进一步压缩电网收费和电价附加、定向优惠空间。②财政因素影响。财税改革、向地方转移税收(地方债和民生)、减低增值税、减少收费、下调个人、国企盈利等。③产业政策转型。竞争性理论抬头，相关产业盈利不理想。④国际环境影响。贸易战和国际减补大环境影响。

在此种背景下，光伏产业的发展政策面临一些新的挑战。①光伏产业发展的宏观政策环境，即如何在能源生产和消费革命背景下，结合供给侧结构性改革等宏观政策，完善相关产业政策，进一步推动光伏产业发展，做大做强，包括如何腾挪更多的新能源发展空间。②如何形成光伏发电平价上网政策，激励政策的"减"和"加"、产业壮大和平稳过渡，形成先进的市场机制等。③"一带一路"能使光伏产业走多远，以及越来越复杂的国际贸易背景下的国际市场容量。④光伏产业的政企互动、行业自律和市场文化建设。建设行业高端智库，深入影响政府决策和政策，形成与传统产业、相关市场和消费者及民众良性互动平台。

三、我国清洁能源发展前景

天然气是今后清洁能源使用中比例上升较快的一种能源。关于天然气资源勘查开采体制改革，可从以下几点开展：①推动天然气产业跨越式发展；②放宽勘查准入，提升勘查效率；③采用招标方式出让采矿权；④设立专门机构加强天然气管理。关于天然气基础设施建设：①加大投资，简化审批；②多元施策促进互联互通和开放；③大力促进民间资本投资液化天然气（LNG）接收站建设；④以模式创新和价格改革为重点促进储气库建设。关于天然气价格改革，根本上是要还原能源商品属性，建立由市场决定的价格机制，前提是要构建有效竞争的市场结构和市场体系。具体而言，可以从两个层面考虑：①加快推进天然气产供储销体制改革，包括深化生产环节矿业权改革，实施天然气销售业务与输送业务分离和推动管网储运设施公平开放和互联互通。②进一步完善天然气价格机制，包括建立上下游价格联动机制，加强城市燃气配气成本监管，完善差别价格政策体系，制定热值计价标准和监管办法，推进非居民用气价格市场化改革和规范延伸服务收费。

关于“煤改气”的可持续性。在环保层面，以气定改，科学适度推进煤改气；在安全层面，加强全过程安全监管；在气源层面，多举措开拓气源，补上储气调峰短板；在资金层面，构建可持续的补贴等激励政策。

关于构建多元化海外供应体系。第一，拓宽直接进口渠道。例如将美国 LNG 列入拟加税名单后，加大与俄罗斯天然气合作力度。亚马尔项目向中国供应的首船 LNG，通过北极东北航道于 7 月 19 日运抵中石油旗下的江苏如东接收站。中石油将从 2019 年起每年进口亚马尔项目 300 万吨 LNG。此外还有中国—卡塔尔磋商，涉及数百万吨 LNG 进口。第二，加大 LNG 接收站等基础设施建设，涵盖天然气管网、储气设施、LNG 接收站建设。第三，强化海外合作开发区块布局。包括加大与缅甸、埃及等国合作开发力度，推动企业并购国外油气公司，间接持有油气资源。第四，建立稳定的天然气国际市场机制。一要加强国内天然气市场建设，推动形成有序竞争、供需多元的油气市场体系，形成与我国能力相匹配的国际定价话语权；二要构建稳定的天然气贸易和投资合作机制；三要构建区域天然气贸易合作机制，制定多边贸易和投资准则。第五，完善企业“走出去”机制，依托“一带一路”倡议，针对沿线发展中国家能源资源需求，进一步广泛开展海外油气合作开发，布局合作项目，提升合作水平。

中国与全球的能源治理:现状与展望

涂建军
国际能源署中国合作部

一、国际能源格局演变趋势

国际能源行业未来的发展受以下四个趋势的影响:①由于页岩气革命的成功,美国成了全球油气行业的领导国;②由于太阳能发电成本快速下降,已经成为许多国家最便宜的电力供应来源,因而规模快速扩张;③由于对雾霾治理的高度重视,中国的能源政策越来越多地受到空气污染治理的影响;④受到智能电动汽车以及数字化的驱动,未来能源行业电力进程势不可挡。

我国的经济发展已经步入"新常态",在此背景下,能源行业有三个值得注意的问题。第一,制造业产能过剩问题还没有得到完全解决。第二,关于供给侧结构改革的实质究竟是经济结构改革还是体制结构改革。第三,国有企业改革背景下的能源部门改革,二者的关系并没有厘清。

中美贸易战对中国能源安全的影响主要表现在两个层面:第一,影响中国政府对能源安全的认知;第二,对中国的外交政策尤其是"一带一路"倡议的开展具有非常深远的影响。

二、中国能源转型的指导思想

能源行业发展的指导思想非常重要。日本在过去很长一段时间以"三一"原则为主,被迫把安全加入,日本能源指导思想相应加上"安全"。中国面临着同样的困境。2014 年,国家主席习近平提出"四个能源革命"的战略,但是此战略属于宏观战略,具体落实到政策层面依然有许多需要解决的问题。实际上,中国正处在一个探索能源指导原则的阶段。虽然在国际上对能源转型的研究已有阶段性成果,但是问题在于能源转型的概念是由欧洲国家提出,除了节能、可再生能源层面,在国际上比较难以达成共识。因而在中国当前的地缘政治形势下,国内还需要对能源指导战略进行进一步的探讨。

三、中美贸易战与能源安全观

中美贸易战对能源行业的影响非常深远。首先是中美油气对外依存度的对比。美国由于页岩气的成功,现在石油对外依存度不到20%,已经成为天然气出口国。相比之下,2017年中国石油对外依存度是64.7%,天然气对外依存度是39%。在能源层面,中美本身具有很好的互补性,中国可以从美国进口天然气、页岩油,但是由于中美贸易战,这种互补的局面难以变成现实。这次事件再一次证明了能源安全问题的重要性,对中国的能源安全观产生了非常深远的影响。

若从历史的角度看能源安全观,在“一战”时期,英国的丘吉尔和法国的克莱蒙夫认为石油工业安全对于“一战”的胜利功不可没。“二战”无论是德国侵略苏联,还是日本侵略印尼,目标都是石油资源。从IEA的定义看,要用一个合理的价格持续得到能源资源的供给。从长期来看,能源安全实际上与投资存在密切联系。短期内如果供给突然出现中断,国家应当有足够完善的机制保障供应安全,保证有90天的能源战略储备。在新的政治经济形势下,需要对能源安全重新加以定义。第一,能源安全的针对目标。例如,加拿大是一个主要的能源出口国,但是这种能源出口结构存在不可忽视的隐患,因为其出口只对美国一个市场,在美国页岩气开采成功以后,不再需要加拿大的油气资源,加拿大作为一个能源出口国就必然面临能源消费安全的问题。第二,能源安全不仅仅是石油供应安全,近年来电力安全、天然气供应安全的重要程度不断提升。世界上现有的若干个国际组织中,对能源安全影响最大的是石油输出国组织(OPEC)。过去西方发达国家能够进行石油禁运,但现在OPEC国家通过抱团垄断的形式对石油定价进行操控。另一个较为重要的能源组织是“能源宪章”。对于中国而言,中国并非“能源宪章”的成员国,且是否加入“能源宪章”面临两难困境。若加入该国际组织,可能会对石油企业在国际仲裁体制下的诉讼不利。但是如果中国要进行“一带一路”国家投资,在沿线多数国家都是“能源宪章”成员国的背景下,不加入“能源宪章”会对中国企业在海外投资的安全产生困扰。

四、中国参与国际能源治理

由于中国和国际市场的依存度越来越高,中国也越来越多地深度参与了国际能源治理。中国能源治理正逐渐经历从参与者向引领者转变的过程。当前国际能源治理存在的特点表现在两个方面:①越来越碎片化,近些年来成立的国际组织逐渐增多;②较多国际组织尤其是成立时间较短的机构,越来越没有法律约束力。例如影响力较大的OPEC、国际能源署(IEA)都使用国际条约来约束成员国,但是现在新成立的组织则不具有这种特性。

“一带一路”倡议是中国参与国际能源治理的重要契机。2017年5月,北京召开“一带一路”国际高峰论坛,发改委和国家能源局提出建设“一带一路”能源发展网络。但是由于中美贸易战的进行,“一带一路”如何建设能源发展网络还是存在较多不确定性。另一个影响中国参与国际能源治理的问题是能源贫困问题。能源贫困不仅仅是关于贫困人口问题,“能源贫困”是指一些人群不能公平获取并安全利用能源,特别是充足、可支付、高质量、环境友好的能源的状况。所以,如果中国想要在国际能源治理中提升自身地位,就需要在该领域作出更多的贡献。

五、总结

本文的结论:①由于经济结构的转变以及地缘政治的紧张局势,中国的能源转型有非常大的不确定性,未来中国如何参与国际治理,在新形势下应该有新思路;②中国关于国际能源治理的态度实际上是与时俱进的,新的政经形势需要中国在这个领域取得更大的突破;③能源贫困问题是中国未来参与国际能源治理的一个最有希望的突破口。

国际能源体系变革与中国的能源转型

吴 磊
云南大学国际关系学院

新世纪以来，国际能源战略形势发生了重大而深刻的变化，能源技术革命、新能源产业以及以美国页岩油气革命为代表的非常规油气生产与供应加速发展，第三次能源转型的大幕悄然拉开，全球能源新版图重塑，国际能源体系的变革近在眼前。从全球范围看，以低碳和绿色能源的发展为重点、以能源技术革命为先导、以节能减排为先进文化的能源转型，正在如火如荼地展开，弃碳化、弃石油化的发展趋势日趋明显。英、法等主要发达国家制定了停止汽、柴油车销售时间表，代表着国际能源转型弃碳化、弃石油化的发展趋势。时至今日，第三次国际能源转型紧密围绕非常规油气资源开采和可再生能源产业发展展开，已经对全球能源市场产生了重大影响。展望未来，第三次国际能源转型的影响可能是巨大和深远的。如果转型成功，依照历史经验，第三次国际能源转型有可能重塑新的国际能源权力结构和全球能源秩序，重塑新的人类经济社会形态和文明形态，影响到国家命运和大国兴衰。

目前，国内外学界对国际能源变革与中国能源转型的研究仍不足以应对即将到来的巨大挑战。文献资料显示，现有研究成果滞后于形势发展，历史视阈和理论建构缺乏，综合性、系统性、深入性和前瞻性不足，政策价值不突出。目前的研究成果对国际能源转型和能源变革的历史透视和经验总结严重缺乏，对能源转型与国际能源权力结构、全球能源秩序、国家兴盛和人类社会（文明）形态之间的关系少有涉及（Energy Policy、Energy Research & Social Science）。从研究的深度上看，目前的研究过于关注能源转型中的现实因素，忽略了其中所蕴含的理论和学术问题，有关能源转型和能源变革的定义、概念、理论和评价体系建构缺乏，学术价值不足(朱彤、王蕾、史丹、刘坚、任东明)。从研究的广度上看,目前的研究多采用经济学的视角,政策研究成为主要的关注点,忽略了能源转型中的社会性和制度性因素(Vaclav Smil、Arnulf Grubler、Roger Fouquet、潘荣成)。最后,国内学界现有研究成果的最大的不足是,未能把中国的能源转型置于全球能源变革的大背景之下,进行综合的国际比较分析,未能深入系统地研究国际能源转型的现状和发展趋势及其对中国的影响,未能深入、综合和前瞻性地分析研究中国能源转型面临的形势、任务、挑战等重大理论和现实问题并提出中国的战略对策或具体方案(斐广强、赵文志、高世宪等)。

本文不可能展开上述所有重大问题和领域,仅是对其中的相关问题进行初步分析,以期进一步的分析研究。

一、能源转型的历史、理论和影响

纵观人类能源利用历史,国际上已经发生过多次能源转型。能源转型是一个内涵极其丰富的概念。瓦茨拉夫·斯米尔(Vaclav Smil)认为能源转型是“从一种具体的能源形态转变为另一种能源形态的过程”[1]。布鲁斯·波多布尼克(Bruce Podobnik)则将能源转型定义为“一种借助技术应用将新的一次能源大量运用于人类消费的过程”[2]。朱彤认为人类经历过两次能源转型,即从植物能源依次向化石能源以及可再生能源转型两大阶段,他把能源转型定义为“能量原动机推动的、伴随着能源体系深刻变革的一次能源长期结构变化过程”[3]。舟丹认为能源转型是“能源生产和消费结构发生根本性的改变,并对一国社会经济发展乃至全球地缘政治格局产生深刻影响”[4]。赵宏图认为人类社会发生了“两次大的能源转型和变革,即从柴薪时代过渡到煤炭时代和由煤炭时代过渡到石油时代”[5]。2014 年,世界能源理事会将能源转型定义为“一国能源结构的根本性转变,如可再生能源比重的上升、能源效率的提高以及化石能源的逐步淘汰”[6]。当前,能源转型一般被理解为淘汰石油、天然气、煤炭等化石燃料,即能源体系的去碳化,而逐步和大力发展包括核能(铀)和可再生能源(风能、水能、太阳能、地热能、海洋能等)在内的替代能源。比如,何建坤(HeJian-Kun)认为能源转型是指“由新能源和可再生能源主导的低碳能源系统对于由化石能源主导的高碳能源系统的替代”[7]。目前，尽管国内外学术界对“能源转型”和“能源革命”概念有不同理解，但值得注意的是，“能源革命”与“能源转型”在含义上较为相近，在使用的语境上也颇为一致，且有大量混用现象。在这种情况下，朱彤等学者认为广义的“能源革命”与“能源转型”的含义实际上是相同的[8]。

近现代意义上第一次能源转型是指由煤炭取代居主导地位的柴薪的历史进程，以英国为代表。第二次能源转型则是指石油取代煤炭的历史进程，以美国为代表。按照瓦茨拉夫·斯米尔的量化标准，英国能源转型始于1550年，至1619年完成，历时约70年。1550年，煤炭在英国能源消费结构中的比重开始超过5%。1619年，煤炭在英国能源消费结构中的比重超过居主导地位的柴薪，完成了由柴薪向煤炭系统的转型。转型完成后，随着经济的发展及工业革命的推进，煤炭在英国能源消费结构中的比重逐渐增长，1938年时达到97.7%的历史峰值。美国能源转型始于1910年，到1950年完成，历时仅约40年。1950年，石油在美国能源消费结构中的比重达到38.4%，首次超过35.5%的煤炭比重，成为主导能源[9]。

“柴薪能源危机”是推动17世纪英国第一次能源转型的直接原因。在新航路开辟及海外贸易的推动下，16、17世纪英国经济获得了快速发展，人口显著增加，传统手工业如冶炼业、煮盐业、啤酒业、砖瓦烧制、玻璃制造等迅速发展，使得英国原本就紧张的柴薪供应雪上加霜，最终导致森林资源消耗殆尽，引发了“柴薪能源危机”。“从1500年到1630年的130年间，英国木柴价格上涨了7倍。”“1666年伦敦大火之后，伦敦重建所需的木料竟然全部需要进口。”[10]柴薪危机迫使英国人将目光转向了廉价而丰富的煤炭资源。相比之下，推动第二次能源转型的直接原因则不是能源危机，而是技术进步。19世纪末20世纪初，柴油、汽油等石油炼制技术的进步以及内燃机、汽车的发明与改进，是推动石油得以广泛运用并成为主导能源的关键因素。这也解释了从1859年到1910年的60多年中，石油仅是主要作为照明的煤油来使用，而需求量和销售量都非常有限的现象。早在1859年，德雷克就在宾夕法尼亚州的泰特斯维尔打出第一口油井，成为石油大规模商业化开采的开端，但直到1910年以后，随着技术和发明创造的突破，石油的需求量才开始迅速增加。

从历史经验看，能源转型需要具备相应的物质、经济和技术条件。其中，能源资源禀赋对能源转型有着重要影响，有时甚至是决定性的影响。无论是17世纪的英国，还是20世纪的美国，在能源转型初期，两国的能源产量都遥遥领先。1800年前后，英国煤炭产量大于其他所有国家的产量之和；1840年，英国的煤炭产量是美国、法国和德国三国产量总和的四倍多；1860年，英国的煤炭产量仍占全球煤炭总产量的50%[10]。与此类似，1880年，美国石油年产量为250万桶，远高于英国、法国和德国等其他西方国家[11]。1859—1957年间，美国石油产量一直高居世界首位，其产量占世界总产量的比重一直在40%以上[12]。另一方面，经济发展和技术变革对能源转型具有重大影响。1619年英国完成第一次能源转型时，以蒸汽机为代表的工业革命尚未发生。但是，工业革命开始后，技术进步与能源转型相互促进，产生了巨大影响，以至于许多学者经常将能源转型与工业革命挂钩。一方面，蒸汽机产生的机械能代替了人工挖掘，大大提高了煤炭开采的规模和效率；另一方面，煤炭又为蒸汽机等机械能装置提供源源不断的能源动力，推动各行各业实现机械化生产。“充足的煤炭供应使许多工业部门的大规模扩张有了可能”，也为“工业革命首先垂青英国”奠定了基础[13]。

两次国际能源转型的影响是巨大、深远和根本性的。18世纪，国际能源转型与工业革命一起，推动着英国从农业文明进入工业文明时代，并把英国从一个农业小国推到称霸世界的“日不落”工业帝国的巅峰。19世纪，以英国为代表的第一次能源转型向国际社会扩散，其主要动力来自工业革命的全球扩散。德国1815年开始向煤炭能源转型，到1853年转型完成。美国1850年之后开始向煤炭转型，到1885年就很快完成了能源转型[14]。20世纪以来，以美国为代表的第二次能源转型逐渐扩散到国际社会。1910年，与美国的能源转型同步，石油在世界能源消费结构中的比重达到了5%。到1965年，石油在世界能源消费结构中的比重上升至39.4%，首次超过39%的煤炭比重，跃居世界能源消费结构首位，第二次国际能源转型完成。第一次能源转型与第一次工业革命一道，共同推动着世界主要国家从农业文明向工业文明的历史性转变。从国际关系的角度看，两次国际能源转型还成就了英国和美国这两个世界霸主，这不是一种历史巧合。能源不仅是重要的经济资源，更是非常重要的战略资源，是国家权力的重要组成部分。英国、美国能源的成功转型，不仅使英、美两国成为国际能源权力结构的主导力量，而且为两国崛起成为世界霸主提供了巨大的动力来源。

二、能源转型：现状与趋势

（一）第三次国际能源转型的背景

第三次国际能源转型具有深刻的历史背景和现实需要。20 世纪 70 年代两次石油危机和国际社会对气候变化问题的不断关注，是第三次国际能源转型的两大动因。20 世纪 70 年代，世界经济遭受了两次石油危机。石油危机让长期依赖中东廉价石油供应的西方发达经济体认识到阿拉伯世界石油武器的威力。在遭受沉重打击后，西方发达经济体逐渐认识到能源独立的极端重要性，提出了能源安全的概念，并且建立了国际能源机构（IEA）以协调发达经济体之间的能源政策，共同应对中东国家的石油冲击。为了寻求能源独立，巩固能源安全，西方发达国家开始调整国内能源政策，千方百计减少对中东石油的依赖。英国成立了能源部，以新的视角审视能源问题。1978 年，美国《能源税收法》规定，在汽油中添加 10％的乙醇。1979 年，美国成立合成燃料集团，致力于煤炭气化和液化以替代石油进口[15]。此外，1973 年石油危机也加速了国际能源体系的结构变化，促进了中东以外地区和国家的石油天然气开发和生产活动，特别是北海和墨西哥湾等非中东国家和地区的石油生产。随着非中东国家油气产量的不断增长，世界对中东石油的依赖程度有所降低。为了寻求能源自给，保障能源安全，西方国家将目光转向石油以外的能源资源，开启了能源转型的大门。这一时期法国大力发展核电，成为能源转型的典型代表。

20 世纪 80 年代以来，气候变化问题日益上升为国际政治的重要议题，与石油危机一起推动了新一轮国际能源转型。1979 年，除了伊朗革命引发的第二次石油危机外，国际能源领域发生的另一件大事就是第一次世界气候大会的召开。其标志着气候问题成为全球治理的重要内容之一。1988年，联合国环境规划署和世界气象组织成立了联合国政府间气候变化专门委员会（IPCC），专门负责评估气候变化问题。1992年6月，《联合国气候变化框架公约》在巴西里约热内卢诞生，标志着气候变化由国际会议议题上升为国际公约，形成了国际社会应对气候变化的国际机制。此后，《联合国气候变化框架公约》缔约方大会（COP）持续发力，不断推进缔约方履行减排义务。

进入21世纪，随着气候变化和环境政治的日益深入，世界各国先后将能源转型提上日程，第三次能源转型开始在国际社会中掀起浪潮。德国率先在2000年颁布了《可再生能源法》，确立了可再生能源发展目标。2004、2009、2012、2014年，德国多次对该法进行修订，调整可再生能源的发展目标和实施路径。2003年，英国发布《构建一个低碳社会》的能源白皮书，提出了低碳经济的概念；2007年，英国再次发布《迎接能源挑战》的能源白皮书，强调在保证稳定、清洁、负担得起的能源供应的条件下，调整能源结构，加大碳减排力度。在德国、英国、法国、丹麦等国的引领下，欧盟成为“全球发展可再生能源最早、力度最大、成就最突出的经济体”[16]。为加快可再生能源发展，世界各主要国家出台了一系列激励政策。2007年，欧盟通过了《2020气候和能源一揽子计划》，计划至2020年欧盟的可再生能源消费达到其总能源消费的20%。2014年，欧盟颁布《2030气候能源政策框架》，计划至2030年欧盟的可再生能源消费比重增至27%[17]。2009年，美国颁布《美国清洁能源与安全法》，规定从2012年起，年发电量100万兆瓦时以上的电力供应商须有6%的电力供应来自可再生能源，2020年这一比重将增至20%，各州在2020年电力供应中的15%以上必须来自可再生能源。2015年，美国提出至2030年本国电力供应的20%要来自除水力发电外的可再生能源[18]。2015年，巴西宣布，到2030年该国可再生能源消费占能源消费结构的比重将升至45%，其中，生物质能源比重将升至18%，除水电外的其他可再生能源发电将占总发电量的23%[19]。

（二）第三次国际能源转型的双重变革

世界能源体系在21世纪发生的第一重变革是非常规石油与天然气资源开采量的爆发式增长。其中，发生在美国的“页岩气革命”成为此轮变革的主要推动者。需要说明的是,“页岩气革命”实际上同时发生在石油与天然气领域,是一场油气领域的整体性革命[20]。在这种情况下,本文将在“页岩气革命”的框架下同时对两者进行探讨。

所谓“页岩油气”资源,指的是“蕴藏在以页岩为主的页岩层系中的石油与天然气资源”。这类资源所在的岩层自然压力低且孔渗性差,对开采有着较高的技术要求,属于典型的非常规油气资源。早在 1821 年,美国便在阿巴拉契亚盆地(Appalachian Basin)开展了首次商业性页岩气开采。不过,由于技术条件的限制,页岩气的开采量在很长时间里十分有限,在 20 世纪 70 年代仅为约 20 亿立方米,与美国同期近 6000 亿立方米的天然气消耗量相比几乎可忽略不计[21]。

随着水力压裂法与水平钻井法分别于 1981 年和 2002 年被应用于页岩油气开发,该领域的技术瓶颈得以突破,使页岩油气的产量在 21 世纪初实现了快速增长[22]。在 2009 年,学界首次使用“页岩气革命”(Shale Gas Revolution)一词来描述这一巨大变革[23]。在天然气领域,美国的天然气产量在 1974 年达到 5594 亿立方米后便开始持续下滑,并在 1983 年减少至 4377 亿立方米的历史最低点。随后,天然气产量虽出现了持续回升,但速度极为缓慢,在 1986—2005 年间,产量仅以年均 0.6%的速度递增[24]。2005 年后,在页岩气开采的带动下,美国天然气产量止跌回升,并于 2011 年突破了历史最高值。至 2017 年,美国的天然气产量已经从 2005 年的约 4894 亿立方米上升至 7345 亿立方米。与此同时,页岩气占美国天然气总产量的比重也逐渐上升,由 2007 年的 10.68%上升至 2017 年的 72.5%(参见图 1)[25]。

得益于新技术的应用,美国的石油产量也呈现出类似的变化趋势。该国的石油产量在 1970 年达到了 35.2 亿桶后便陷入了长期的下滑,这期间只在 20 世纪 70 年代末因阿拉斯加与墨西哥湾等油田的投产而得到小幅回升。在 2008 年,美国的石油产量跌至 18.3 亿桶的历史最低点。2009 年,伴随着“页岩气革命”的爆发,美国的石油产量止跌回升,并于 2015 年达到了 34.3 亿桶的高峰,逼近了该国历史最高值。在同一时期,页岩油占美国石油产量的比重也由 2009 年的 11.13%上升至 2017 年的 50.25%(参见图 2)[26]。

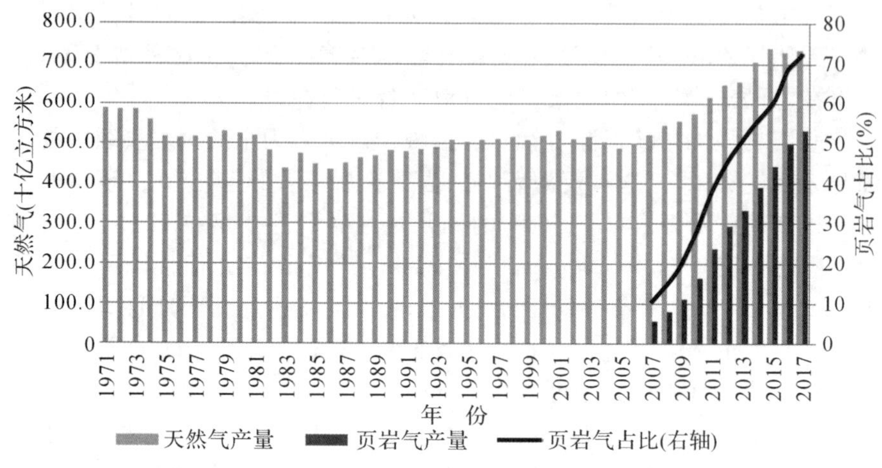

图 1 1971—2017 年美国天然气与页岩气生产情况

数据来源:"BP Stats Review 2018 All Data", BP, June 13, 2018, https://www.bp. com/ content/ dam/ bp/ business-sites/en/global/corporate/xlsx/energy-economics/statistical-review/bp-stats-review-2018-all-data. xlsx; "U. S. Natural Gas Gross Withdrawals from Shale Gas", U. S. Energy Information Administration, Dec. 31, 2018, https://www. eia. gov/dnav/ng/hist/ngm _ epg0 _ fgs _ nus _ mmcfa. htm.

值得注意的是,其他非常规油气资源的大规模开发也对世界能源版图造成了巨大影响。其中,加拿大在 1967 年开始了对油砂(一种沥青、沙、富矿黏土和水的混合物)的商业性开采。通过后续处理,这些油砂可被转换为"合成原油"而加以利用。进入 21 世纪后,随着蒸汽辅助重力泄油(Steam-Assisted Gravity Drainage)与蒸汽吞吐(Cyclic Steam Stimulation)等技术的成熟与开采成本的降低,加拿大的油砂开采量迅速上升,并使加拿大的产油量在 2017 年达到了平均每日 495.8 万桶,成为世界第四大产油国[27]。而巴西则在同一时期开始了对盐下层石油(一种埋藏在厚岩石层与盐层之下的深海石油资源)的大规模开采。开采此类石油资源面临的主要挑战来自其埋藏的巨大深度以及由此带来的压力。2007 年,巴西国家石油公司(Petrobras)与英国天然气集团(BG Group)在图皮(Tupi)海域约 5486 米的水下发现了约 50 亿～80 亿桶石油资源,深度远

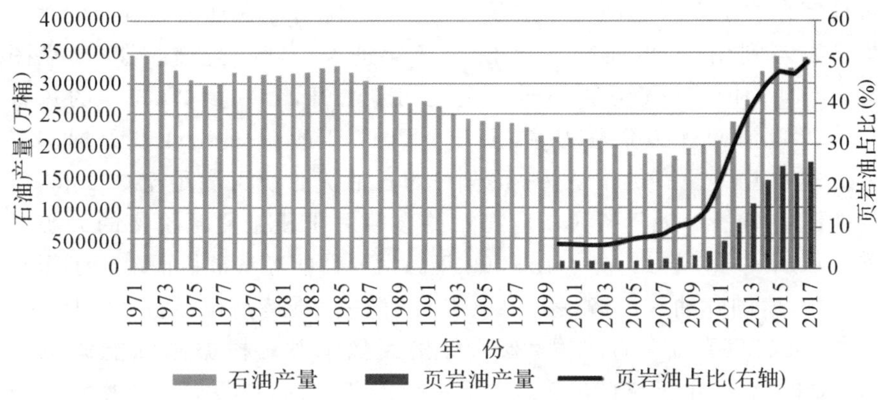

图 2 1971—2017 年美国石油与页岩油生产情况

数据来源:"U. S. Field Production of Crude Oil", U. S. Energy Information Administration, Dec. 31, 2018 https://www. eia. gov/dnav/pet/hist/LeafHandler. ashx? n=pet&s=mcrfpus1&f=a; "U. S. Tight Oil Production", U. S. Energy Information Administration, Dec. 31, 2018, https://www. eia. gov/energyexplained/data/U. S. %20tight%20oil%20production. xlsx.

超美国能源信息署(EIA)定义超深水钻探标准(仅为 1524 米)。2009 年,巴西开始了盐下层石油的商业性开采。至 2016 年,其产量已达平均每日 102 万桶,约占该国石油产量的 40%[28]。此外,委内瑞拉的超重油也是值得关注的对象。该国的大部分石油资源均以超重质原油的形式富集在奥里诺科重油带(Orinoco Belt)。由于超重质原油极为黏稠,在开采时需要加入水和乳化剂以促使其流动。该国对这一资源的商业性开发始于 1983 年。20 世纪 90 年代以来,奥里诺科重油带的石油产量逐渐增加。2005 年,委内瑞拉国家石油公司(PDVSA)出台了"石油播种计划"(Oil Sowing Plan),旨在通过增加对超重质原油开发活动的投资增加本国非常规石油的产量。该国计划在 2019 年将超重质原油的产量提升至每日 400 万桶[29]。

非常规油气资源的大规模开发对世界能源格局造成了重大影响,具体表现为两点:世界油气资源供应量的日益充足与供应源的逐渐多元化。从油气资源供应的绝对值角度上看,世界油气资源探明储量在 21 世纪初曾稳定在约1.3万亿桶与150万亿立方米。随着非常规油气资源的大规模开发与利用，世界油气储量于2007年进入了新一轮增长期（参见图3）。与此同时，油气资源的开采量也同步上升，分别由2000年的每日7490.7万桶、2.4万亿立方米，上升至2017年的每日9264.9万桶、3.7万亿立方米[30]。有机构认为，凭现有的石油资源便可满足全球2050年的能源消费[31]。油气资源供应充裕的直接后果便是能源价格的大幅下跌。从图4可以看出，除了在2009年因世界性的经济危机而出现了短暂的下滑外，国际油气价格在2000—2014年一直维持高位运行。2015年，随着“页岩气革命”的爆发，能源价格大幅下跌。根据国际能源机构（IEA）的预测，由于供应较为充足，在2030年之前，世界石油价格将不会出现大规模的上涨，预计价格区间将维持在每桶50～70美元[32]。

从油气资源供应的地域分布上看，非常规油气资源的大规模开发利用也促使世界能源供应的多元化。从历史上看，北美地区曾是世界主要的油气进口区。该地区油气进口量的最高峰为2007年的平均每日1146万桶与493亿立方米。不过，在非传统油气资源的带动下，该地区进口量逐步降低。2016年，北美地区石油与天然气的总进口量仅为每日457万桶与196亿立方米。2015年，北美地区甚至实现了小规模的天然气净出口[33]。预计北美地区在2020年便可实现油气资源的自给自足，并逐渐成为国际油气市场重要的出口源（参见图5）。由此可见，世界油气生产中心西移的趋势正日渐明朗。

世界能源体系发生的第二重变革是可再生能源产业的稳步发展。与非常规油气资源的大规模开发主要依靠技术突破不同，可再生能源产业发展的主要推动力源于政策引导与技术突破的共同作用。

在政策引导上，世界各国政府对可再生能源产业的扶植主要可分为两个阶段。第一个阶段发生在20世纪70年代。随着两次世界性石油危机的爆发，国际社会逐渐意识到传统的化石能源难以保障世界经济的持续发展。为保障能源的供应安全，发达国家开始发展替代能源，其中水电、风能、太阳能与生物质能等可再生能源便是发展的重要对象。其中，美国在1974年通过了首个太阳能法案，标志着现代可再生能源产业的诞生[34]。政策引导的第二个阶段始于20世纪90年代，主要的动因为环境

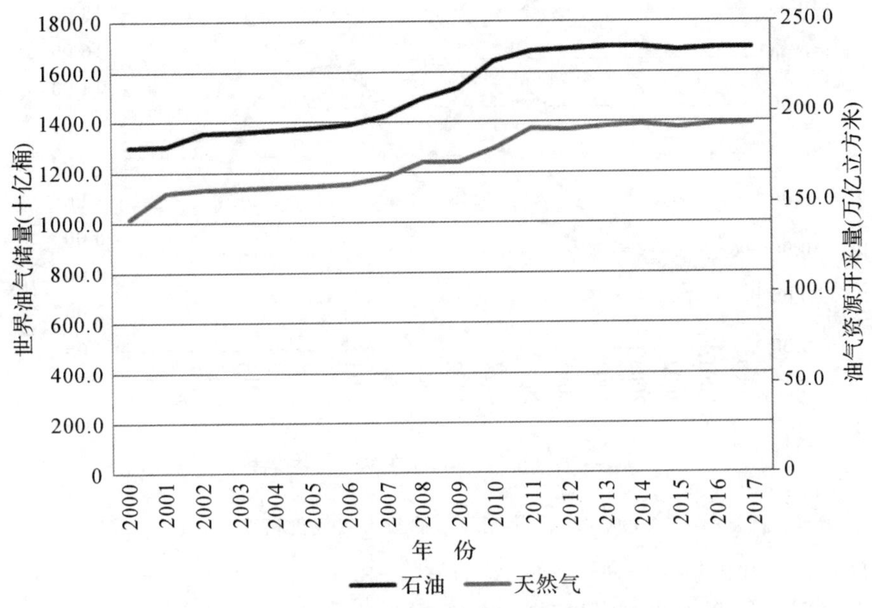

图 3 2000—2017 年全球石油与天然气探明储量变化情况

数据来源:"BP Stats Review 2018 All Data", BP, June 13, 2018, https://www.bp.com/content/dam/bp/business-sites/en/global/corporate/xlsx/energy-economics/statistical-review/bp-stats-review-2018-all-data.xlsx.

保护。随着工业革命以来人类对化石燃料的大量消费,全球的碳排放量迅速上升。其中,在 1950 年至 1980 年碳排放量的跃升式上涨十分引人注目(参见图 6)。碳排放量上升造成的一个严重后果就是气候变暖。据统计,在 1981—1990 年中,全球平均气温相较于一个世纪前上升了约 0.48℃,其中,20 世纪 90 年代是自 19 世纪中期开始温度记录工作以来最温暖的 10 年。此外,化石燃料燃烧导致的硫化物、氮化物、可吸入颗粒物等污染物排放的上升也引起了人们的广泛关注。1992 年通过的《联合国气候变化框架公约》与 1997 年通过的《京都议定书》为发达国家规定了温室气体的减排义务。此后,可再生能源的发展迎来了第二个发展高峰。

在技术进步上,可再生能源产业能够稳步发展主要依靠的是运营成

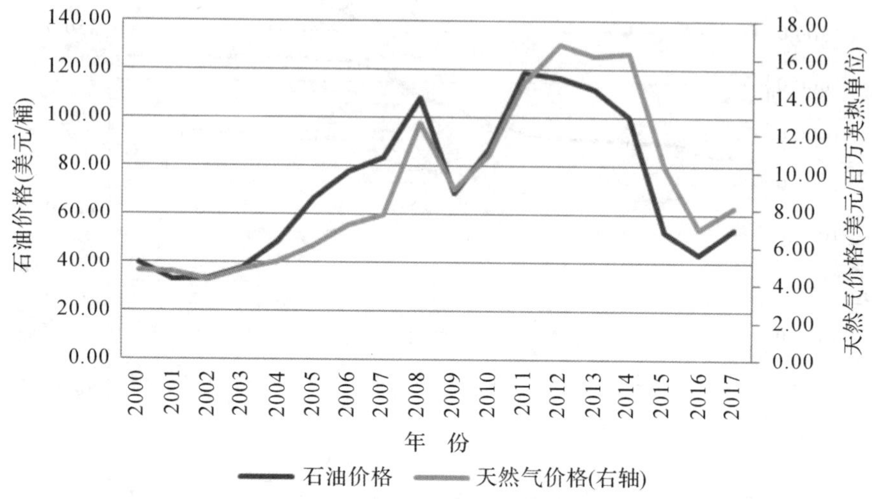

图 4　2000—2017 年全球石油与天然气价格变化情况

数据来源："BP Stats Review 2018 All Data", BP, June 13, 2018, https://www.bp.com/content/dam/bp/business-sites/en/global/corporate/xlsx/energy-economics/statistical-review/bp-stats-review-2018-all-data.xlsx.（注：石油价格为布伦特原油现货价格，天然气价格为日本液化天然气到岸价格。）

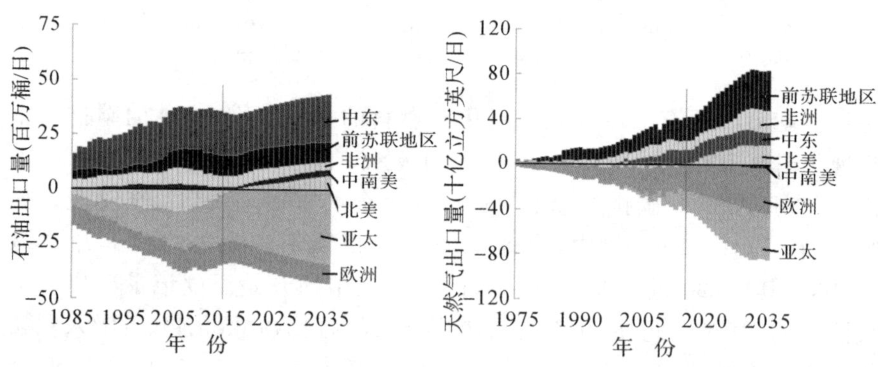

图 5　1985—2035 年全球石油与天然气出口量变化情况

数据来源：*BP Energy Outlook* 2035, London: BP, 2015, pp. 44,54.（注：负值表示该地区处于净进口状态。）

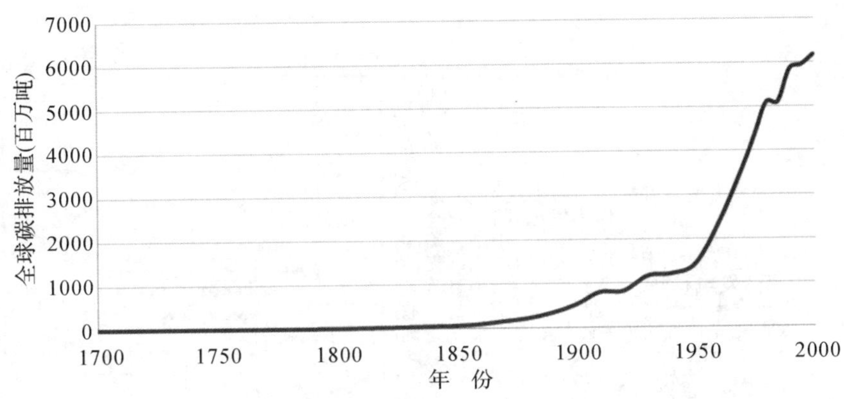

图 6 1700—2000 年人类燃烧化石能源产生的碳排放变化情况

数据来源："Carbon Dioxide", History Database of Global Environment, Aug. 31, 2010, http://themasites.pbl.nl/tridion/en/themasites/hyde/emissiondata/carbondioxide/index-2.html.（注：数值为以二氧化碳排放量计算出的碳元素质量）

本的逐渐降低。目前，可再生能源已经在世界部分地区取得了相较于传统能源的成本优势(参见图 7)。其中，太阳能光伏发电的成本降幅最大，发电成本已经降至平均每千瓦时 0.12 美元。此外，陆上风力发电、海上风力发电、聚光太阳能发电(Concentrating Solar Power)的燃料发电成本(levelised cost of electricity)已经分别降至每千瓦时 0.07 美元、0.15 美元与 0.27 美元[35]。在液体燃料领域，一些国家与地区生物燃料的生产成本也已经与成品油价格较为接近。例如，2014 年阿根廷、东南亚国家与欧盟的生物柴油价格分别为每升 0.56～0.72 美元、1～1.3 美元与 1.05～1.3 美元；美国与巴西的燃料乙醇价格则分别为每升 0.85～1.28 美元和 0.85～1.28 美元[36]。

与非传统油气资源开发的爆发式增长不同，可再生能源产业的发展属于长时间稳步推进的过程。从图 8 可以看出，可再生能源在 1965 年的消费量仅有约 212.2 百万吨油当量，占世界一次能源消耗的比重为 5.7%。1977—1983 年，随着石油等传统能源价格的上升，可再生能源迎来了第一个发展高峰，消费量从 342.4 百万吨油当量上升至 440.6 百万

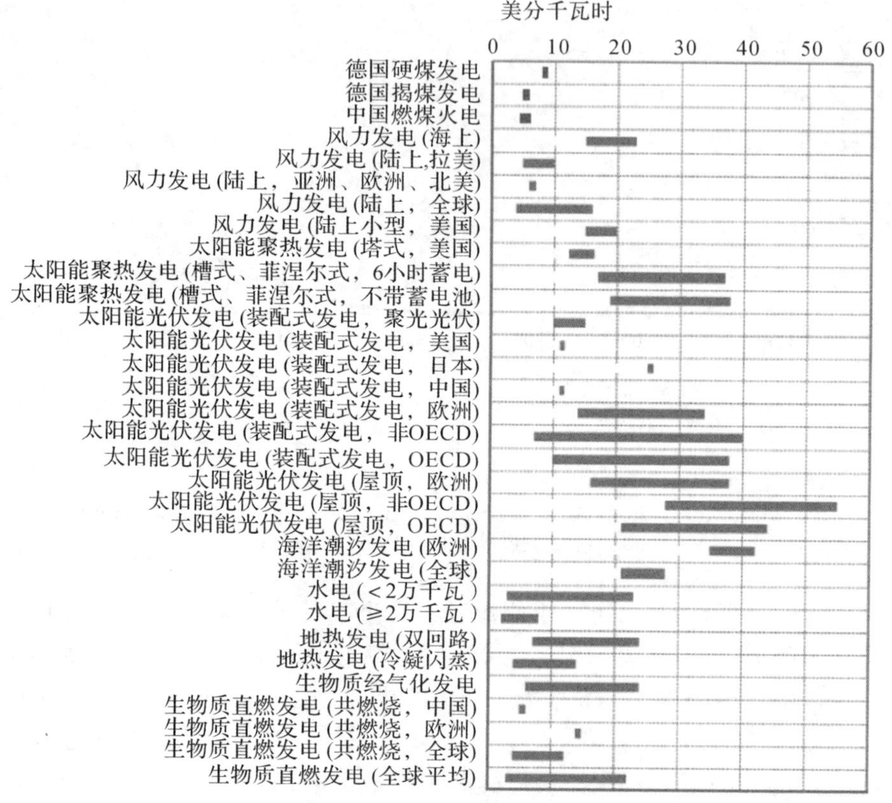

图 7　2014 年全球可再生能源与化石能源发电成本比较

数据来源：高慧、杨艳、饶利波等：《全球可再生能源发展态势分析》，《国际石油经济》，2016 年第 4 期，第 4 页。

吨油当量，所占比重也由5.5%上升至 6.6%。随后可再生能源的消费量虽一直维持上升状态，但所占比重却有所下降。2003 年后，可再生能源进入了第二个发展高峰，消费量由 658.9 百万吨油当量上升至 2017 年的 1405.5 百万吨油当量，占世界一次能源消耗的比重也同期从 6.6%上升至 10.4%。除了在消费量上的变化，可再生能源另一个显著的发展是利用形式上的多元化。在 20 世纪 90 年代前，水力发电几乎是利用可再生

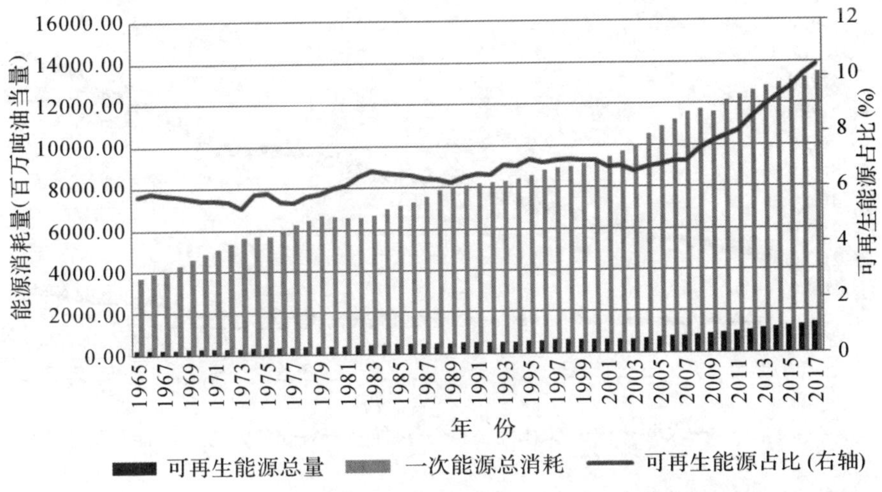

图 8 1965—2017 年世界一次能源与可再生能源消耗量变化情况

数据来源："BP Stats Review 2018 All Data", BP, June 13, 2018, https://www.bp. com/content/dam/bp/business-sites/en/global/corporate/xlsx/energy-economics/statistical-review/bp-stats-review-2018-all-data. xlsx.

能源唯一手段。随后，风能、太阳能、生物质能等可再生能源形式也逐渐得到了大规模应用(参见图 9)[37]。

时至今日，在政策引导与技术突破的双重激励下，可再生能源成为目前国际社会发展的重点能源形式。在 2015—2016 年各国新增的发电能力中，可再生能源已经超过了传统的化石能源。据统计，2017 年风能、太阳能、水力发电等可再生能源的新增装机容量达到了 153 吉瓦，占世界新增发电能力的 59.1%。这一趋势在投资总量的变化上体现得更加明显。可再生能源在发电领域获得的投资在 2012 年超过了化石能源。各国 2016 年在可再生能源电站上的投资高达 2498 亿美元，而同期化石能源与核能得到的投资仅分别为 1138 亿美元与 300 亿美元[38](参见图 10)。从国别上看，发展中国家也日渐成为发展可再生能源的主力。2004 年，发达国家占到了可再生能源投资总量的 79.2%。随后，发展中国家在可再生能源领域的投资比重逐渐增大，并从 2015 年开始超过了发达国家。

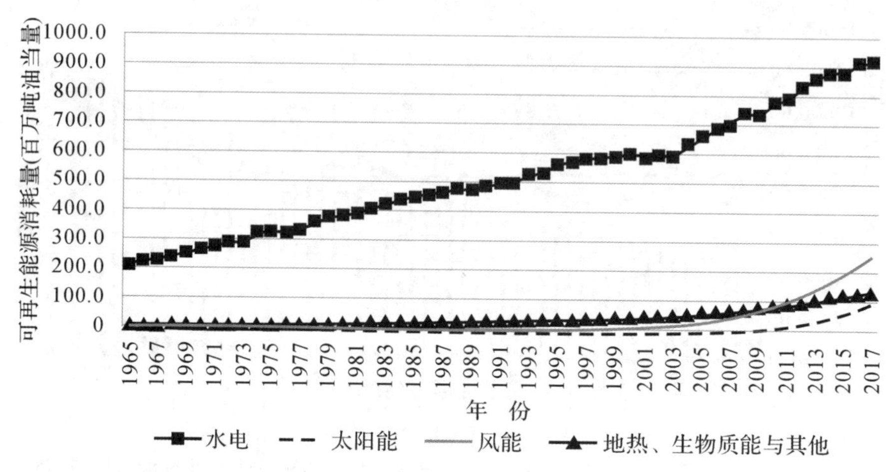

图 9 1965—2017 年世界各类可再生能源消耗量变化情况

数据来源:"BP Stats Review 2018 All Data", BP, June 13 2018, https://www.bp. com/content/dam/bp/business-sites/en/global/corporate/xlsx/energy-economics/statistical-review/bp-stats-review-2018-all-data. xlsx.

2017 年,发展中国家在可再生能源领域的投资总额已经达 1770 亿美元,占比 63.2%[39](参见图 11)。目前,可再生能源已经成为人类社会电力的重要来源,已经有约 20 个国家的可再生能源占发电量比重超过了 50%。其中,冰岛已经实现了发电能源的完全可再生化,挪威与巴西也分别有高达 96%和 85%的电力来自可再生能源[40]。

随着国际社会不断加大投入,可再生能源在未来将会获得进一步发展。根据英国 BP 公司的预测,可再生能源的发电成本在 2015—2035 年将进一步降低。以中美两国为例,至 2035 年风能与太阳能发电将取得相较于传统能源明显的成本优势(参见图 12)。与此同时,可再生能源也将成为发电领域增幅最高的能源形式,预计年增长率将达到 7.5%。在 2015—2035 年新增的发电量中,将会有 40%来自可再生能源。其在全球发电市场中的份额也将从 2015 年的约 7%增加至将近 20%[41]。为实现可再生能源的快速发展,世界各主要国家和组织均出台了一系列激励政策。其中,欧盟早在 2007 年便通过了《2020 气候和能源一揽子计划》

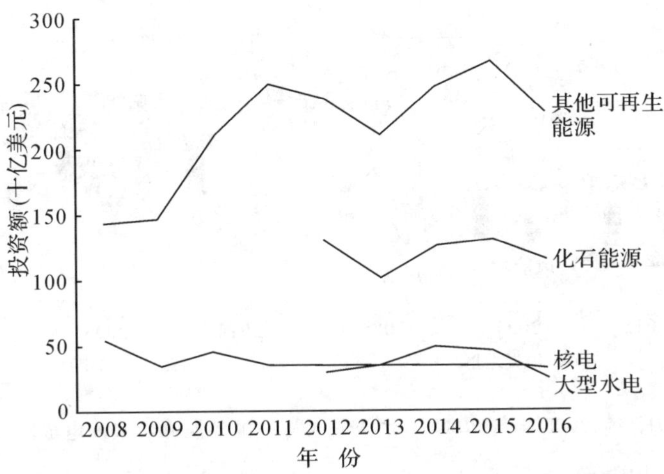

图 10 2008—2016 年各能源形式在发电领域获得的投资额比较

数据来源:UNEP, Global Trends in Renewable Energy Investment 2017, Frankfurt School-UNEP Collaborating Centre, 2017, p. 34.(注:2012 年之前化石能源与核电数据缺失)

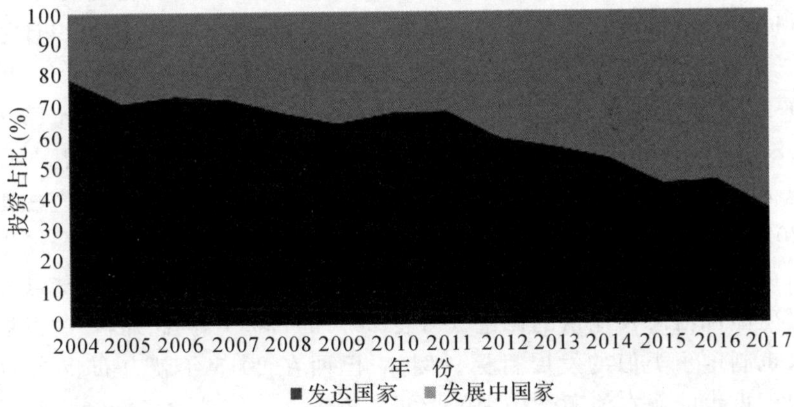

图 11 2004—2017 年发达国家与发展中国家在可再生能源领域投资占比变化

数据来源:UNEP, *Global Trends in Renewable Energy Investment* 2018, Frankfurt School-UNEP Collaborating Centre, 2018, p. 21.

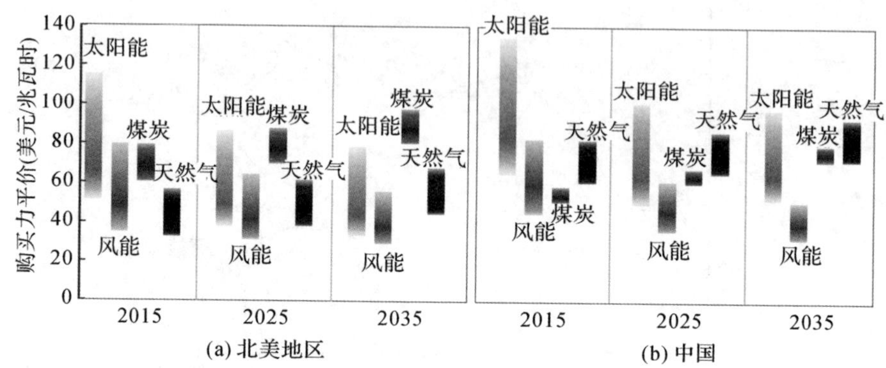

图 12 2015 年、2025 年与 2035 年北美地区与中国各能源形式发电成本变化情况

数据来源：BP Energy Outlook 2035, BP, 2017, p. 42.（注：假设 2015 年、2025 年与 2050 年建造的电厂生命周期内平均碳价分别为 20 美元/吨、40 美元/吨、60 美元/吨）

（2020 Climate And Energy Package），计划至 2020 年使可再生能源占到总能源消费的 20%。在欧盟于 2014 年颁布的《2030 气候能源政策框架》（Policy Framework for Energy and Climate for 2030）中，该组织计划在 2030 年将可再生能源占总能源消费的比重进一步提升至 27%[42]。美国也在 2009 年颁布了《美国清洁能源与安全法》（American Clean Energy and Security Act of 2009），规定从 2012 年起年发电量 100 万兆瓦时以上的电力供应商要有 6%的电力供应来自可再生能源，并逐步将这一比重在 2020 年增加至 20%。2020 年，各州的电力供应中也必须有 15%以上来自可再生能源。2015 年，美国又提出了至 2030 年将除水力发电外的可再生能源占总发电量的比重提升至 20%的目标[43]。此外，一些发展中国家也制定了类似的发展目标。例如，巴西在 2015 年就宣布将在 2030 年使可再生能源在能源结构中的比重提升至 45%，其中可持续生物质能源的比重将上升至 18%，除水电外的其他可再生能源形式将占到总发电量的 23%[44]。

三、中国的能源转型

目前,国际能源体系的双重变革态势已经对世界主要能源消费国带来了重大影响,并使各国展现出各不相同的发展思路。以较为具有标志性的美国与德国为例:美国将确保能源安全与经济发展作为能源政策的核心目标,而将环境保护放在了次要领域。早在 1973 年第一次世界性石油危机爆发后,美国为确保能源安全便提出了"能源独立"战略。以此为背景,该国发展可再生能源的主要目的是减少对进口油气资源的依赖。相比之下,美国虽持续加强在环境保护领域的投入,但在承担国际义务方面则相对消极,直至奥巴马政府上台后这一态度才有所变化。"页岩气革命"的爆发使得美国有望在不久的未来实现能源自给自足。在这种情况下,该国发展可再生能源的迫切性大大降低。目前,特朗普政府在可再生能源发展问题上已经表现出明显的态度反转,具体表现为废止清洁能源计划、退出《巴黎协定》和回归传统能源三大政策[45]。

相比之下,德国则将环境保护放到了与能源安全、经济发展同等的高度上,追求三者的高度统一。与美国类似,德国对于可再生能源的开发同样始于 20 世纪 70 年代,核心目标是维护能源安全。由于石油与天然气资源的匮乏,德国意识到确保能源安全的唯一手段就是大力开发能够实现本土化的可再生资源。与美国不同的是,德国对环境保护的重视程度更高。对环境保护的严格要求甚至体现在该国宪法——《基本法》(Basic Law)之中。德国在 2000 年颁布的《可再生能源法》(Renewable Energy Sources Act)也从法律上保障了可再生能源发展的优先性。目前德国已经建立起世界上最完备、最详细的环保法律体系。此外值得注意的是,大力发展可再生能源也是德国经济发展的需要。21 世纪以来,为了应对能源资源匮乏、人口老龄化和高工资福利等经济压力,德国将科技创新与可持续发展相结合,试图把可再生能源产业打造成该国新的经济增长点[46]。在这种情况下,该国即使是在低油价条件下仍然坚持推动可再生能源的开发。2017 年,该国颁布了最新版的《可再生能源法》,开始了可再生能源发电领域的市场化改革[47]。

面对当前世界能源体系的双重变革态势,作为世界最大的能源消费国，中国的能源转型之路已经引起了国际与国内的广泛关注。2014 年 6 月，习近平总书记在消费、供给、技术、体制与国际合作这五个方面为中国的能源改革指明了方向，体现出了中央对能源转型问题的高度重视[48]。在可再生能源领域，中国自 2015 年起便超过德国成为全球最大的太阳能光伏安装市场[49]。同时，中国太阳能光伏面板的产能占到了世界的约三分之二，太阳热能产能也占到了世界市场的 70%以上[50]。此外，2016 年中国新增的风能发电能力也达到了约 20 吉瓦，占到了世界总量的 38.5%，位居世界第一[51]。据统计，中国 2017 年可再生能源的产能已经达到 618.8 吉瓦，占到了世界总量的 28.4%，位居世界第一位[52]。在非常规油气资源领域，中国近年来也陆续取得了一些突破。中国涪陵页岩气田的探明储量已经超过了 6000 亿立方米，成为北美地区之外最大的页岩气田。截至 2017 年 6 月，该气田已累计产气 118 亿立方米。同年 7 月，中国在南海进行了持续 60 天的可燃冰开采试验，共开采天然气超过 30 万立方米，创造了产气时长和总量的世界纪录[53]。据预测，中国在 2035 年将成为世界上仅次于美国的第二大页岩气供给国[54]。可以毫不夸张地说，中国已经成为世界此轮能源变革的重要推动者。

不过，与美德等发达国家相比，中国的能源消费有着明显的特殊性，从总体上看可以总结为高碳能源消费模式的持续与能源需求的不断增加。第一，虽然中国早在战国时代便开始了对煤炭的利用，但迟至 20 世纪 60 年代煤炭才在能源消费结构中占据优势。时至今日，煤炭依然在中国的能源消费结构中占据 61.8%。从能源转型的阶段划分上看，中国仍然处于从煤炭向油气资源过渡的阶段。在未来，中国以煤炭为主的能源消费结构仍将存在相当长的时间。预测表明，中国的煤炭消费量直至 2025 年左右才会出现明显的下滑。2030 年后，煤炭在中国能源消费结构中的比重才会降低到 50%以下(参见图 13)。第二，中国在 1978 年后才开始真正意义上的工业化进程。时至今日，大多数人口仍处于工业化的中期阶段，三分之二省份的经济增长仍依靠资源、能源和资本投入拉动[55]。与发达国家能源消费量趋于稳定甚至降低不同，工业化的进一步推进意味着中国对能源的需求将持续增长。有预测表明中国的能源消费量在 2050 年之前都将保持上升状态(参见图 14)。

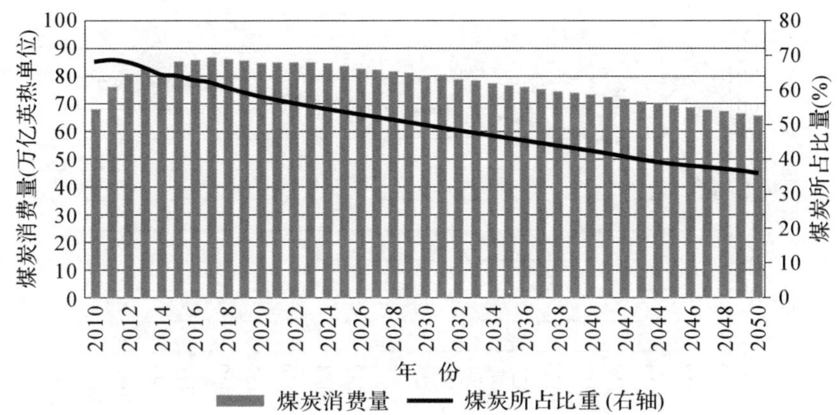

图 13　2010—2050 年中国煤炭消费量及其占总能源比重变化情况

数据来源："International Energy Outlook 2017", U. S. Energy Information Administration, Sept. 14, 2017, https://www.eia.gov/outlooks/aeo/data/browser/#/?id=7-IEO2017®ion=0-0&cases=Reference&start=2010&end=2050&f=A&linechart=Reference-d082317.18-7-IEO2017&ctype=linechart&sourcekey=0.

在特殊的能源消费形势下，面对世界能源体系发生的双重变革，中国的能源转型需要有独特的思路。作为能源消费与进口大国，中国能源转型的核心目标应是保障能源安全、同时兼顾环境保护。换言之，能源转型应有利于降低对进口能源的依赖，在此目标能够得到保证的同时，尽可能降低对环境的破坏。考虑到中国高碳能源消费模式仍将持续且能源需求远未达到峰值这一情况，中国的能源转型应该以利用的高效化、排放的清洁化为主要发展方向。其中，提高能源的利用效率应作为中国能源转型的重点方向。能源利用效率的提升一方面有助于在确保经济增长的同时减少能源消耗，进而减轻对进口能源的依赖；另一方面，也有助于促进中国经济由粗放式发展向集约式发展的过渡，从而提升经济的总体竞争力。在此过程中，考虑到愈发严重的环境保护压力，应该着力推进能源排放的清洁化。其中，积极开发碳捕捉和储存等相关技术，尽可能降低使用化石能源对环境带来的破坏应是这一进程的重要组成部分。相比之下，发展

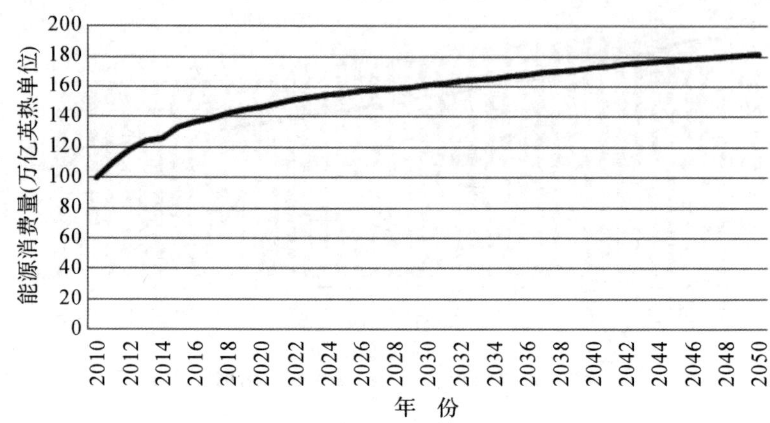

图 14　2010—2050 年中国能源消费量变化情况

数据来源："International Energy Outlook 2017", U. S. Energy Information Administration, Sept. 14, 2017, https://www.eia.gov/outlooks/aeo/data/browser/#/?id=1-IEO2017®ion=0-0&cases=Reference&start=2010&end=2050&f=A&linechart=~Reference-d082317.18-1-IEO2017&ctype=linechart&sourcekey=0.

可再生能源虽应是推进能源清洁化使用的重要路径,但不应是其唯一组成部分。此外,尽可能加大国内传统与非传统油气资源的开发也有助于降低中国对外部能源市场的依赖,进而避免国际油气价格波动对国内能源市场造成剧烈影响。这同样是中国能源转型得以顺利推进的重要保障。

结　语

从全球发展趋势看,《巴黎协定》可能意味着"化石燃料时代即将结束",在减碳的形势下,全球煤炭石油将减量消费,非化石能源呈倍增发展,全球能源消费低碳化已经出现,未来步伐会加快。全球能源结构出现低碳、清洁化趋势,低碳清洁能源占比接近 40%,终端用能呈现电力化,2040 年电力占比将可能超过三分之一。美国能源转型加快向低碳清洁能源转型，清洁能源比重接近 50%，推动非常规油气工业发展的同时，恢复对传统油气工业的护持，实现“能源独立”，两条腿走路，争夺和恢复其国际能源霸主地位。未来发生大的能源转型的时间节点可能出现在 2030 年前后，2030 年前后能源领域将可能发生大转型革命，国际能源权力结构也将发生逐步和重大变化，石油作为交通运输燃料将被更清洁的能源替代，电动汽车、氢燃料电池汽车将主导交通运输领域，交通运输用油会被大量替代。

21 世纪以来，国际能源体系发生了重要变革(非常规油气以及可再生能源)。这两重变革间存在着竞争性与矛盾性，但又具有互补性与统一性。从权力政治角度看，其实质仍然是能源权力结构转移、变迁和变革。未来 30 年左右，第三次国际能源转型有可能形成崭新的全球能源市场，导致全球能源市场发生结构性变化。一旦国际能源市场结构性变化形成，其对国际能源安全、全球能源权力的影响将可能是根本性和长期性的。国际能源转型的影响可能是巨大和深远的。如果转型成功，依照历史经验，第三次国际能源转型有可能重塑新的国际能源权力结构，甚至重塑新的人类经济社会形态和文明形态。中东国家、俄罗斯等传统油气供应国在非常规油气资源和可再生能源的冲击下，其所掌握的能源生产性权力和价格权力被逐渐稀释。这种现象已经并将继续对能源地缘政治造成深远的影响。中国应引领能源转型和能源革命，特别是在再生能源领域。中国应注重能源转型战略设计的整体性、前瞻性以及政策制定与执行的连续性。在高碳能源结构仍将持续、能源峰值尚未到来的情况下，中国应采取以保障能源安全为核心，兼顾环保的能源转型思路，引领新一轮的国际能源转型。

参考文献

[1] Smil V. World History and Energy. Encyclopedia of Energy, 2004, 6: 549-561.

[2] Podobnik B. Global Energy Shifts: Fostering Sustainability in a Turbulent Age, Philadelphia: Temple University Press, 2006: 4.

[3] 朱彤,王蕾. 国家能源转型:德、美实践与中国选择. 杭州:浙江大学出版社,2015: 76,85-88.

[4] 舟丹. 全球第三次能源转型的特征. 中外能源,2017,(9): 84.

[5] 赵宏图. 国际能源转型现状与前景. 现代国际关系,2009,(6): 35.

[6] 世界能源理事会. 全球能源转型,2014: 3. 参见 https://www.atkearney.com/documents/10192/5293225/Global+Energy+Transitions.pdf, 2018-04-03.

[7] He J K. Objectives and strategies for energy revolution in the context of tackling climate change. Advances in Climate Change Research, 2015, 6(2): 101-107.

[8] 朱彤. 能源革命的概念内涵、国际经验及应注意的问题. 煤炭经济研究,2014,11: 10. 本文认为,"能源转型"和"能源革命"均具有狭义和广义的概念,能源革命是能源转型的最高形式。为便于分析,我们采用较为宽广的概念。

[9] 裴广强. 近代以来西方主要国家能源转型的历程考察——以英荷美德四国为中心. 史学集刊,2017,(4): 80-83.

[10] 潘荣成. 近代早期英国能源转型及其启示. 理论月刊,2016,(2): 178.

[11] Owen E W. Trek of the oil finders: a history of exploration for petroleum, Tulsa, OK: American Association of Petroleum Geologists, 1975: 12.

[12] 裴广强. 前引文,第 82 页.

[13] 舒小昀. 工业革命:从生物能源向矿物能源的转变. 史学月刊,2009,(11):118-124.

[14] 裴广强. 近代以来西方主要国家能源转型的历程考察——以英荷美德四国为中心. 史学集刊,2017,(4): 81.

[15] 朱彤. 德国与美国当前能源转型进程比较分析. 国际石油经济,2016,(5): 3.

[16] 刘坚,任东明. 欧盟能源转型的路径及对我国的启示. 中国能

源,2013,(12):9.
[17] 彭峰.欧盟能源绿色化政策的新发展及启示.环境保护,2016,(9):31.
[18] 朱彤,王蕾.国家能源转型:德、美实践与中国选择.杭州:浙江大学出版社,2015:187.
[19] 何露杨.巴西气候变化政策及其谈判立场的解读与评价.拉丁美洲研究,2016,(2):85-86.
[20] 朱彤,王蕾.国家能源转型:德、美实践与中国选择.杭州:浙江大学出版社,2015:216.
[21] "BP Stats Review 2018 All Data", BP, 2018, 6, 13. https://www.bp.com/content/dam/bp/business-sites/en/global/corporate/xlsx/energy-economics/statistical-review/bp-stats-review-2018-all-data.xlsx.
[22] 管清友,李君臣.美国页岩气革命与全球政治经济格局.国际经济评论,2013,(2):24.
[23] 朱彤,王蕾.国家能源转型:德、美实践与中国选择.杭州:浙江大学出版社,2015:215.
[24] "BP Stats Review 2018 All Data", BP, 2018, 6, 13. https://www.bp.com/content/dam/bp/business-sites/en/global/corporate/xlsx/energy-economics/statistical-review/bp-stats-review-2018-all-data.xlsx.
[25] "US Shale Production", U.S. Energy Information Administration, 2018, 11, 28. https://www.eia.gov/dnav/ng/hist/res_epg0_r5302_nus_bcfa.htm.
[26] "U.S. Tight Oil Production", U.S. Energy Information Administration, 2018, 12, 1. https://www.eia.gov/energyexplained/data/U.S.%20tight%20oil%20production.xlsx.
[27] "Total Petroleum and Other Liquids Production 2017", U.S. Energy Information Administration, 2018, 12, 31. https://www.eia.gov/beta/international/rankings/#?iso=CAN

&cy=2017.

[28] "Country Analysis Brief: Brazil", U. S. Energy Information Administration, 2017, 11, 21. https://www.eia.gov/beta/international/analysis_includes/countries_long/Brazil/brazil.pdf.

[29] 穆龙新.委内瑞拉奥里诺科重油带开发现状与特点.石油勘探与开发,2010,(3):338-343.

[30] "BP Stats Review 2018 All Data", BP, 2018, 6, 13. https://www.bp.com/content/dam/bp/business-sites/en/global/corporate/xlsx/energy-economics/statistical-review/bp-stats-review-2018-all-data.xlsx.

[31] [美]丹尼尔·耶金.能源重塑世界(上).朱玉犇,阎志敏,译,北京:石油工业出版社,2012:231.

[32] IEA. World Energy Outlook 2017, International Energy Agency, 2017: 94.

[33] "BP Stats Review 2018 All Data", BP, 2018, 6, 13. https://www.bp.com/content/dam/bp/business-sites/en/global/corporate/xlsx/energy-economics/statistical-review/bp-stats-review-2018-all-data.xlsx.

[34] [美]丹尼尔·耶金.能源重塑世界(上).朱玉犇,阎志敏,译,北京:石油工业出版社,2012:167.

[35] REN21. Renewables Global Status Report 2017. REN21 Secretariat, 2017: 91.

[36] 高慧,杨艳,饶利波,等.全球可再生能源发展态势分析.国际石油经济,2016,(4):3.

[37] "BP Stats Review 2018 All Data", BP, 2018, 6, 13. https://www.bp.com/content/dam/bp/business-sites/en/global/corporate/xlsx/energy-economics/statistical-review/bp-stats-review-2018-all-data.xlsx.

[38] UNEP. Global trends in renewable energy investment 2017.

Frankfurt School-UNEP Collaborating Centre, 2017: 33-34.
[39] UNEP. Global trends in renewable energy investment 2018. Frankfurt School-UNEP Collaborating Centre, 2018: 21.
[40] 高慧,杨艳,饶利波,等. 全球可再生能源发展态势分析. 国际石油经济,2016, (4): 2.
[41] BP Energy Outlook 2035. BP, 2017: 40-43.
[42] 彭峰. 欧盟能源绿色化政策的新发展及启示. 环境保护,2016, (9): 31.
[43] 朱彤,王蕾. 国家能源转型:德、美实践与中国选择. 浙江大学出版社,2015: 187.
[44] 何露杨. 巴西气候变化政策及其谈判立场的解读与评价. 拉丁美洲研究,2016,(2): 85-86.
[45] 于宏源. 特朗普政府气候政策的调整及影响. 太平洋学报,2018,(1): 25.
[46] 全乐琴. 能源结构转型的目标与路径:美国、德国的比较及启示. 经济问题探索,2016,(2): 166-167.
[47] 张立锋,冯红霞. 德国《可再生能源法》的演进及对中国的启示. 河北法学,2017,(10): 119.
[48] 胡光宇. 能源体制革命:中国能源政策发展概论. 北京:清华大学出版社, 2016: 53.
[49] IEA. World Energy Outlook 2016. Paris: International Energy Agency, 2016: 408-409.
[50] IEA. World Energy Outlook 2015. Paris: International Energy Agency, 2015, 356-358; IEA. World Energy Outlook 2016. Paris: International Energy Agency, 2016: 408-409.
[51] IEA. World Energy Outlook 2017. Paris: International Energy Agency, 2017: 231.
[52] IRENA. Renewable capacity statistics 2018, Masdar: International Renewable Energy Agency, 2018: 2.
[53] 张晗. 非常规油气的"常规"之路. 中国石油报, 2017, 1.

[54] BP Energy Outlook 2035. BP, 2017: 33.
[55] 朱彤，王蕾. 国家能源转型:德、美实践与中国选择. 杭州:浙江大学出版社，2015: 255-256.

“一带一路”绿色发展背景下中韩清洁能源合作

许勤华

中国人民大学国际关系学院，中国人民大学国家发展与战略研究院

一、研究背景与研究问题

自 2005 年中国加大对可再生能源产业的财政补贴后，中韩之间清洁能源特别是可再生能源产业处于竞争状态。两国能源关系一定程度上也会影响两国的外交关系，有时候会起到关键性作用。因此对中韩之间清洁能源的研究尤为必要。

随着“一带一路”倡议的实施，绿色“一带一路”给中韩两国在清洁能源合作方面提供更多的契机。

基于此，将从以下几个问题出发，对此进行探讨：①什么是绿色“一带一路”倡议？②该倡议是否得到“一带一路”沿线国家欢迎？③绿色“一带一路”的重点合作领域？④中韩两国如何合作？

二、“一带一路”绿色发展现状

“一带一路”绿色发展的理念是由“一带一路”倡议延伸而来，在“一带一路”开展中发现由于地缘政治的关系，许多沿线国家对此持怀疑态度，因而引进“绿色”理念，实现经济发展与环境保护的协调，同时还可以得到沿线国家的认同，减少实施过程中的阻力。绿色“一带一路”的内涵是建设资源节约、绿色消费、低碳智慧之路，旨在建设绿色利益、绿色责任和绿色命运共同体。推动绿色“一带一路”建设的国际合作需要沟通绿色政

策，共通环保标准，鼓励绿色贸易，采用多边和区域生态合作机制。

绿色“一带一路”的提出，也是基于沿线国家发展的现实需求。“一带一路”相关国家中，69.9%的国家人均GDP不足世界平均水平，但61.6%国家的人类发展指数高于世界平均水平。人类发展指数前十的国家依次为：新加坡、新西兰、以色列、斯洛文尼亚、捷克共和国、希腊、文莱、爱沙尼亚、塞浦路斯、波兰。

卡塔尔是人均GDP最高的国家，也是人均二氧化碳排放最高的国家，值得注意的是63.0%的“一带一路”相关国家人均二氧化碳排放高于世界平均水平。此外，“一带一路”相关国家中，43.8%的国家PM2.5浓度暴露人口比例高于世界平均值，其中33个国家暴露人口比例高于90%（参见图1）。新加坡、伊拉克、黎巴嫩、沙特阿拉伯、也门、阿曼、阿联酋、卡塔尔、科威特、巴林、孟加拉国、马尔代夫、阿富汗、伊朗、缅甸、约旦、叙利亚等17个国家的所有人口都暴露于PM2.5浓度目标线以上。中国的人口占比为99.4%。“一带一路”相关国家中，72.6%的国家人均能源消费水平高于世界平均值。人均能源消费最高的国家依次为：卡塔尔、巴林、科威特、阿联酋、沙特阿拉伯、阿曼、新加坡、土库曼斯坦、新西兰。中国略低于世界平均水平，为2237ktoe/人。从以上统计数据中可以看出，“一带一路”相关国家普遍都面临经济发展与环境保护的双重需求，因而，绿色发展无疑是现实发展需求。

绿色发展的理念已经渐为相关国家所接受。在已提交《国家自主贡献》的“一带一路”国家中，有32个提及了应对气候变化的资金援助需求，33个提及了技术转让需求，30个提及了能力建设需求。16个“一带一路”国家提出了其低碳发展面临的挑战，例如资金短缺、缺乏专业知识、缺乏可靠的历史气候资料、公众环境意识淡薄、成本高、经济制裁、社会经济紧张局势等，涉及政治、经济、安全等多个领域。“一带一路”相关国家《国家自主贡献》文本反映了潜在合作需求：技术需求评估和技术转让/技术合作；低碳基础设施：避免锁定效应；低碳城市化经验；人力资源开发和能力建设；绿色金融和投资；应对气候变化行动与可持续发展目标的结合。因此需要综合的绿色发展策略以满足相关国家的能源需求，实现其《巴黎协定》承诺。

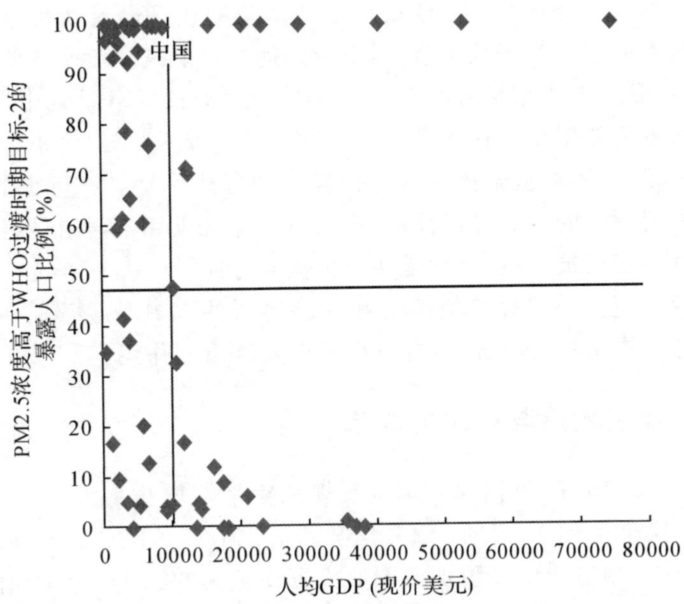

图1 PM2.5浓度高于WHO过渡时期目标-2的暴露人口比例

三、"一带一路"绿色发展的重点领域

第一,中国政府已经强调把"绿色发展"作为"一带一路"倡议的一个重要特点与路径。与"一带一路"能源基础设施(包括煤电厂,管道和可再生能源项目)相关的计划和政策正受到越来越多的关注。

第二,建议制定公开的衡量"一带一路"项目绩效的指标,这些指标将为项目开发商和炼油厂提供帮助,并跟踪"一带一路"倡议在实现《关于推进绿色"一带一路"建设的指导意见》目标方面的进展。

第三,"一带一路"沿线国家向《联合国气候变化框架公约》提交的国家自主减排贡献(NDC)显示了其对可再生能源强大、广泛的承诺。另一项预测显示,未来10年将有数千亿美元投资于"一带一路"沿线国家的太阳能和风能发电,这可以产生数百千兆瓦的可再生能源发电。

第四,化石燃料的发展对今天一带一路国家的发展有所贡献,但向更清洁能源的过渡势在必行。建议仔细评估新的化石燃料项目，以确定这些项目是否能真正带来社会效益，以及如何尽可能减少负面环境影响。

第五，私人资本市场将在许多“一带一路”倡议项目融资中发挥核心作用。西方主要银行正在动员起来，抓住与“一带一路”倡议相关的机遇。在许多项目中，不同资金提供者合作投资的方式将是必不可少的。如果投资者相信项目的财务可行性，那么全球股票市场和债券市场上的数万亿美元也可能会被利用，特别是在绿色债券方面。

最后“绿色指标”和其他衡量和评价项目的工具，在实现《促进绿色“一带一路”指南》中提出的目标方面可以发挥重要作用。

四、绿色发展与韩国的联系

1990—2013 年，韩国对中国贸易规模年平均增长率为 19%，中国在韩国贸易比重由 1990 年的 2.1%提升到了 2013 年的 26.1%。在中国投资的产业中，制造业中高附加值产业投资比重为 69.2%，金融保险/服务业投资年平均增长率提高 20%。从技术创新的角度来看，韩国和中国科学竞争力在世界上排名相近，技术竞争力韩国略高于中国。综合以上数据可以发现，中国在韩国贸易体系中的分量不断加强，且双方在资金和技术上有良好的合作前景。韩国清洁能源、可再生能源的发展道路起步较早，但是到 2017 年，韩国在此方面的发展进度反而落后于中国，所以自身存有强烈的清洁发展的意愿。此外，中国是当今全球最大的清洁能源消费市场，因而进行清洁生产对中韩两国都有重要意义。

五、结论

第一，中韩外交关系转暖将给能源合作提供良好政治环境。

第二，中韩两国都有适应世界能源转型，快速发展本国清洁能源的意愿。

第三，中韩两国政府与企业有丰富的能源合作经验和扎实的合作基础。

第四，基于“一带一路”地区有巨大的清洁能源特别是可再生能源发展空间，中韩两国可以发挥各自资金、技术、标准、设备、管理、服务、商品等互补优势，在“一带一路”多边平台合作共赢。

第五，“一带一路”绿色发展倡议给中韩两国本国清洁能源发展以及双方合作带来了战略性的机遇，且机遇大于挑战，改变两国原来在可再生能源领域如光伏和风能等的竞争关系。

第六，能源是经济发展的核心资源，能源关系的改进将夯实两国的外交关系。

专题二

能源系统优化与可持续利用

中国车用燃料乙醇发展研究*

陈　曦[1]　潘克西[1,2,3]　李永浮[4]　李玥宁[3]，张配豪[1]

1. 复旦大学社会发展与公共政策学院；2. 复旦大学能源经济与战略研究中心；

3. 复旦大学碳排放与环境大数据研究所；4. 上海大学建筑系

车用燃料乙醇①生产原料来源广、生产技术路线多，使用方便、易于推广，是理想的汽油组分。推广应用乙醇汽油②，可以有效减缓汽油消费的增长速度，改善环境质量。特别是生物燃料乙醇的大规模商业化发展，可以为玉米等大宗农产品建立专业、可持续的加工转化渠道，提高国家对粮食供需的调控能力，稳定粮食产量和价格预期，调动农民种粮积极性，促进农业经济发展，夯实国家粮食安全基础。

1908 年，第一辆燃料乙醇汽车在美国诞生。20 世纪 30 年代，燃料乙醇作为汽油添加剂在美国出现，20 世纪 80 年代初推广应用。目前，美国是全球最大的车用乙醇汽油生产国和消费国，大部分地区使用燃料乙醇占比 10％的乙醇汽油（E10），部分地区使用较高比例的 E15 乙醇汽油。2017 年，美国在役的玉米燃料乙醇生产厂 211 家，在建 6 家，分布在 28 个州，产量 4904 万吨，每年有近 40％的玉米用于生产燃料乙醇[1]。1938 年，巴西国会通过法案，要求必须在所有类型的汽油中添加燃料乙醇，巴西成为全球最早通过立法手段强制推广乙醇汽油的国家。目前巴西是全球第二大燃料乙醇生产国和消费国，以甘蔗为主要生产原料，掺混比

---

* 本文节选自复旦能源课题组年度研究报告《中国能源流向与系统优化路线图 2018》。

① 燃料乙醇一般是指体积分数达到 99.5％以上的无水乙醇。

② 乙醇汽油是将燃料乙醇与普通汽油按照一定比例混配的液体车用燃料。

27%，2017年巴西燃料乙醇产量为2173万吨。

20世纪60年代，我国基于战备和石油供应短缺的考虑，在部分地区使用乙醇汽油。2000年国家正式启动车用乙醇汽油推广应用工作①，核准建设燃料乙醇定点生产厂，陆续在黑龙江、吉林等11个省份“全封闭”或“半封闭”推广应用乙醇汽油，成为全球第三大燃料乙醇生产国和消费国。

经国务院同意，2017年9月，国家发改委等15部委联合印发《关于扩大生物燃料乙醇生产和推广使用车用乙醇汽油的实施方案》(发改能源〔2017〕1508号)，明确到2020年在全国范围内推广使用车用乙醇汽油，基本实现全覆盖[2]；2018年8月，国家发改委、国家能源局联合印发《全国生物燃料乙醇产业总体布局方案》(发改能源〔2018〕1271号)，确定了燃料乙醇产业总体布局，强调坚持控制总量、有限定点、公平准入，进一步在北京、天津、河北等15个省份推广车用乙醇汽油[3]；为贯彻上述两个重要文件的有关要求，2019年2月，国家能源局印发《关于建立扩大生物燃料乙醇生产和推广使用车用乙醇汽油工作信息月报制度的通知》(国能综通科技〔2019〕20号)[4]，拟建立专项工作信息月报制度，以及时掌握有关省(区、市)和中央企业在积极稳妥推进扩大生物燃料乙醇生产和推广使用车用乙醇汽油专项工作领域取得的最新进展。本文基于我国近20年来的车用乙醇汽油推广应用实践，主要就“全覆盖”“有限定点”等车用乙醇汽油发展目标和燃料乙醇生产布局进行系统分析和情景模拟，探究燃料乙醇的发展路径和主要制约。

一、前人研究与主要关注

乙醇汽车没有电动车那样的新闻热度，因此相关研究和文献数量不多，且大都集中于生物燃料乙醇发展历程、政策变化、试点示范、生产技

---

① 2000年，原国家计委、原国家经贸委等部门联合设立车用乙醇汽油推广工作领导小组，建立联席办公会议制度，成员包括原国家计委、原国家经贸委、国家财政部、公安部、原国家工商行政管理总局、国家税务总局、原国家质量监督检验检疫总局、原国家环保局等八部委以及中国石油、中国石化等公司，启动车用乙醇汽油推广应用工作。

术、原料来源、成本产出、环境影响和国外经验等比较专业的范畴内。

(一)关于生物燃料乙醇的发展

门秀杰等(2018)从时间上比较全面地纵向分析了我国生物乙醇汽油的发展历程,具体回顾了不断推广的试点省市,从“2 省”“4 省”到“11 省市”“26 省市”再到“全覆盖”,强调发展燃料乙醇对于我国交通能源的发展具有关键作用[5]。李志军(2008)基于燃料乙醇的一系列政策过程分析国内现状,明确了“人地争粮”和技术急需突破的困境,并提出相关的政策建议[6]。郎晓娟等(2009)具体以原料为对象进一步分析燃料乙醇的政策演变,明确了以非粮原料等生产燃料乙醇的发展趋势[7]。

(二)关于生物燃料乙醇的生产技术

中国石油和化学工业联合会的胡迁林等(2018)剖析了现有生物燃料乙醇添加方式存在的主要弊端,提出了采用化学方法添加生物燃料乙醇的优势,可应用于实际[8]。韩飞(2001)基于乙醇汽油的性质、制备和调和方法,分析了水解发酵作用生产乙醇的技术方法[9]。牛建军(2018)发现,紫外荧光法可用于车用乙醇汽油的硫含量测定,结果准确且可靠,可以用于检测监测成分[10]。

(三)关于生物燃料乙醇的环境影响

刘少华等(2012)实验得到,与汽油相比,乙醇汽油有利于改善汽车尾气的排放,CO、HC 和 NO_x 排放均得到改善,环境效益较高[11]。针对我国京津冀地区雾霾频发的严峻形势,范必等(2015)建议在京津冀推广乙醇汽油,并通过提高优惠政策,努力提高乙醇汽油的市场占有率[12]。

(四)关于生物燃料乙醇的国际经验

胡志远(2002)等全面介绍了美国、巴西、欧共体、加拿大、泰国等世界主要燃料乙醇应用情况及中国的燃料乙醇使用情况,肯定了燃料乙醇的发展前景[13]。毛开云等(2018)深度解析了全球燃料乙醇产业现状,具体分析了美国、巴西和中国的燃料乙醇的代际演变和发展情况[14]。多位学者(康鹏[15]、李希宏[16]、任东明[17])进一步总结国外乙醇发展经验,认为我国应借鉴相关经验,从稳定原材料价格、技术攻关、适当补贴、市场开放、加强国际化合作等角度入手进一步提高我国燃料乙醇的国际竞争力。魏玮等(2012)具体到印度生物燃料政策的演进和经验,分析其对中国的启示[18]。

(五)关于乙醇汽油的“全覆盖”

支持者认为,推广乙醇汽油和实现“全覆盖”有诸多好处,当前乙醇汽油的发展受到国家的高度关注,迎来了机遇时期,应把握这个大好机会。任东明(2018)[19]和岳国君(2018)[20]从我国当前的新形势进行分析,指出相关政策的发展极大地促进了燃料乙醇的发展,政策、资金、技术、原料等均成为有利条件,提出我国生物燃料乙醇将迎来一次快速发展机遇期。景春梅(2016)指出扩大推广乙醇汽油可对我国粮食去库存、减少碳排放、油品升级、缓解产能过剩企业困难和普惠“三农”发挥重要作用[21]。中国石油集团经济技术研究院费华伟等(2018)[22]认为,当前我国燃料乙醇发展面临多项政策出台助力、生产原料有保障、控制原油对外依存度和推动能源清洁低碳转型的机遇,应加大发展。

反对者的意见主要集中于燃料乙醇对汽车的不利影响、生产原料不足、经济性差和燃料乙醇供需存在缺口等四个层面表现,认为实现2020年全覆盖较困难。龚冬梅(2003)[23]实证乙醇因具有亲水性导致乙醇汽油在储运过程中易发生分层,不易保存。刘鑫等(2018)[24]进一步指明,由于动力不佳、油耗高、价格不便宜等特点,一些试点地区的车用乙醇汽油仍然没有得到广泛的认可。谭彦红等(2008)[25]从粮食安全视角分析燃料乙醇产业发展,认为非粮燃料乙醇产业化发展是趋势,但各地区的非料原料产量相差很大,生产存在一定问题。张秀秀(2018)[26]基于国家粮油信息中心公布的数据得到,我国许多新建燃料乙醇项目由于资金、技术等多种原因迟迟未能建成,用粮食生产燃料乙醇按汽油价出售存在经济性差问题。2017年9月,我国明确到2020年在全国范围内推广使用车用乙醇汽油,这对燃料乙醇的供求提出了要求。米多(2018)等[27]简要分析了燃料乙醇的生产、市场供需和价格,认为2020年我国燃料乙醇年利用量将达到1570万吨,按目前国内乙醇供应能力,产能缺口约为1265万吨。王娟等(2018)[28]以重庆市为例,得出国内生物乙醇的生产规模和成本不足以支撑未来燃料乙醇汽油全国范围推广使用的结论。川财证券(2018)[29]也得出同样的结论,乙醇的供需缺口将加大。

前人的研究和主要关注多为发展历程、政策影响和国际经验等宏观概述和全国总况，以及技术工艺、原料比选等相对专业的工程领域，指导性强、专业论述扎实，但针对性、可比性、可选不足，数据分析、空间分析欠缺，本研究尝试性地在这一方面做些工作。

二、生物燃料乙醇、汽油、玉米的生产与消费变化趋势分析

(一)生物燃料乙醇产量从零起步，初期增长迅速

2003 年开始，国家核准的首批四家以玉米、小麦为原料的燃料乙醇定点生产企业陆续建成投产，全国生物燃料乙醇产量从 2002 年的 3 万吨增加到 2003 年的 7 万吨、2004 年的 19 万吨，直至 2005 年 102 万吨。伴随着燃料乙醇生产企业的不断投产和供应渠道的增多，2015 年全国燃料乙醇产量达到 254 万吨，2016 年为 260 万吨左右。由此，我国乙醇汽油消费量占汽油消费总量的比例也由 2000 年的零起步，增加到 2002 年 0.8%、2004 年 4%，再到 2005 年的 21%，直至 2016 年的 21.9%，平稳增长，基础扎实，详见图 1。

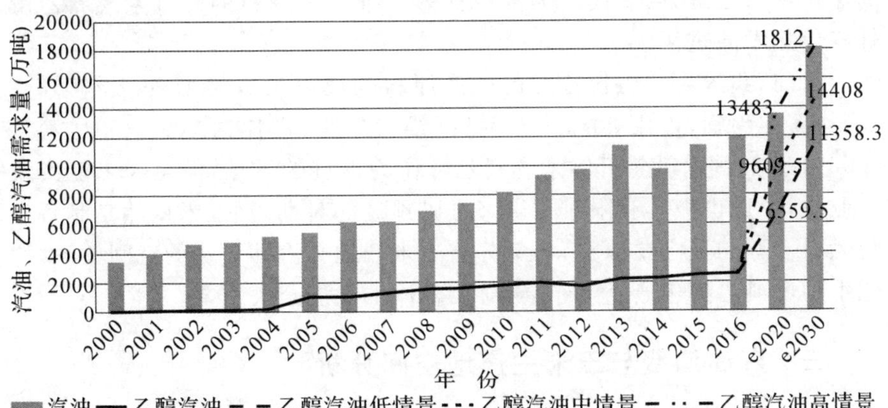

图 1　中国乙醇汽油和汽油消费量变化趋势及其需求情景预测图(2000—2030)

数据来源：由国家统计局相关数据计算得到，详见“复旦大学能源流向与碳排放时空数据库 https://dvn.fudan.edu.cn/dataverse/FDED”。

（二）汽车拥有量增长迅猛，汽油消费量随之快速上升

汽油消费量与汽车拥有量具有很强的正相关性[30]。在2000—2016年的16年间，我国汽车拥有量迅猛增长，由2000年的1608.91万辆快速增长到2016年的1.86亿辆，增长11.56倍，年均增长17.71%。由此带动我国汽油消费量快速上升，由2000年的3504.56万吨上升到2016年的1.187亿吨①，增长3.4倍，年均增长8.5%，是同期全球汽油消费量增长最快的国家。相关预测显示[31]，到2020年、2030年我国汽油消费总量将分别增长到1.35亿吨和1.81亿吨。

（三）玉米产量平稳增长，仍将是我国近中期生产燃料乙醇的最主要原料

在2000—2016年的16年间，我国玉米总产量由2000年的1.06亿吨增加到2016年的2.2亿吨②，增长到了原来的两倍多，年均增长5%。我国是仅次于美国的世界第二大玉米种植国。

近20年来，我国生物燃料乙醇生产技术经历了第1代以玉米、小麦等粮食为原料的粮食燃料乙醇；第1.5代以木薯、甘蔗等经济作物为原料的非粮燃料乙醇；第2代以玉米秸秆等纤维素为原料的纤维素燃料乙醇等三代技术演进。

目前，我国生物燃料乙醇的生产原料构成以玉米为主，占比60%～70%；薯类为辅，占比20%～30%；纤维素较少，占比约5%[32]。尽管从2006年开始国家就将纤维素燃料乙醇作为推进的重点，但至今未能实现商业化，产量也极其有限。在未来可以预见的时期内，玉米依然是制备生物燃料乙醇的最主要原料，科学分析玉米产地与汽油消费的空间关系，优化生物燃料乙醇生产企业布局，对乙醇汽油发展至关重要。

三、汽油消费与玉米主产地空间分析

（一）汽油主要消费地与玉米主产地总体呈空间背离格局

1. 汽油主要消费地大多集中在东南沿海地区

2000—2016年，广东、江苏等东南沿海省份一直是汽油消费量较大、增

① 国家统计局能源统计司．中国能源统计年鉴（2001—2017）．北京：中国统计出版社。

② 数据来源：《2018中国统计年鉴》。

长较快的地区，其中增长最快的是广东省，16 年间增长了 1201.28 万吨，占同期全国增量的 11.1%，远高于其他省市的增长量；江苏、浙江、上海、山东、河南、湖北、辽宁和四川等 9 个省市的增长速度也较快，增长量在 500～800 万吨之间，分别占同期全国增量的 4%～8%；黑龙江、吉林、甘肃、青海、宁夏和海南增长缓慢，增量均低于 100 万吨。

2000—2005 年，年均汽油消费量最大的 5 个省是广东（416.5 万吨）、江苏（308.7 万吨）、黑龙江（286.1 万吨）、湖北（258.7 万吨）和浙江（258.3万吨）；消费量最低的是青海，仅为 17 万吨。5 年累计增长最快的省份是广东省，达到 405.06 万吨；第二是山东，累计增长 307 万吨；第三是江苏，累计增长 232 万吨，浙江、上海、福建的累计增长量均排名靠前。

2005—2016 年，年均汽油消费量最大的 5 个省是广东（1052.8 万吨）、江苏（741.1 万吨）、山东（677.9 万吨）、浙江（592.7 万吨）和辽宁（586.7 万吨），消费量最低的是宁夏，仅为 23 万吨。11 年累计增长最快的省份依然是广东省，高达 796.2 万吨；第二是四川，累计增长 715.6 万吨；第三是江苏，累计增长 592.2 万吨；上海、福建的累计增长量排名都较前 5 年有所上升。详见图 2 左列。

2. 玉米生产主要集中在东北、华北及河南等区域

2000—2016 年，黑龙江、吉林、内蒙古等东北部区域一直是全国玉米产量大、增长快的地区，其中增长最快的是黑龙江省，16 年间增长了 2336.6 万吨，占同期全国增量的 20.6%，远高于其他省市的增长量；其次是吉林（增量占比 16.2%）和内蒙古（增量占比 13.3%），前三者增量累计占比超过全国同期增量的 50%，增长速度远超其他省；辽宁、河北、河南、山东、山西、新疆、甘肃等 7 个省市的增长速度也较快，增长量在 350～950 万吨之间，分别占同期全国增量的 3%～8%；广东、浙江、福建、天津、重庆、广西、湖北等 11 个省市增长缓慢，增量低于 100 万吨；上海、江苏、海南、北京和贵州五省市均为负增长。

2000—2005 年，年均玉米产量最大的 5 个省是吉林（1514.6 万吨）、山东（1493.6 万吨）、河南（1088.4 万吨）、河北（1085.6 万吨）和黑龙江（915.7 万吨）；产量最低的是青海，仅为 1 万吨。五年累计增长最快的省份是吉林省，达到 807.5 万吨；第二是辽宁，累计增长 584.4 万吨；第三是

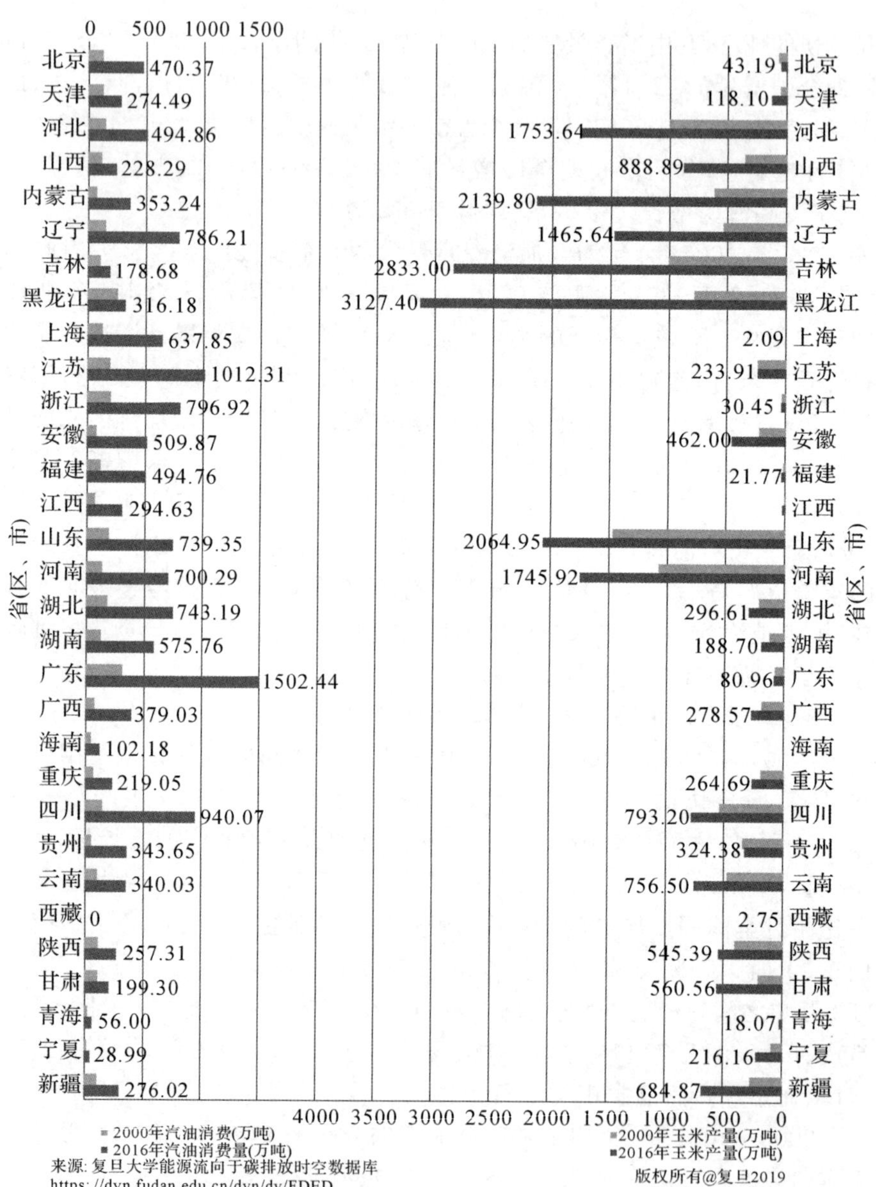

图 2 中国汽油消费量与玉米产量分省(区、市)变化对比

内蒙古，累计增长 437 万吨；山东、黑龙江、河南的累计增长量均排名靠前。

2005—2016 年期间，年均玉米产量最大的 5 个省是黑龙江（2405.3 万吨）、吉林（2300 万吨）、山东（1923.9 万吨）、河南（1656.5 万吨）和内蒙古（1636 万吨）；产量最低的是西藏，仅为 2 万吨。11 年累计增长最快的省份是黑龙江，高达 2084.5 万吨；第二是内蒙古，累计增长 1073.6 万吨；第三是吉林，累计增长 1032.3 万吨；河北、河南的累计增长量排名都较前五年有所上升。详见图 2 右列。

无论是纵观 2000—2016 年的全时间序列，还是分段考察乙醇汽油推广应用起步阶段的 2000—2005 年、平稳发展阶段的 2006—2016 年，汽油消费和增长的主要省份都集中在广东、江苏、浙江等东南沿海省份，玉米主产地则始终是黑龙江、吉林、内蒙古等东北部省份，汽油消费与玉米产地空间上严重背离。

（二）乙醇汽油推广应用初期，生物燃料乙醇生产厂布局与玉米主产地高度重合

2001 年，国家核准开工建设 4 家生物燃料乙醇生产厂。其中，吉林燃料乙醇有限责任公司、黑龙江华润酒精有限公司和安徽丰原生物化学股份有限公司等 3 家企业以玉米为生产原料，河南天冠以小麦、玉米为生产原料，全部建在玉米主产区，顺利实现了国家“十五”期间的既定目标。由此，我国也成为世界上继美国、巴西之后的第三大生物燃料乙醇生产国和消费国，生物燃料乙醇产业的发展取得了阶段性成果。

为避免“与民争粮、与农争地”现象的出现，2006 年国家明确燃料乙醇的发展必须以不占用耕地，不消耗粮食和不破坏生态环境为前提，坚持非粮为主，以纤维素乙醇为燃料乙醇的发展方向，陆续组织开展了 10 余项木薯、纤维素等非粮燃料乙醇示范工程。

2000—2016 年，全国玉米产量最大的省份主要是黑龙江、吉林、河南等，期间国家核准建设的生物燃料乙醇定点生产企业也都位于黑龙江、吉林、河南、安徽、内蒙古、山东、广西等省区，生物燃料乙醇生产厂布局与玉

米主产地高度重合，比较好的促进了在6省（区、市）“全封闭①”和5省（区、市）“半封闭②”的乙醇汽油推广应用工作。

四、燃料乙醇生产厂布局及其供应区域情景分析

目前，我国在役生物燃料生产厂8家，分布在7个省区。其中4家以玉米、小麦为原料，布局在黑龙江、吉林和河南、安徽等玉米主产地，分别供应东三省及内蒙古等邻近省区和豫皖及华中、华东临近省份的燃料乙醇；3家以纤维素为原料，布局在山东、河南，主要供应本省及邻近省市的燃料乙醇；2006年底成立的广西中粮生物质能源有限公司是世界第一家以木薯为原料的非粮生物质能源企业，也是中国华南、西南地区最大的乙醇生产企业，年产能为28万吨燃料乙醇。按照当年汽油消费量折算，在7个建有燃料乙醇生产厂的省份中，吉林省的燃料乙醇产能盈余，安徽省供需平衡，其余5个省份都有缺口。

（一）情景设置

有关研究表明，燃料乙醇的市场销售半径大约在500～700公里[33]。本文按照500公里测算燃料乙醇供应区域。车用燃料乙醇生产供应低情景的设置主要是定点、测算目前在建的燃料乙醇项目建成投产后生产与供应区域，多为生物燃料乙醇项目，运营经验丰富、政策有保障，实现性较强；中情景设置主要为目前拟建的燃料乙醇项目全部建成投产，其中有多家煤基合成气乙醇项目，虽然工艺技术成熟、成本有一定的优势，但污染防治、政策管控等方面具有一定的不确定性；高情景主要是考虑乙醇汽油全覆盖，以及为应对石油供应短缺的战略技术储备的燃料乙醇生产布局和供应辐射区域，需要结合经济社会、区域发展、国际贸易等多因素进行综合测算、模拟，相关工作还在继续中，本文仅仅是一个初步的匡算。

---

①　6个“全封闭”推广应用乙醇汽油的省区为黑龙江省、吉林省、辽宁省、河南省、安徽省、广西壮族自治区。

②　5个“半封闭”推广应用乙醇汽油的省区为湖北省9市（武汉、襄樊、荆门、随州、孝感、十堰、宜昌、黄石、鄂州）、山东省8市（济南、枣庄、泰安、济宁、临沂、德州、聊城、菏泽）、河北省6市（衡水、邯郸、邢台、石家庄、保定、沧州）、江苏省5市（徐州、连云港、淮安、盐城、宿迁）、内蒙古自治区3市旗（巴彦淖尔、乌海、阿拉善盟阿左旗）。

（二）低情景

综合相关燃料乙醇生产项目建设进展[①]，2020 年左右，目前在建的 15 个燃料乙醇项目均可投产，届时分布在 14 个省中的 21 个燃料乙醇生产厂基本可以满足国家在 15 个省（区、市）推广应用乙醇汽油的需要。其中，黑龙江、吉林、河南等 5 个省份的产能盈余，可以满足东北、华东、华中地区的乙醇汽油需求；安徽、内蒙古、山西等 3 个省区的产能可以实现本省区乙醇汽油供需平衡；辽宁、山东、广西等 6 个拥有燃料乙醇生产厂的省份可能出现燃料乙醇供应短缺；其余 17 个省（区、市）没有燃料乙醇生产厂，推广应用乙醇汽油需要从邻近省份调入。

（三）中情景

到 2022 年左右，黑龙江、山西等拟建的燃料乙醇生产项目陆续投产，已经建成的项目逐步达产，在全国范围内推广使用车用乙醇汽油的目标基本实现。其中，黑龙江、吉林、河南等 6 个省份的燃料乙醇产能盈余，可满足东北、华东、华中地区的乙醇汽油需求；安徽、内蒙古等 2 个省区的产能可实现本省区乙醇汽油供需平衡；辽宁、山东、广西等 6 个拥有燃料乙醇生产厂的省份虽然还会出现燃料乙醇供应短缺，但短缺程度将会比低情景大为改善；其余 17 个省（区、市）没有燃料乙醇生产厂，推广应用乙醇汽油依然需要从邻近省份调入，但供应能力会显著增加。

（四）高情景

当前及今后一段时期内，我国燃料乙醇生产的技术路线主要为玉米乙醇、纤维素乙醇和煤基合成气乙醇等。

1. 玉米燃料乙醇主要供应东北、蒙东、华中，以及华北和华东的部分区域

以玉米、小麦为原料的粮食乙醇，其优势是原料充足、易得，工艺简单、成熟，但发展规模受“与民争粮、与农争地”的限制，在黑龙江、吉林、河南、安徽等玉米主产地已经建成的玉米燃料乙醇生产厂，产能均有一定的盈余。未来随着玉米燃料乙醇生产技术的进步和我国玉米单产的提高，

---

① 资料来源：复旦大学能源流向与碳排放时空数据库 http://dvn.fudan.edu.cn/dvn/dv/FDED。

可适当扩产增能，为东北、蒙东、华中，以及华北和华东的部分区域提供足量的燃料乙醇供应。

2. 纤维素燃料乙醇主要供应华南、西南，以及华中和华东的部分区域

2006年，国家就将纤维素乙醇确定为我国燃料乙醇的发展方向，并组织实施了一系列技术攻关和工程示范项目。纤维素燃料乙醇的生产原料主要为农业和林业废弃物，来源广泛、收购成本较低，不与民争粮、不与农争地，但乙醇产率较低、产能规模有限，需要突破性的技术，中短期内难以商业化规模发展。近期，以广西、山东、河南等示范项目为基础，待技术成熟后在广东、四川、湖北、江西等省兴建若干生产厂，以满足华南、西南，以及华中和华东的部分区域的乙醇汽油消费需求。

3. 煤基合成气乙醇主要供应华北、西北，以及华东和西南的部分区域

考虑到河北等世界最大钢铁工业地区副产合成气的综合利用，在既有合成气燃料乙醇项目成功运营的基础上，控制性发展煤基合成气乙醇产业，近期主要为华北、西北，以及华东和西南的部分区域提供燃料乙醇，远期作为石油短缺的车用液体燃料供应的战略技术储备，为将来可能的高比例、大范围推广应用乙醇汽油提供支撑。

按照上述发展燃料乙醇的指导思想和建设原则，模拟形成燃料乙醇生产与供应区域高情景。届时，黑龙江、吉林、河北、山西、河南、安徽等13个省份的燃料乙醇产能盈余，形成以黑龙江、吉林为主的玉米乙醇东北生产基地，以河北、山西为主的煤基合成气乙醇华北生产基地，以河南、湖北为主的生物（玉米、木薯）燃料乙醇华中生产基地，以安徽、山东为主的生物（玉米、纤维素）燃料乙醇华东生产基地，以广西为主的木薯乙醇生产基地，以四川为主的纤维素乙醇西南生产基地，以陕西、新疆为双中心的煤基合成气乙醇西北生产基地，以满足北京、上海、福建等13个没有燃料乙醇生产厂省（区、市）推广应用乙醇汽油的需要。

由此，全覆盖、有限定点的乙醇汽油推广应用格局清晰完整，玉米乙醇、纤维素乙醇、煤基合成气乙醇多元发展、协同进退，技术可行、经济合理、环境友好。乙醇汽油发展可控、可判，成为我国车用燃料的可靠补充与重要组成部分，为我国石油安全、能源安全、国家安全作出了应有的贡献。

五、结论与致谢

基于我国近20年来的汽油消费、燃料乙醇生产，以及玉米生产、煤基合成气生产等的时空格局变化，运用地理信息系统等时空数据分析方法，本文就近中期我国燃料乙醇生产企业布局及其市场空间分布进行了情景分析与模拟。研究的主要结论为：

(一)在未来可以预见的时期内，玉米仍将是我国燃料乙醇生产最主要的原料，但鉴于玉米主产地与汽油主消费地在空间上的严重背离，玉米乙醇应以供应东北、蒙东、华中为主。在役、在建、拟建的玉米乙醇生产项目基本可以满足上述区域乙醇汽油全覆盖的需求。伴随我国玉米单产的提高以及国家调控玉米市场的需要，玉米乙醇产能、产量会有所提高，但既无法从空间上满足全国乙醇汽油全覆盖的需求，也不应该对玉米等粮食乙醇设定过高的产量目标。借鉴美国的做法，玉米乙醇应主要定位为调节粮食供需、稳定粮食价格、强化国家粮食安全。

(二)纤维素乙醇生产技术和工艺的革命性突破尚需一段时期。受乙醇产率、生产成本、产出规模等因素的制约，纤维素乙醇在中短期内依然难以独立承担相关区域乙醇汽油全覆盖的需求。在全面布局纤维素乙醇生产技术攻关的同时，近期应重点加大木薯乙醇的产出，拓展木薯的进口渠道，减少原料价格的不确定性。

(三)煤基合成气来源充足，除非作为钢铁工业、煤化工的循环利用而大规模生产燃料乙醇，以满足相关区域乙醇汽油全覆盖的需求，否则，应严格控制其生产规模，仅作为石油短缺的战略技术储备，在严格限定的区域内进行技术维新和运营维护。

(四)在全面推广应用乙醇汽油的基础上，应尽快布局乙醇汽车的全产业链协同发展，及其配套的售后服务体系，促进相关产业的专业化、高端化发展。

(五)聚集企业界、政界和学界各方资源，兼顾不同区域的具体情况，因地制宜、分工明确，逐步形成全国一盘棋的乙醇汽车发展路线图和全景图。

2005年，复旦能源课题组接受英国石油公司(BP)委托，就甲醇、二甲醚、液化天然气、生物乙醇等9种车用新型燃料从基本性质、生产途径、应用前景、供应安全、温室气体、尾气排放、基础设施、经济评估、车辆成本、制造商、消费者、健康安全、法规政策、当前活动、初步结论、主要建议等16个方面进行系统研究。由此，复旦能源课题组成员和复旦能源课学生届届传承、步步深入，持续跟踪、研究乙醇汽油相关问题。2017年，施俞晨、李光速、沈轶等同学采集、清洗、入库了大量的数据，尝试绘制“中国车用燃料流向与清洁能源汽车发展路线图”；2018年，许婉婷、程舒等同学分别就乙醇汽车的国际先行经验和我国的主要政策与做法进行系统的资料归档、数据录入，郭伯山同学就燃料乙醇生产企业空间定点、测距做了大量的专业性探索；石油化工、煤化工和农业等领域的多位专业人士都为本研究贡献了智慧和真知，在此致以诚挚的感谢。我们有关燃料乙醇的研究还在继续，会深入下去；乙醇等清洁能源汽车也刚刚启程，路线图、远景图需要大家一起绘制、践行。

参考文献

[1] 毛开云，范月蕾，王跃，等. 国内外燃料乙醇产业现状深度解析. 高科技与产业化，2018,(265)：6-13.

[2] 国家发展改革委等15部委. 关于扩大生物燃料乙醇生产和推广使用车用乙醇汽油的实施方案[EB/OL]. 中华人民共和国中央人民政府：http://www.gov.cn/xinwen/2017-09/13/content_5224735.htm.

[3] 国务院常务会议决定[EB/OL]. 中国政府网：http://www.gov.cn/guowuyuan/2018-08/22/content_5315752.htm.

[4] 国家能源局. 国家能源局综合司关于建立扩大生物燃料乙醇生产和推广使用车用乙醇汽油工作信息月报制度的通知(国能综通科技〔2019〕20号)[EB/OL]. 国家能源局：http://zfxxgk.nea.gov.cn/auto83/201903/t20190305_3629.htm,2019年3月5日20:18访问。

[5] 门秀杰，孙海萍，雷强，等. 我国推广乙醇汽油的进展、影响及应对建议. 现代化工，2018,(11)：8-10.

[6] 李志军. 生物燃料乙醇发展现状、问题与政策建议. 中国生物工程杂志, 2008,(7): 139-142.

[7] 郎晓娟, 郑风田, 崔海兴. 中国燃料乙醇政策演变. 林业经济, 2009,(3): 29-33.

[8] 胡迁林, 李顶杰, 朱建军. 对我国车用生物燃料乙醇添加方式的建议. 中国石油和化工经济分析, 2018: 34-36.

[9] 韩飞. 乙醇汽油的研究现状和应用前景. 辽宁化工, 2001,(11): 494-496.

[10] 牛建军. 紫外荧光法在车用乙醇汽油等油品检测中的研究. 质量技术监督研究, 2018,(2): 10-12.

[11] 刘少华, 申立中, 叶年业, 等. E10 含水乙醇汽油对汽油机性能及排放的影响研究. 2012,(5): 46-51.

[12] 范必, 景春梅, 刘向东. 建议京津冀推广乙醇汽油. 宏观经济管理, 2015,(2): 56-57.

[13] 胡志远, 浦耿强, 王成焘. 车用燃料乙醇的应用与发展. 汽车科技, 2002,(40): 9-11.

[14] 毛开云, 范月蕾, 王跃, 等. 国内外燃料乙醇产业现状+深度解析. 高科技与产业化, 2018: 6-13.

[15] 康鹏, 郑宗明, 覃吴, 等. 国际燃料乙醇市场发展对我国的启示和借鉴. 经济问题, 2013,(8): 63-67.

[16] 李希宏. 国内外生物液体燃料发展趋势. 当代石油石化, 2007,(3): 7-16.

[17] 任东明, 窦克军. 生物燃料乙醇产业国内发展现状与国际经验及相关建议. 中国能源, 2018,(6): 5-9.

[18] 魏玮, 刘志红. 印度生物燃料政策的演进、经验及其对中国的启示. 经济问题探索, 2012,(12): 149-151.

[19] 任东明, 窦克军. 生物燃料乙醇产业国内发展现状与国际经验及相关建议. 中国能源, 2018,(6): 5.

[20] 岳国君. 生物燃料乙醇产业迎来发展好时机. 生物产业技术, 2018,(4): 1.

[21] 景春梅. 扩大推广乙醇汽油. 宏观经济管理, 2016,(10): 29-30.

[22] 费华伟, 王利宁. 推动我国燃料乙醇产业发展的分析与建议. 中国石油和化工经济分析, 2018: 37-38.

[23] 龚冬梅, 张翠君, 张戟, 等. 车用乙醇汽油分层问题的研究. 河南化工, 2003,(6): 11-12.

[24] 刘鑫, 田静, 赵梅, 等. 清洁燃料车用乙醇汽油现状及展望. 云南化工, 2018,(7): 2.

[25] 谭彦红, 杨光. 粮食安全视角下看广西燃料乙醇产业化发展. 学术论坛, 2008,(12): 127-130.

[26] 张秀秀. 燃料乙醇需求增长不及预期后市如何仍"一头雾水". 能源研究与利用, 2019,(1): 14.

[27] 米多, 柳延峰, 朱玉. 2017 年国内外燃料乙醇供需分析. 化学工业, 2018,(4): 47-49.

[28] 王娟, 邓术清. 重庆市发展燃料乙醇的现状及对策. 四川化工, 2008,(5): 31-32.

[29] 佚名. 乙醇: 供需缺口加大. 股市动态分析, 2018,(34): 43.

[30] 2017 年中国汽油行业市场前景及消费量预测[EB/OL]. 中国产业信息:http://www.chyxx.com/industry/201708/548968.html.

[31] 任静, 周笑洋, 丁文娟, 卢红. 从汽车增长看我国未来汽柴油需求增长趋势. 中国石油, 2017,(7): 40.

[32] 关于燃料乙醇政策,你需要知道的细节在这里[EB/OL]. 智通财经: https://www.zhitongcaijing.com/content/detail/80593.html.

[33] 科技舆情分析研究所. 乙醇汽油: 联通农业、能源和环保的国家战略新兴产业. 今日科技, 2017: 34.

[34] 刘敏, 邓新忠, 张宏宇. 美国及国内燃料乙醇应用现状及发展预测. 山东化工, 2001,(6): 29.

城乡居保养老金投资新能源发展的政策仿真研究

米　红

浙江大学公共管理学院，浙江大学人口与发展研究所

一、中国新能源的发展潜力

（一）页岩气

页岩气是指赋存于富有机质泥页岩及其夹层中，以吸附或游离状态为主要存在方式的非常规天然气，成分以甲烷为主，是一种清洁、高效的能源资源。其为一种新兴的非常规能源，具有开采寿命长和生产周期长的优点，有着广阔的市场前景和社会效益，符合社保基金的投资需求。

由于页岩气的重要性，各国不断加大力度对其开采技术进行研究，因而页岩气开采的格局也在不断发生变化。2009 年，美国取代俄罗斯成为世界第一大天然气生产国。目前，美国由于页岩气的巨量开采，已经由能源进口国变为能源出口国。

页岩气的开采需要三种关键技术：①水力压裂。由于页岩气产能较低，通常埋深大、地层压力高的页岩储层必须进行水力压裂改造才能够实现经济性开采。该技术与美国 20 世纪 90 年代实施的小型交联或泡沫压裂技术相比可以节约成本 50％～60％，并能提高最终估计采收率，目前已成为美国页岩气井最主要的增产措施。②水平井分段压裂。在水平井段采用分段压裂，能有效产生裂缝网络，尽可能提高最终采收率，同时节约成本。最初水平井的压裂阶段一般采用单段或 2 段，目前已增至 7 段甚至更多。该技术使原本低产或无气流的页岩气井获得工业价值成为可能，延伸了页岩气在横向与纵向的开采范围，是目前美国页岩气快速发展

最关键的技术。③重复压裂。当页岩气井初始压裂处理已经无效或现有的支撑剂因时间关系损坏或质量下降，导致气体产量大幅下降时，重复压裂能重建储层到井眼的线性流，恢复或增加生产能力，可使最终采收率提高 8%～10%，可采储量增加 60%，是一种低成本增产方法。重复压裂后产量接近甚至超过初次压裂时期。

根据电子工业协会(EIA)的全球调查显示，我国页岩气储量为 36.1 万亿立方米，比美国还要多出近 12 万亿立方米。中国富有机质页岩分布广泛，南方地区、华北地区和新疆塔里木盆地等发育海相页岩，华北地区、准噶尔盆地、吐哈盆地、鄂尔多斯盆地、渤海湾盆地和松辽盆地等广泛发育陆相页岩，具备页岩气成藏条件，资源潜力较大。据专家预测，中国页岩气可采资源量为 25 万亿立方米，超过常规天然气资源。作为世界三大页岩气生产国之一，我国页岩气发展一直备受关注，特别是在 2017 年冬这场席卷全国的气荒下，页岩气作为非常规天然气再次被业内寄予厚望。

2017 年，国内主要页岩气开发区块深入推进勘探开采工作，页岩气产量稳步上涨，在资源调查评价、勘探开采等方面均有新突破。2018 年，涪陵页岩气田完成 254 口页岩气井一井一策的编制，全年产气量达60.04 亿立方米，同比增长 20%。其中的焦页 1HF 井累计产气突破 1 亿立方米，是国内生产时间最长的页岩气井。长宁—威远区块 2017 年共投产 163 口页岩气井，生产井 158 口，日产页岩气 800 万立方米，年产气 24.73 亿立方米，占中石油西南油气田公司页岩气总产量的 98.9%。在 2017 年度国家科学技术奖励大会上，“涪陵大型海相页岩气田高效勘探开发”项目获科技进步一等奖。此外，中石油浙江油田在四川昭通区块的页岩气产量达到 5 亿多立方米。中石油合计产气 30.21 亿立方米，占全国产量的约 33%。目前，YS108H2 平台测试页岩气日产量突破 115 万立方米，其中单井最高产量为 35 万立方米，最低产量为 25 万立方米。2017 年，该区块共生产页岩气超 5 亿立方米。永川—荣昌区块规划的页岩气年产能力将达 20 亿立方米。2017 年计划建设 13 个勘探开发平台，上半年开工建设 7 个，其中永页 1 井进入采气阶段，日产气 6.5 万立方米。7～10 月启动 6 个平台建设，钻井总数已达到 25～30 口。

(二)太阳能与光伏产业

太阳能是普遍存在的,取之不尽、用之不竭的可再生能源,光伏产业将是未来人类第四次能源革命的重头戏与经济主角。中国的光伏产业所具有的发展潜力(参见图 1),吸引了世界资本的眼球,打造了一片投资沃土。

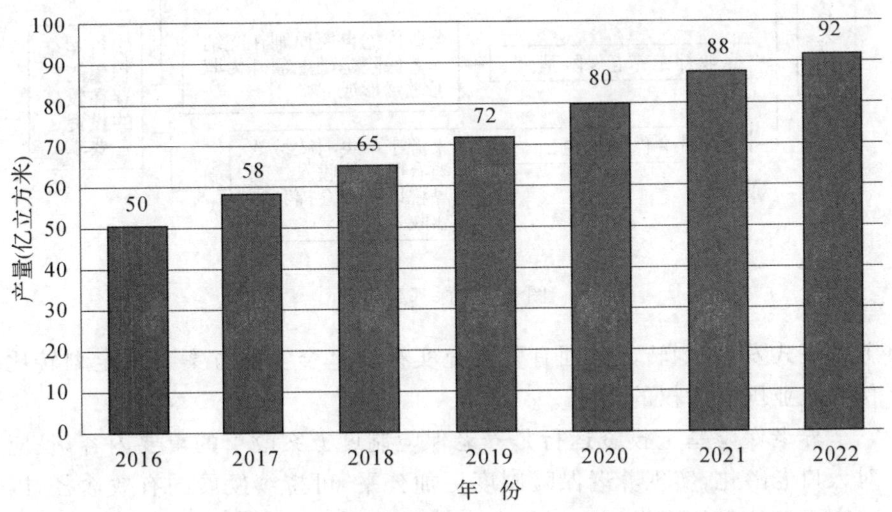

图 1 中国太阳能电池产量发展趋势分析

二、社保基金的保值增值

社保基金是根据国家有关法律、法规和政策的规定,为了实施社会保障制度,按照保障体系、通过各种渠道而筹集起来的、法定的、收支平衡的、专款专用的经费的统称(参见图 2),包括社会保险基金、社会救济基金、社会福利基金和优待抚恤基金。国内社保基金统筹模式包括现收现付制、完全积累制和部分累积制。

十八届三中全会就明确提出,要"划转部分国有资本充实社会保障基金。完善国有资本经营预算制度,提高国有资本收益上缴公共财政比例,2020 年提到百分之三十,更多用于保障和改善民生"。2017 年 11 月,国

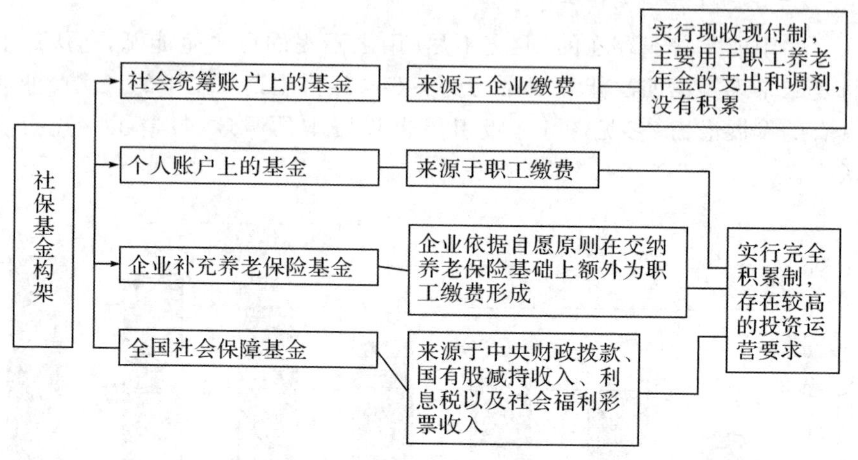

图 2 社保基金构架

务院正式发布《划转部分国有资本充实社保基金实施方案》，规定划转比例为企业国有股权的 10%。

养老保险基金投资运行是养老保险制度方案改革的重要内容，是应对人口老龄化，实现养老保险制度更加公平、可持续发展的有效途径，因此有更多的省份逐步加入到养老金委托投资的行列当中。当前，我国养老金累计结余超 4.7 万亿元，各项社保基金运行平稳。人社部等部门透露，截至 2018 年 8 月底，全国企业职工基本养老保险、职工医疗保险、失业保险、工伤保险、生育保险基金累计结余分别为 47264 亿元、17392 亿元、5712 亿元、1734 亿元、558 亿元，各项社会保险基金总体运行平稳。社保基金理事会积累基金超过 3 万亿。截至 2017 年底，已与全国 9 个省份签订了养老基金委托投资合同，总金额 4300 亿元，到账约 2700 亿元。2017 年年化收益率 9%。

目前我国社保基金存在以下几个问题：收益率不稳定；实业类投资渠道狭窄；交易类投资仍有较大风险；保值增值能力弱；应对老龄化危机前景堪忧。因而在社保基金投资时应注意遵循以下几个原则：投资的安全性原则；投资的流动性原则；投资的盈利性原则；与政府宏观调控相适应原则。

养老保险基金投资运行是养老保险制度方案改革的重要内容，是应对人口老龄化，实现养老保险制度更加公平、可持续发展的有效途径，因此逐步有更多的省份加入到养老金委托投资的行列当中。但值得注意的是，城乡居民养老保险基金年均收益率为2%左右，我国整个社保基金年隐性损失或贬值额虽然比前些年有所降低，但仍然很大。在人口老龄化、高龄化加速发展的背景下，减少社保基金福利损失和贬值风险的唯一出路是必须建立中国特色社保基金投资管理体制，重点选择具有相当容量的产业和项目进行投资，实现社会保障基金的保值增值。该问题的破解不仅是事关千家万户切身利益的大事，也具有极重要的学术价值和市场前景。

三、社会保障基金投资新能源的可行性

2015年，我国共建设4万户光伏电站，每户至少一人缴费档次由50元提高至100元，全县年缴费增加1600万元，15年累计增加2.4亿元。而按照2亿元进行投资、5%(复利)贷款利率测算基金收入，15年内与协议存款利率下的收益差额近9000万元。而要实现基金在未来30年，甚至50年的收支平衡，可以在保证农户有能力还款的前提下，适当调整相应的贷款利率。通过光伏产业较高的投资回报率，应对未来数十年内基金贬值的风险，提供一定程度上的养老保障，实现基金的长期平稳运行。

进行光伏产业投资需要有较为成熟的光伏产业开发技术。我国光伏产业在世界范围内领先，光伏电站有成熟的技术。光伏电站主要零件为光伏组件和逆变器，技术稳定，质量可靠。光伏组件质保期为10年，逆变器质保期为5年，零件除人为原因和雷击外，只要做好日常维护和管理，一般不易损坏。光伏电站的使用期限为20～25年，寿命较长，一次性投入之后，能够获得较为长期的收益。例如安徽省六安市金寨县，该县3kW的分布式光伏电站每户需投入24000元左右，以25年折算年折旧额为960元。而建成后日均发电量在10度左右，按每度电一元的收入计算，年收入3000～3600元，年利润最大可达到2600元左右。这对没有固定收入来源的贫困家庭来说就等于有了稳定、长期的收入来源，即使通过贷款等形式建成电站，也有能力及时还款。

截至2017年底，金寨县共建成光伏扶贫电站199.69兆瓦，总投资14.28亿元。其中政府投入5.81亿元，融资7.03亿元（城乡居保养老金占50%），企业捐赠1.44亿元，发电收益2.31亿元，助力实现8.97万贫困人口脱贫、17个贫困村出列，贫困发生率降至6.79%，城乡居保基金通过投资光伏扶贫，为全省乃至全国产业扶贫提供了可复制、可推广的样板，被列为全国精准扶贫十大工程之一。

因而可以利用城乡居民养老保险基金进行光伏产业的投资，真正实现取之于民，用之于民。当前全国还有近两亿农民未被纳入城乡居民社会养老保险制度范围内。通过光伏产业的投资，通过一定的政策引导，能够在一定程度上促进参保率，同时提高缴费档次，实现城乡居保基金开源性的增长。

过程集成与能源规划研究：以莱西生物质发电为案例①

贾小平

青岛科技大学

可再生能源在中国电力部门中发挥着更重要的作用，特别是在区域层面。中国可再生电力在国家政策的基础上取得了很大进展。然而，在区域尺度上，促进可再生电力部门仍然受到当地问题的阻碍。这些障碍主要源于可用性和可靠性限制，需要系统的规划技术来充分利用丰富的可再生能源。在本研究中，提出了一种改进的基于图形夹点分析的过程集成方法。该方法考虑了中国农村地区的碳约束区域电力规划和生物质能源的供应链综合。碳排放夹点分析确定了最低可再生能源目标。然后，应用需求驱动的方法来合成生物质供应链网络，以满足给定区域中的既定目标。山东省莱西市的详细案例研究用于证明了该方法在区域层面促进可再生电力利用的适用性。

一、文献综述

以二氧化碳为代表的温室气体是导致全球气候变化的原因之一，而能源部门往往又是二氧化碳排放的大户[1]。鉴于气候变化问题的全球性，需要每个国家同时采取相应的行动才能实现低碳和可持续发展。因此，越来越多的国家制定了各自碳减排计划。电力行业作为碳排放的主要部门，为了实现减排目标，往往采用提高能源效率和碳捕集技术等措

---

① 本文部分研究成果已发表在《Applied Energy》(2016. 184：1051-1062)上。执笔人：贾小平，青岛科技大学环境与安全工程学院副教授；李智伟，南非金山大学化工系博士。

施[2]。低碳发电结构对于缓解电力行业的“碳锁定”效应至关重要，从而有助于中国有效和持续地减少二氧化碳排放[3]。可再生能源将在未来基于热电联产的区域供热系统中得到更广泛的应用[4]。据估计，对于可再生能源而言，2050 年大规模可再生能源发展将刺激 1.18 万亿美元的产值，并在中国创造 412 万个就业岗位。除了经济效益外，它还可以大幅减少二氧化碳和空气污染物的排放，如氮氧化物、二氧化硫[5]。2050 年，可再生发电可以为 80％的美国发电供电。实现如此高水平的可再生电力，可以使温室气体按比例减少，用水量减少 50％。土地使用总量影响还不到美国毗邻土地面积的 3％[6]。因此，加强能源结构中的可再生电力是中国实现增长目标所必需的，而不会在排放水平上出现过度增长。在哥本哈根气候峰会上，中国宣布了一项雄心勃勃的二氧化碳减排目标：到 2020 年，碳强度（每单位国内生产总值排放的二氧化碳排放量）比 2005 年水平减少 40％～45％。此外，到 2020 年，非化石资源消耗占总能源消耗量达到 15％[7]。

从历史上看，中国的能源供应一直由煤炭主导，煤炭价格便宜且资源丰富，但却导致了排放问题。与此同时，对气候问题的意识增强已促成了减少温室气体排放的努力。因此，必须进行科学能源规划，以实现可持续增长以及逐步减少温室气体排放。将可再生能源纳入国家或地区范围的能源结构是一种很好的选择[8]。然而，可再生能源受到时间和空间以及气候的影响，这些肯定会间歇性影响电源的连续性和稳定性[9]。

（一）过程集成

近三十余年来，节约资源和废物最小化问题成为过程工业乃至区域经济发展重点关注的议题。与此同时，过程系统工程（process systems engineering）领域中系统化的设计方法和工具研发有了长足的进步。采用整体性的方法处理系统综合和优化问题是非常重要的。在这个方面，强调过程系统整体性的过程集成（process integration）方法和技术能提供有力的支撑。过程集成定义为“用于过程设计、改造和运行的整体性方法，它强调的是过程系统的一体化”。迄今，过程集成问题主要有三个分支，即能量、物质和物性集成[10]。

过程集成起源于 20 世纪 70 年代，该方法和技术的开发被用来设计过程工业的能量回收系统,以应对当时的第一次石油危机。最早的应用是换热网络优化(heat exchange network)综合问题,接着有效地应用于各种能源密集型过程的设计中,如精馏和公用工程系统。20 世纪 80 年代,过程集成被拓展到了各种废物回收系统设计中,提出了用于质量交换网络(mass exchange network)综合的质量集成方法和技术。自 20 世纪 90 年代中期开始,围绕资源的回收利用,研究开发了许多过程集成方法和技术,过程集成研究人员把他们感兴趣的领域统称为资源回收网络(resource conservation network)综合,其中涉及优化使用各种物质资源,如水、公用工程气体(例如氢和氮)、溶剂等。此外,也有其他新兴的过程集成,例如环境约束条件下的能源产业规划、供应链规划、生产调度、人力资源规划和金融投资分析等[10]。

上述过程集成问题是如何相互关联的呢?事实上,所有这些问题存在着一些相似之处,总体上,所有这些问题都可以通过物流量(量)和品位(质)两个方面来描述。例如,在换热网络和其他热集成问题中,可依靠最低温度(品位)来确定可行传热量(数量)。另外,在物质交换网络和以浓度为基础的资源回收网络问题中,可通过杂质浓度(品位)来确保可行的传质驱动(数量)。同样的原则也适用于其他问题,如表 1 所示。

(二)碳排放夹点分析:能源规划

基于图示法的夹点分析(pinch analysis)方法是过程集成的常用方法之一。最初,夹点分析是作为优化工业能源使用的系统方法开发的,它考虑了热力学原理来确定过程工厂的严格实用目标。Tan 和 Foo 扩展了换热网络综合的夹点分析,提出了基于碳排放约束的区域能源规划[11]。该分析方法称为碳排放夹点分析(CEPA),目的是在给定的碳排放目标条件下通过部分的供应清洁能源满足整个区域的能源需求。

CEPA 自从提出以后,已在不同的国家和行业尺度上广泛应用。Crilly 和 Zhelev 对爱尔兰电力行业的分析[12],将爱尔兰的所有电力需求看成一个能源阱,无须区域或部门分解,优化调整能源供应组合。随后,应用 CEPA 方法,Crilly 和 Zhelev 又为爱尔兰发电部门的可再生能源提供更加切合实际的能源和排放目标[13]。Atkins 等[14]扩展了 CEPA 方法,以解决长期规划视野中需求增加的问题,并对新西兰电力行业进行碳强度分析。Atkins 等将 CEPA 扩展到新西兰的运输部门，以确定到 2050 年实现 1990 年排放水平的可行性[15]。此外，CEPA 与能源回报能源投资(EROI)分析相结合，以调查新西兰达到并维持可再生能源电力目标至 2050 年达到 90%的可行性[16]。CEPA 和 EROI 方法也被用于研究新西兰的能源规划[17]和美国加利福尼亚州的可再生能源发电规划[18]。贾小平等[19]提出了 CEPA 的详细图形绘制和代数计算程序，并通过化学工业园的案例研究得到证实。结果表明，与原始能源规划相比，拟定的能源规划可以适合二氧化碳排放量减少 10%。

表 1　不同过程集成问题的数量和品位[10]

数量	品位	例子/问题
热	温度	换热网络 热集成
质量	浓度	质量交换网络 水最小化处理 炼油厂氢气网络
质量	物性	以物性为基础的 RCN
物流	压力	同时发热发电
能量	CO_2	限制碳排放的能源规划
质量	时间	供应链管理
时间	时间	排产调度 人力资源规划
能量	时间	电力系统

此外，Foo 等[20]提出了一种代数方法作为原始图形方法的替代方法。此外，替代能源质量措施，如土地足迹、水足迹、能值转换，能源投资回报率(EROI)和不可操作性风险[20-23]。贾小平等开发了一种能源规划的多维夹点分析方法，根据中国发电行业的五个重要环境足迹提供最佳的发电组合配置[24]。Yu 和 Tan[25]开发了关于潜在碳分析的方法，以研究能源供需之间碳相关平衡的物理机制。该方法能够帮助制定能源规划决策，以满足碳排放限制内的能源需求。Foo 和 Tan [26]综述了 CEPA 方

法的发展及趋势。

虽然这些工作集中在使用夹点分析进行能源规划,但这种方法也可以用于分散电力发电装置的设计,以适合偏远村庄的电力系统。因此,许多研究者已经提出了设计可再生混合动力系统的各种方法。Sreeraj 等[27]提出了一种优化尺寸和评估可再生混合动力系统产生的能源成本的方法。电池组作为具有不同可再生能源系统的能量存储装置被用于提高系统可靠性和整体性能[28]。Wan Alwi 等[29]开发了电力夹点分析(PoPA)工具,用于确定外包电力的最低目标以及启动和正常运行期间的多余电量。但是,它没有考虑系统中的功率损耗。Mohammad 等[30]通过考虑电力系统转换,传输和存储期间发生的功率损耗来扩展 PoPA 方法。Wan Alwi 等[31]介绍了集成式混合动力系统负荷转移的启发式方法。结果表明,最大存储容量和最大功率需求降低了 50%。Ho 等[32]提出了独立混合系统功率夹点分析(SAHPPA),用于设计离网分布式能源发电系统。

Mohammad 等[33]应用 PoPA 通过执行具有成本效益的负荷转移来优化混合动力系统的总体电力成本,该负荷转移利用了峰值和非峰值电价。李等[34]提出了一种通用的数学优化模型,用于设计具有能量损失考虑的混合动力系统。Janghorban Esfahani 等[35]将功率夹点分析扩展到储氢系统的最佳设计。Mohammad 等[36]开发了 AC/DC 改进的存储级联表,通过考虑各种存储技术来优化混合动力系统,分析了各种类型的存储模式的经济性,同时考虑了相关的能量损失等。

CEPA 方法有助于确定实现区域总体排放目标所需的最低量的低碳能源(即生物量)。但是,它没有考虑生物质供应链中的环境影响和经济成本。Singhvi 和 Shenoy[37]利用总组合曲线的时间与材料数量图来确定生产供应链中的最低生产率;这种方法后来被扩展到 Ludwig 等的生物质供应链的季节性[38]。Lam 等[39]开发了一种区域能量聚类算法,将地理区域划分为多个聚类,接下来提出了一种新的图形工具,用于确定源和需求之间的生物质能量分配。Uek 等[40]利用利润最大化作为区域可再生能源供应链综合的优化标准,并评估碳足迹对环境的影响。然而,上述工作仅考虑经济成本或环境影响。随后的工作通过混合整数线性规划方法解决了最佳整合的区域生物质和生物能源供应网络的多周期综合[41]。

Ng 等最近提出了一种用于供应网络合成和分析的新型代数技术[42]。将通过新方法获得的结果与其他三种技术的结果进行比较，即数学建模，超矩阵评分概念和具有图形可视化的代数分析。Foo 等[43]提出了一个线性规划模型，用于合成柔性棕榈油为基础的区域生物能源供应链。

上述工作主要集中在供应链的能源规划或者区域的能源规划，而没有考虑到具体的供应链组合。因此，本研究提出了一种考虑区域生物质能源供应的 CEPA 方法。首先，基于碳排放夹点分析可以计算出整个区域内在碳排放给定的条件下，所需的生物质能源的最小供应量。由于区域内不同地方拥有的生物质资源储量存在差异，加上生物质发电厂离不同的供应点的距离不一样，因此，区域内不同收集点的生物质资源都能充分利用。量的选择则基于许多地方普遍存在的未充分利用的资源（如作物残茬）。因此，在第二步中提出了生物质供应夹点图。该分析在前一步分析的基础上，然后基于热电厂的位置和生物质资源的位置计算不同收集地点的生物质供应量以及将其运往发电厂的碳排放，利用生物质供应夹点图确定最优的生物质供应链网络。该结果既能满足碳排放的要求，又能保证生物质资源的供应量满足要求。

二、研究方法

（一）图示化方法

本研究的区域生物质供应链网络综合框架如图 1 所示。该方法主要包括以下两个步骤。步骤 1 利用碳排放夹点分析，可以计算出满足该区域碳排放目标和能源需求的最小生物质发电目标，如图 1 中的左虚线框所示。根据步骤 1 的初步结果，检查该目标值是否满足已有的条件，若无法满足，将利用碳排放夹点分析重新计算所需的最小的生物质能源供应量。若该目标能满足已有的条件，开始步骤 2。基于不同生物质收集点的资源量以及该部分生物质资源运往发电厂过程中的碳排放数据，绘制生物质供应夹点图，从而可以确定该区域内的最优生物质供应网络以及所需要的从外面购进的电力。最后，检验步骤 2 所得结果是否具有可行性，如果不能满足现实的某些条件，可以将该结果返回步骤 2，重新开始计算直到找到满足条件的能源供应方法为止。

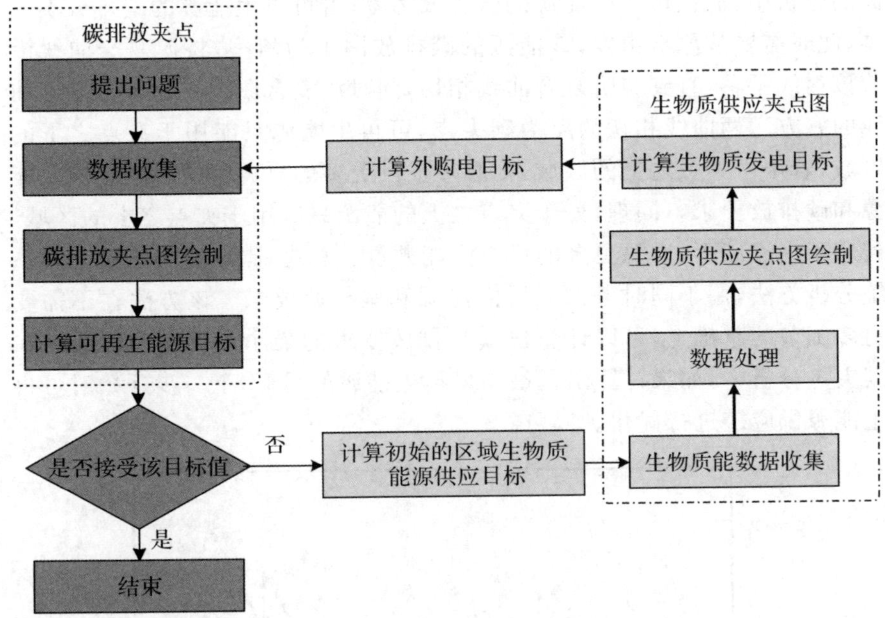

图 1 生物质能源供应网络框架

步骤 1:计算生物质能源发电目标,利用碳排放夹点图,计算得到该区域内满足碳排放目标和能源需求的最优能源供应曲线。碳排放夹点图的绘制方法如下:首先根据各个能源的碳排放因子的不同,将其从小到大排列,然后以此为顺序将不同的能源叠加,绘制源复合曲线,如图 2 的实线所示。同理,根据该区域内能源需求和碳减排目标,计算相应的碳排放因子,将其从小到大排列,然后以此为顺序将不同的能源叠加,绘制成阱复合曲线,如图 2 的虚线所示。最后,将源—阱复合曲线绘制在同一个图中。由于此时部分的源复合曲线处于阱复合曲线的下方,导致碳排放约束不满足,因此,必须对源复合曲线进行优化。平移源复合曲线直到与阱复合曲线相切,同时源复合曲线均处于阱复合曲线的右方。此时,源复合曲线平移的距离为最小的可再生能源的量,阱复合曲线最右端,源复合曲线超出的部分的水平距离为实现碳减排目标必须要淘汰的能源量。在前面的分析中，假设可再生能源的碳排放为零；若可再生能源的碳排放不为零，此时需要从原点出发，该能源的碳排放因子为斜率，将源复合曲线沿着该射线平移，直到与阱复合曲线相切，同时源复合曲线均处于阱复合曲线的右方。两曲线相切的点为碳夹点，可再生能源只能用于夹点之下的区域，若用于夹点之上的区域，则必须提供更多的可再生能源才能满足能源和碳排放要求。同理，处于夹点之上的能源只能用于夹点之上的区域，若用于夹点以下，需要更多的可再生能源量。总之，碳夹点分析是一种系统分析方法，用于同时考虑区域内能源和碳排放要求。该方法在不需要更多细节的基础上，可以计算出满足排放要求的最小可再生能源量。在碳夹点分析中，如果计算出了最小可再生能源的目标，下一步开始对可再生能源供应链进行优化。

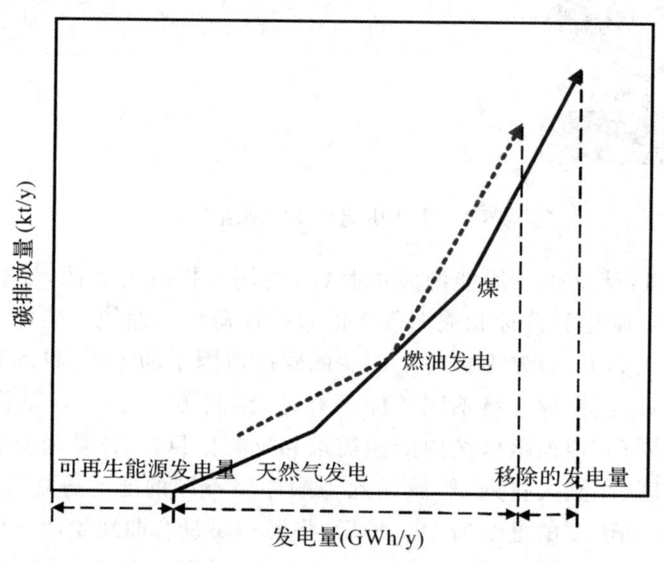

图 2 电力行业的碳夹点分析[11]

步骤 2：生物质能源供应链优化

(i)确定每个区域的面积及其相应的生物质收集点坐标

根据该地区行政单位的不同，可将其分为许多不同的区域。因此，可以得到每个区域中的作物面积,为后面估算生物质资源量提供基础数据。在本研究中,假设每个区域只有一个生物质收集点。

(ii)计算每个区域可能的最大生物质资源量以及生物质供应链的碳排放

基于步骤(i)的数据,可以估计每个区域中最大的生物质资源的量。假设生物质发电厂分布在某一个区域内,根据不同区域到生物质发电厂的距离,从而可以计算出生物质运输过程的碳排放。在计算过程中,假设生物质收集过程的碳排放为零,发电厂所在的区域,该生物质运往发电厂的运输过程的碳排放忽略不计。本研究只考虑其他区域生物质运往发电厂过程的碳排放。每个区域的生物质发电量和运输过程碳足迹(CF)的计算如(1)和(2)所示:

$$P_{elec}=M_{bio}\times\lambda\times HLV\times\eta/3600 \tag{1}$$

$$CF=M_{bio}\times Dist\times CEF_{fuel} \tag{2}$$

式中:P_{elec}是每个区域的生物质发电量,GWh/y;λ 是生物质的收集效率;HLV 是生物质的低热值,GJ/t;η 是发电厂的热效率。CF 是运输过程碳排放量,t_{CO_2}-e/y;M_{bio}是估算的生物质资源量,t/y;$Dist$ 是生物质收集点到发电厂的距离,km;CEF_{fuel}是运输过程的碳排放因子,t_{CO_2}-e /(t·km)。生物质的收集效率定义为在所有区域中收集的实际生物量与潜在生物量的比率。本研究中某区域的碳排放只考虑该区域生物质运往发电厂过程中的碳排放,汽车运输过程中排放的其他污染物(如颗粒物,SO_2)则不考虑。

(iii)区域生物质供应链网络综合

在区域生物质供应夹点图中,根据每个区域的碳排放因子不同,对所有区域的碳排放和电量进行累加,绘制区域生物质供应复合曲线,如图 3 的实线所示。根据步骤 1 得到的可再生能源目标,如果来自生物质的总电量不足以满足需求(图 3 中的虚线),则区域生物质供应复合曲线可以水平移动以满足需求。如图 3 所示,左边的开口是最小的外包电,由煤电供电。然而,后者由更高的排放强度组成。因此,有必要用最新的生物量结果重做 CEPA。另一方面,如果生物质的总电量足以满足需求,右侧的开口对应于多余的能量,考虑到排放限制,这些能量无法使用。因此,应

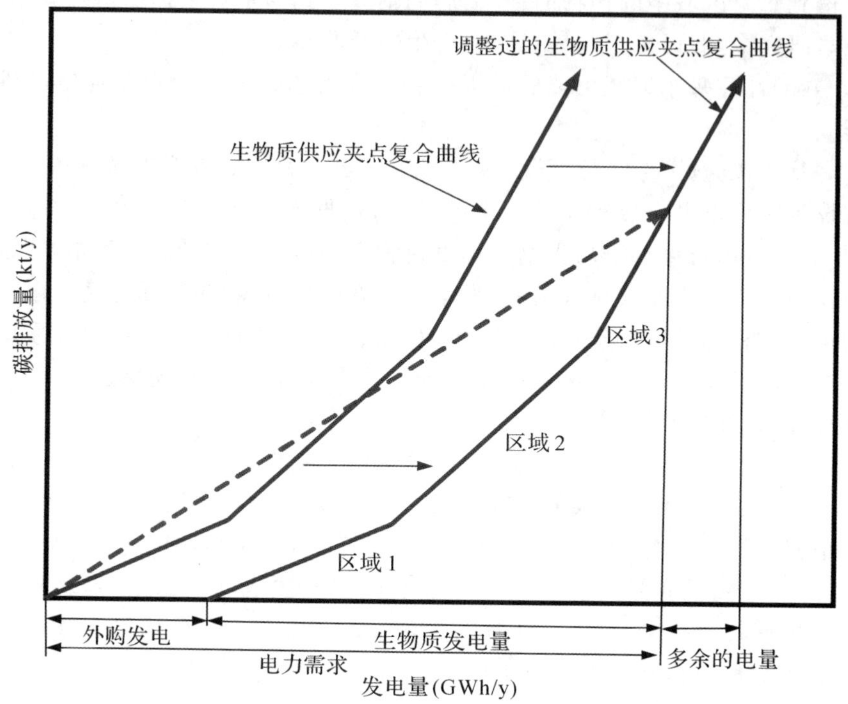

图 3 生物质供应链合成的生物质夹点图

从区域生物质供应复合曲线中扣除多余部分。

三、案例分析

山东省生物质资源丰富,生物质能的利用将是能源利用的重要组成部分。然而,生物质资源主要集中在农村地区,如何高效利用农村地区的生物质资源对实现电力行业低碳发展具有重要意义。本研究的案例为青岛市莱西市(县级市)。莱西分为 15 个镇,在本研究中,每个镇作为一个小区域看待。

可再生能源发电是实现电力行业低碳发展和碳减排的途径之一。从环境角度来说,可再生能源发电比例越高越好,但是,可再生能源的供应和公众对可再生能源的接受程度又限制了其快速发展。因此,本研究主要探讨莱西电力行业如何通过均衡的能源结构实现供应安全,又能满足碳排放的目标。

莱西有关的能源规划数据见表 2。2012 年,莱西用电量约为 1700GWh。2005—2010 年,山东省每年的电力增长约为 5%[45]。假设在 2012—2020 年,电力需求每年增加 5%,如此,到 2020 年,电力需求将增加到 2500GWh。莱西所属 15 个镇的地理位置数据和潜在生物质资源量如表 3 所示。研究表明,山东省农村居民对可再生能源的接受程度不同,以及生物质资源的收集意愿随地域不同而不同[44],生物质资源的收集效率不可能达到 100%。因此,本研究考虑三种不同收集效率的情形,即 100%,80%和 40%,其中发电厂的效率(η)设为 0.3。由于步骤 1 对三种情形相同,首先利用碳夹点分析计算可再生能源发电的电量,然后,利用步骤 2 的方法对三种情形进行详细分析。

表 2 案例分析数据

能源类型	碳排放因子 (kt_{CO_2}-e/GWh)[46]	2012 年电量 (GWh/y)	2020 年电量 (情景 1 和 2) (GWh/y)	2020 年电量 (情景 3) (GWh/y)
Coal	1	1430	1070	978
Coal (with CCS)	0.2	0	500	962
Oil	0.8	180	0	0
Natural gas	0.5	0	180	180
Biomass	0	90	750	380
Total	—	1700	2500	2500

表 3 莱西下属各个镇的地理位置数据

Z_i	区域	位置 (km, km)	生物质 (t/y)	低热值 (GJ/t)[47]	Z_i	区域	位置 (km, km)	生物质 (t/y)	低热值 (GJ/t)[a]
1	Wangcheng	(16, 16)	39,136	15.23	9	Rizhuang	(1, 30)	65,349	15.17
2	Shuiji	(16, 22)	29,007	15.28	10	Nanshu	(1, 40)	48,717	15.22
3	Jingkaiqu	(18, 28)	31,968	15.22	11	Hetoudian	(15, 38)	57,614	15.26
4	Guhe	(3, 21)	43,625	15.17	12	Dianpu	(0, 0)	33,357	15.28
5	Sunshou	(8, 10)	28,540	15.29	13	Liquanzhuang	(20, 0)	63,669	15.17
6	Jiangshan	(16, 2)	76,320	15.19	14	Wubei	(0, 20)	58,026	15.22
7	Xiagezhuang	(10,1)	65,147	15.14	15	Malianzhuang	(5, 42)	73,036	15.28
8	Yuanshang	(0, 10)	33,885	15.16		Total	—	747,396	—

(一)碳排放夹点分析

首先,利用碳夹点分析对莱西未来的电力进行规划,计算出最小可再生能源的需求。具体计算过程如下:根据表 1 中第 3 列的数据,绘制 2012 年莱西电力行业的源复合曲线(图 4 中左边的实线)。在本研究中,假设未来的碳排放是在 2012 年的基础上减排,因此,阱复合曲线根据 2012 年的电量和排放量即可确定(如图 4 中左边的虚线)。假设电力需求量年增长率为 5%,碳排放与 2012 年相比,减 20%。因此,2020 年的碳排放为 1260kt,电力需求为 2500GWh。连接原点与点(2500,1260)的线段就是 2020 年的阱复合曲线。为了满足 2020 年的电力需求和碳排放目标,需要对 2012 年的发电组合进行优化。具体的做法就是将 2012 年的源复合曲线向右平移,直到与 2020 年的阱复合曲线相切。在此分析中,由于分析周期比较短,新建设的发电厂不可能马上投入,因此,假设 2012 年的化石能源发电的种类与 2020 年相同。如图 4 所示,为了实现 2020 年的减排目标和电力需求,最小的可再生能源电量为 1200GWh/y,占总电力的 48%。同时,与 2012 年相比,2020 年需要淘汰 310GW 的煤电。

但是,在图 4 的计算过程中,假设 2020 年的煤电和燃油发电量与 2012 年相同,这与现实的政策不符。因此,需考虑一些现实条件。一方面,考虑煤电在中国电力结构中占主导地位,从 2012 年到 2020 年,短时

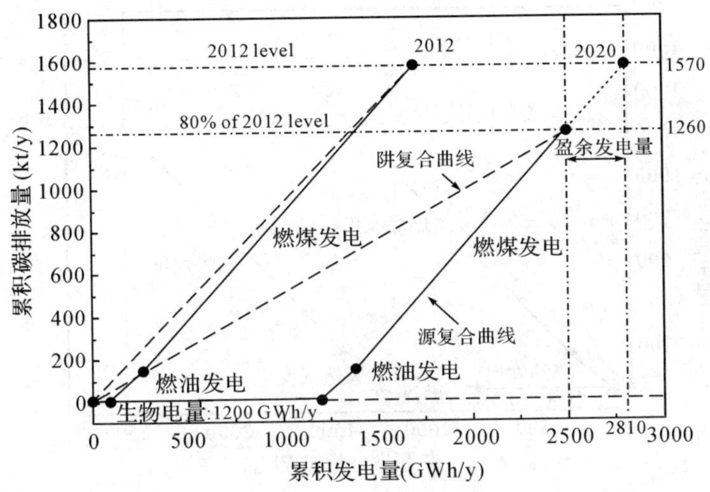

图 4　2020 年可再生能源发电的计算过程

间内不可能为了实现碳减排突然大幅提高生物质发电比例和减少煤电比例。另一方面,在莱西 2020 年的总体规划中,非化石能源在能源总的占比将增加到 30%[48]。在 2020 年,中国的燃油发电将被天然气发电取代[49]。最后,考虑到生物质发电量主要取决于莱西的生物质资源量。因此,2020 年的电力结构需要整体考虑以上限制。

调整后的发电组合曲线如图 5 所示。生物质发电量减少到 750GWh/y,占总发电量的 30%。有碳捕集装置的煤电为 500 GWh/y,占煤电总量的 31.8%。无碳捕集装置的煤电没有从 1430 GWh/y(图 4)降低到 1070 GWh/y(图 5)。

(二)情形 1:生物质收集效率为 100%

根据步骤 1 的结果,2020 年生物质发电量为 750GWh。根据该结果初步分析该区域内收集的所有生物质资源量是否能达到目标。假设收集效率为 100%。在实际中,不同区域拥有的生物质不同,每个区域的生物质具有不同的热值。然而在本研究中,假设所有区域的生物质的热值相同。具体的某个区域的计算如下:在区域 1 中,区域 1 的总生物质的量为 39136 吨,生物质的平均热能为 15.23 GJ/t,生物质收集效率为 100%,使

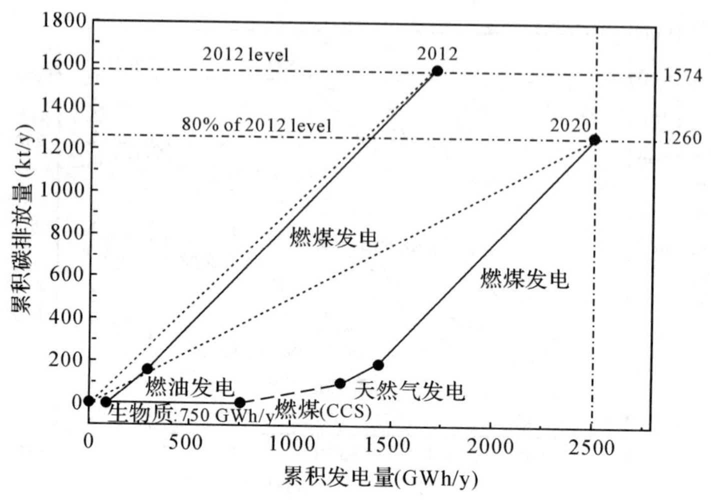

图 5 优化的源复合曲线（情景 1 和 2）

用式(1)可计算生物质发电的电量为 49.68 GWh/y。因此，莱西所有区域的生物质总电量确定为 950 GWh/y。在本研究中，生物质发电的碳排放只考虑生物质从收集点运输到生物质发电厂的运输过程化石燃料燃烧释放的二氧化碳。在本研究中，假设实际收集点与发电厂的实际运输具体比直线距离大 20%，这意味着它将两个区域的直线距离乘以 1.2。运输过程中，主要利用燃柴油车辆，碳排放因子设定为 0.04kg CO_2/(t · km)[39]。在本研究中，假设在区域 2 或区域 13 建设 100 兆瓦的发电厂。所有区域的生物质运输到区域 2 和 13 的碳排放根据式(2)计算。

莱西境内可用的生物质发电总量为 950 GWh/y，这足以满足步骤 1 计算得到的 750 GWh/y 的结果。因此，利用生物质供应夹点图可得到碳排放最小的供应链网络，从分析结果可得到哪些区域应该将生物质运往发电厂，哪些区域的生物质不需要。情形 1 的生物质供应夹点图如图 6 所示。为了保证该供应链的碳排放最小，应移除生物质供应需求曲线右上方的所有生物质供应量(图 6 中的点线部分)。对于发电厂位于区域 2 的情形，区域 12、10 和 15 的生物质不需要送往发电厂即可满足目标；发电厂位于区域 13 时，区域 15、10 和 11 的生物量是多余的，如图 6(a)和

(b)所示,区域 2 和 13 的运输碳排放总量分别为 457tCO_2-e/y 和 543tCO2-e/y。因此,从碳排放角度来看,发电厂更适合建在区域 2。

(三)情形 2:生物质资源收集率为 80%

在情形 1 中,当收集效率设定为 100%时,生物质发电的总量足以满足莱西碳排放得到的目标。因此,假设各种不确定因素导致生物质收集量减少,改变和通过收集效率表示。假设生物质资源收集率为 80%,接下来是核算莱西境内所有区域的生物质的发电量是否满足步骤 1 的目标,并确定最优的生物质供应链网络。

利用等式(1)计算每个区域的生物质可发电量。所有区域的可用的生物质发电总量约为 757GWh/y,满足步骤 1 的目标。分析结果如图 7(a)和(b)所示。由于在此情形下,莱西境内的生物质发电总量恰好等于步骤 1 的数据,意味着各个区域内的生物质均被运往发电厂。由图 7(a)和(b),可得区域 2 和 13 的运输过程碳排放分别为 500t_{CO_2}-e/y 和 680t_{CO_2}-e/y。因此,与情景 1 中的情况类似,发电厂的最佳选址为区域 2,此位置的碳排放量较低。

(四)情形 3:生物质收集效率为 40%

假设生物质资源的收集效率为 40%。每个小区域的生物质发电量计算与情景 1 和 2 中类似。所有区域的生物质发电总量为 380 GWh/y。这意味着来自莱西境内生物质发电量无法满足步骤 1 计算的目标。

根据图 8(a)和(b),生物质发电量不足以满足步骤 1 的规划目标。因此,需要额外从其他县市购进外电或者增加区域内其他类型的发电量。因此,将生物质供应复合曲线向右平移,直到满足步骤 1 中计算的目标值位置。此时,生物质供应复合曲线水平移动的水平距离为 370 GWh/y,这意味着从其他县市购进外电或者增加区域内其他类型的发电量。接下来,就是重新计算新得到的电力供应是否满足碳排放和电力需求。因此,需要再次进行碳排放夹点分析。若从其他市县购进电力,由于该部分电力无碳排放,该结果满足步骤 1 的约束。若选择增加区域内其他类型能源的发电,由于其他类型的能源具有碳排放,需要重新进行碳夹点分析。由于发电结构不是短期就可以改变,采用碳捕集的方法对煤电进行碳减排。减少不含碳捕集的煤电的数量,并增加含有碳捕集装置的煤电发电

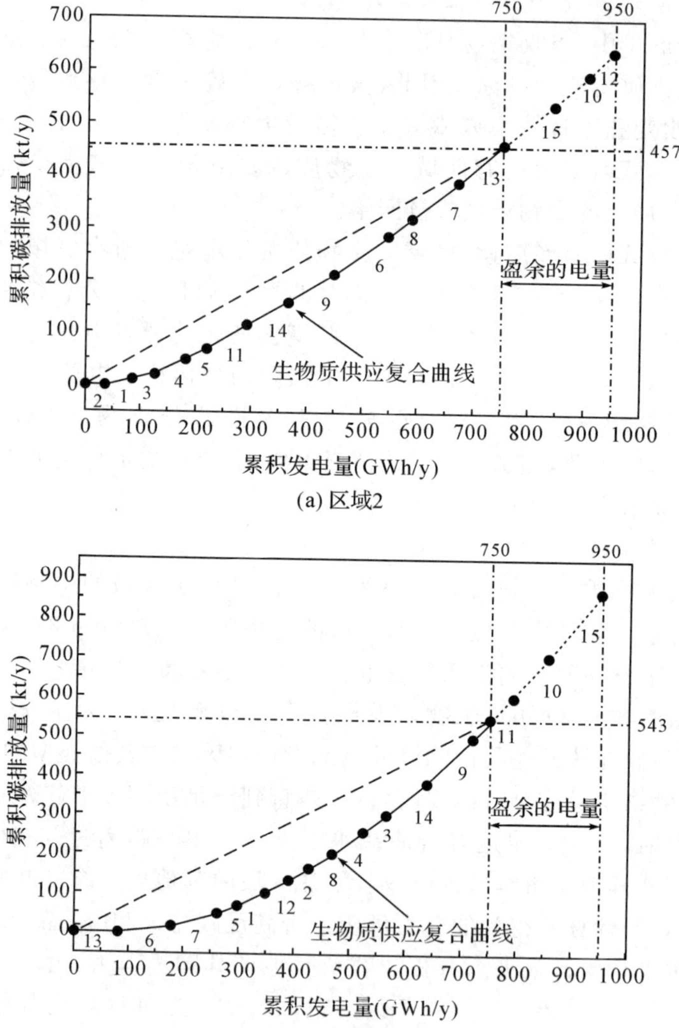

图 6 生物质供应夹点图和供应网络

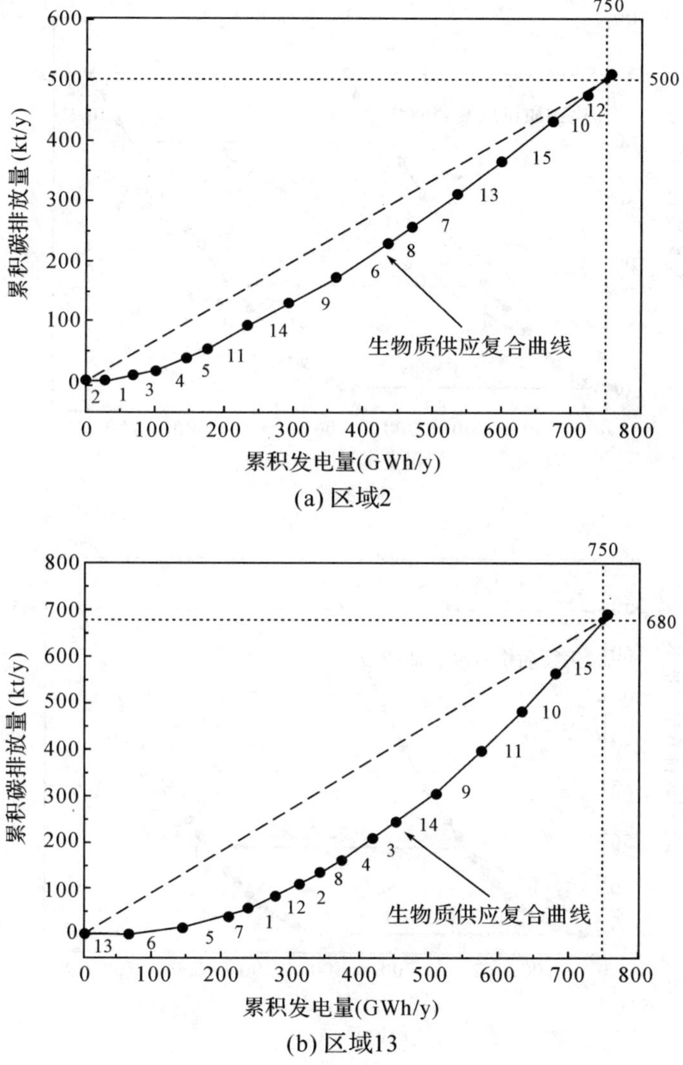

图 7 生物质供应夹点图和供应网络

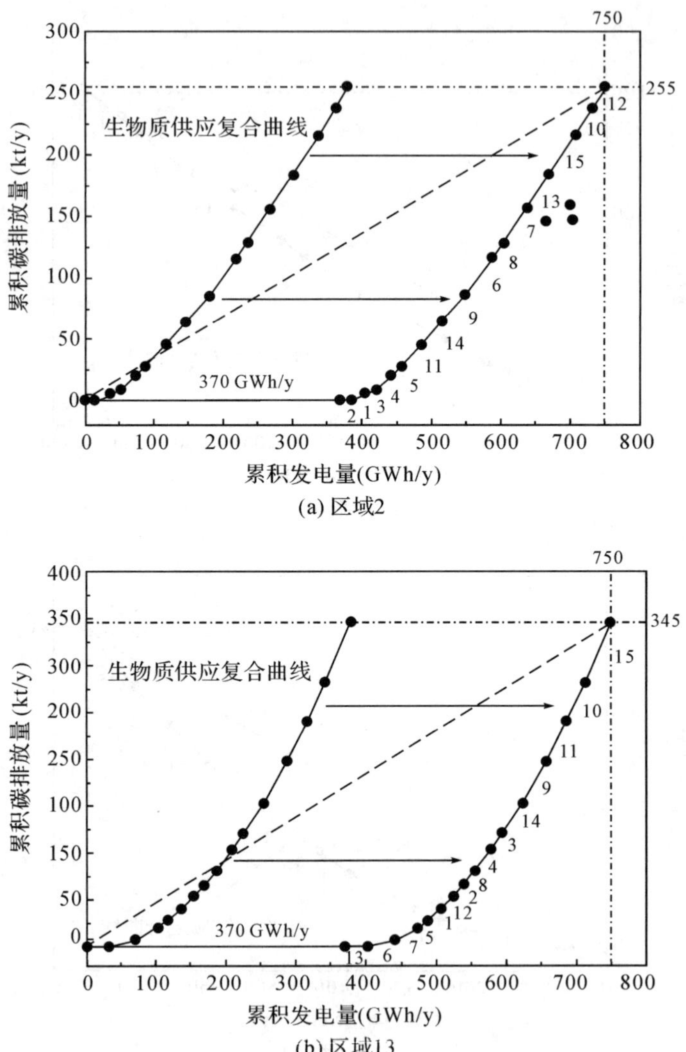

(a) 区域2

(b) 区域13

图 8　生物质供应夹点图和供应网络

量,得到的最优结果如图 9 所示。在该电力结构组合中,生物质发电的数值为 380 GWh/y,占总电力的 15.2%。有碳捕集装置的煤电为 962 GWh/y,占煤电总量的 49.6%。无碳捕集装置的煤电没有降低到 978 GWh/y(见图 9)。

由图 8(a)和(b)所示,区域 2 的碳排放量为 255 t_{CO_2}-e/y,而区域 13 的碳排放量为 345 t_{CO_2}-e/y。与情景 2 相比,情景 3 释放的碳排放更少。这是因为每个区域的生物质收集效率较低(40%)。虽然所有区域都必须将生物质输送到区域 2 或 13,但这种情况下生物质量减少,因此碳排放量较低。与前面的情形类似,区域 2 仍然比区域 13 碳排放量更低。

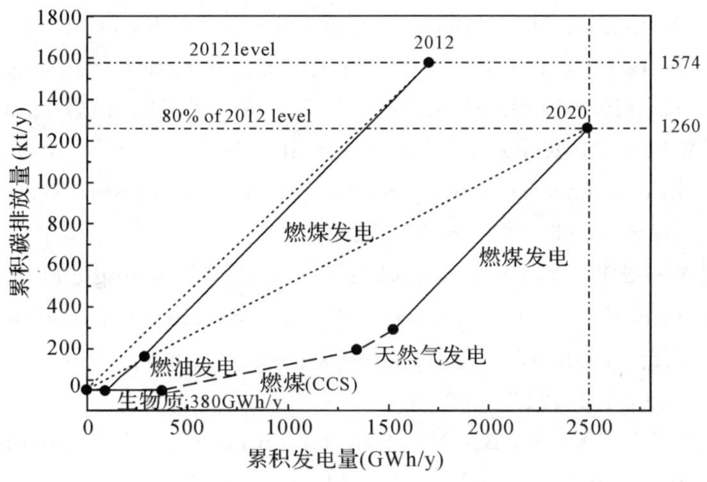

图 9 情形 2 对应的优化能源结构

四、结论

在这项工作中已经开发了一种“两步”方法,用于识别最佳电力资源组合和最佳供应链网络。第一步,CEPA 确定可再生资源的最少数量。基于第一步的数据,以最小碳排放为目标确定最佳供应链网络。该方法可以促进县域可再生能源的规划和管理。

未来延伸的工作可侧重于从生命周期的角度对生物质来源、环境影响和生物质发电厂的融资进行详细的可持续性评估，以及考虑与规划能源系统相关的其他环境因素（如土地、水和氮足迹），或考虑整个闭环过程（种植、收获、运输和转换为电力）来核算系统的环境足迹。

参考文献

[1] Metz B, Davidson O R. Climate change 2007: Mitigation: Contribution of working group Ⅲ to the fourth assessment report of the intergovernmental panel on climate change: intergovernmental Panel on Climate Change, 2007.

[2] Williams J H, DeBenedictis A, Ghanadan R, et al. The technology path to deep greenhouse gas emissions cuts by 2050: the pivotal role of electricity. Science, 2012, 335: 53-59.

[3] Chen Q, Kang C, Xia Q, et al. Preliminary exploration on low-carbon technology roadmap of China's power sector. Energy, 2011, 36: 1500-1512.

[4] Wang H, Yin W, Abdollahi E, et al. Modelling and optimization of CHP based district heating system with renewable energy production and energy storage. Applied Energy, 2015, 159: 401-421.

[5] Dai H, Xie X, Xie Y, et al. Green growth: The economic impacts of large-scale renewable energy development in China. Applied Energy, 2016, 162: 435-449.

[6] Arent D, Pless J, Mai T, et al. Implications of high renewable electricity penetration in the U. S. for water use, greenhouse gas emissions, land-use, and materials supply. Applied Energy, 2014, 123: 368-377.

[7] Yuan J, Hou Y, Xu M. China's 2020 carbon intensity target: consistency, implementations, and policy implications. Renewable and Sustainable Energy Reviews, 2012, 16: 4970-4981.

[8] Hong S, Bradshaw C J A, Brook B W. Global zero-carbon energy pathways using viable mixes of nuclear and renewables. Applied Energy, 2015, 143: 451-459.

[9] Wu J H, Huang Y H. Electricity portfolio planning model incorporating renewable energy characteristics. Applied Energy, 2014, 119: 278-287.

[10] 贾小平，李智伟，王芳，译. 过程集成方法与技术:资源的有效利用. 北京:化学工业出版社，2016.

[11] Tan R R, Foo D C Y. Pinch analysis approach to carbon-constrained energy sector planning. Energy, 2007, 32: 1422-1429.

[12] Crilly D, Zhelev T. Emissions targeting and planning: an application of CO_2 emissions pinch analysis (CEPA) to the Irish electricity generation sector. Energy, 2008, 33: 1498-1507.

[13] Crilly D, Zhelev T. Further emissions and energy targeting: an application of CO_2 emissions pinch analysis to the Irish electricity generation sector. Clean Technologies and Environmental Policy, 2010, 12: 177-189.

[14] Atkins M J, Morrison A S, Walmsley M R W. Carbon Emissions Pinch Analysis (CEPA) for emissions reduction in the New Zealand electricity sector. Applied Energy, 2010, 87: 982-987.

[15] Walmsley M R W, Walmsley T G, Atkins M J, et al. Carbon Emissions Pinch Analysis for emissions reductions in the New Zealand transport sector through to 2050. Energy, 2015, 92.

[16] Walmsley M R W, Walmsley T G, Atkins M J, et al. Minimising carbon emissions and energy expended for electricity generation in New Zealand through to 2050. Applied Energy, 2014, 135: 656-665.

[17] Walmsley M R W, Walmsley T G, Mattews L, et al. Pinch

analysis techniques for carbon emissions reduction in the New Zealand industrial process heat sector. Chemical Engineering Transactions, 2015, 45: 1087-1092.

[18] Walmsley M R W, Walmsley T G, Atkins M J. Achieving 33% renewable electricity generation by 2020 in California. Energy, 2015, 92: 260-269.

[19] Jia X P, Liu C H, Qian Y. Carbon emission pinch analysis for energy planning in chemical industrial park. Modern Chemical Industry, 2009, 29: 81-85.

[20] Foo D C Y, Tan R R, Ng D K S. Carbon and footprint-constrained energy planning using cascade analysis technique. Energy, 2008, 33: 1480-1488.

[21] Tan R R, Foo D C Y, Aviso K B, et al. The use of graphical pinch analysis for visualizing water footprint constraints in biofuel production. Applied Energy, 2009, 86: 605-609.

[22] Bandyopadhyay S, Sahu G C, Foo D C Y, et al. Segregated targeting for multiple resource networks using decomposition algorithm. Aiche Journal, 2010, 5: 1235-1248.

[23] Tan R R, Foo D C Y. 17-Pinch Analysis for Sustainable Energy Planning Using Diverse Quality Measures. In: KlemeŠ, J. J. (Ed.). Handbook of Process Integration (PI). Cambridge, UK: Elsevier/Woodhead Publishing, 2013: 505-523.

[24] Jia X, Li Z, Wang F, et al. Multi-dimensional pinch analysis for sustainable power generation sector planning in China. , Journal of Cleaner Production, 2016, 112: 2756-2771.

[25] Yu D, Tan H. Application of "potential carbon" in energy planning with carbon emission constraints. Applied Energy, 2016, 169: 363-369.

[26] Foo D C Y, Tan R R. A review on process integration techniques for carbon emissions and environmental footprint prob-

lems. Process Safety & Environmental Protection, 2016, 103: 291-307.

[27] Sreeraj E S, Chatterjee K, Bandyopadhyay S. Design of isolated renewable hybrid power systems. Solar Energy, 2010, 84: 1124-1136.

[28] Bandyopadhyay S. Design and optimization of isolated energy systems through pinch analysis. Asia-Pacific Journal of Chemical Engineering, 2011, 6(3):518-526.

[29] Alwi S R W, Rozali N E M, Abdul-Manan Z, et al. A process integration targeting method for hybrid power systems. Energy, 2012, 44: 6-10.

[30] Rozali N E M, Alwi S R W, Abdul Manan Z, et al. Process integration of hybrid power systems with energy losses considerations. Energy, 2013, 55: 38-45.

[31] Alwi S R W, Tin O S, Rozali N E M, et al. New graphical tools for process changes via load shifting for hybrid power systems based on Power Pinch Analysis. Clean Technologies and Environmental Policy, 2013, 15(3): 459-472.

[32] Ho W S, Khor C S, Hashim H, et al. SAHPPA: a novel power pinch analysis approach for the design of off-grid hybrid energy systems. Clean Technologies and Environmental Policy, 2014, 16: 957-970.

[33] Rozali N E M, Alwi S R W, Manan Z A, et al. Peak-off-peak load shifting for hybrid power systems based on Power Pinch Analysis. Energy, 2015, 90: 128-136.

[34] Lee J Y, Chen C L, Chen H C. A mathematical technique for hybrid power system design with energy loss considerations. Energy Conversion and Management, 2014, 82: 301-307.

[35] Janghorban Esfahani I, Lee S, Yoo C. Extended-power pinch analysis (EPoPA) for integration of renewable energy sys-

tems with battery/hydrogen storages. Renewable Energy, 2015, 80: 1-14.

[36] Rozali N E M, Alwi S R W, Manan Z A, et al. A process integration approach for design of hybrid power systems with energy storage. Clean Technologies and Environmental Policy, 2015, 17: 2055-2072.

[37] Singhvi A, Shenoy U V. Aggregate planning in supply chains by pinch analysis. Chemical Engineering Research & Design, 2002, 80: 597-605.

[38] Ludwig J, Treitz M, Rentz O, et al. Production planning by pinch analysis for biomass use in dynamic and seasonal markets. International Journal of Production Research, 2009, 47: 2079-2090.

[39] Lam H L, Varbanov P, Kleme S J. Minimising carbon footprint of regional biomass supply chains. Resources Conservation and Recycling, 2010, 54: 303-309.

[40] Uek L, Lam H L, Kleme S J, et al. Synthesis of regional networks for the supply of energy and bioproducts. Clean Technologies and Environmental Policy, 2010, 12: 635-645.

[41] Uek L, Martín M, Grossmann I E, et al. Multi-period synthesis of optimally integrated biomass and bioenergy supply network. Computers & Chemical Engineering, 2014, 66: 57-70.

[42] Ng W P Q, Promentilla M A, Lam H L. An algebraic approach for supply network synthesis. Journal of Cleaner Production, 2015, 88: 326-335.

[43] Foo D C Y, Tan R R, Lam H L, et al. Robust models for the synthesis of flexible palm oil-based regional bioenergy supply chain. Energy, 2013, 55: 68-73.

[44] Liu W, Wang C, Mol A P J. Rural public acceptance of re-

newable energy deployment: the case of Shandong in China, Applied Energy, 2013, 102: 1187-1196.

[45] 山东省统计局. 2013 山东省统计年鉴. 北京: 中国统计出版社, 2014.

[46] Tan R R, Ng D K S, Foo D C Y. Pinch analysis approach to carbon-constrained planning for sustainable power generation. Journal of Cleaner Production, 2009, 17: 940-944.

[47] Wei Q. Research on supply chain logistics cost of straw for biomass power generation. Beijing, China: China Agricultural University, 2014.

[48] 莱西市政府. 莱西市总体规划 (2011-2020), www. cjj. laixi. gov. cn/view. jsp? id=75737.

[49] Wu J. Low carbon development strategy research for China power industry 2010-2050. Beijing, China: China Water Power Press, 2012.

基于投入产出模型的区域农业废弃物能源化技术产业化模拟与效益评估

宋俊年
吉林大学新能源与环境学院

在可再生能源逐渐成为未来全球能源利用趋势的背景下，当前对可再生能源的研究与开发层出不穷。生物质能源是可再生能源中非常值得关注的一类，尤其是秸秆资源。秸秆资源最大的特征在于其碳综合性，即在生产当中所吸收的二氧化碳和燃烧过程中排放的二氧化碳是等同的。我国尤其是吉林省具有非常丰富的秸秆资源，为后续能源转化方面的利用提供很好的基础，可以通过多样化的能源转化技术，转化成各种类型的能源产品，包括电力、液体燃料、气体燃料还有固体燃料等等。当前学界对秸秆资源利用领域已经进行了相关研究，主要包括以下几个方面：①区域秸秆资源的储量以及秸秆可能源化利用的研究，既包括现状的评价，也有对未来可利用能源化潜力进行评估，例如基于灰色预测模型等；②基于具体区域的秸秆物流过程的优化，指的是从秸秆的收集、运输、装卸等到运输再到秸秆专业化利用工程，整个优化既包括路径方面的基于 GIS 系统路径方面的优化，还有成本方面的最小化，以及环境影响方面的最小化；③针对某些具体的秸秆能源化利用技术的环境表现、能源表现，还有其他方面的多方面表现进行评价，常用的包括生命周期方法，还有基于 GEA 的能源效率的评价等等。

一、基于投入产出模型对区域秸秆利用的效益评估

投入产出方法起初应用于某一个区域经济系统的内部，进行各个产业之间投入和产出关系的研究，后来逐渐应用到环境领域和能源领域，现

在主要用于能源利用领域，探讨温室气体、环境污染物的排放以及区域经济发展三者之间的最优联系。当前利用投入产出模型来预测新产业发展趋势的研究不多，本文主要是利用投入产出模型在这一方面的特点展开相关研究。

首先需要探讨的是秸秆资源在未来的利用潜力，或者说不同的技术在未来秸秆资源产业化发展过程当中能够给区域带来的效益。这个效益主要体现在三个方面：能源效益、环境效益和经济效益。在本研究当中主要考虑了 5 种技术，一是直接燃烧发电技术，二是气化发电技术，三是固体成型燃料，四是秸秆汽化集中供气，五是纤维素燃料乙醇。在后续的研究中还包括针对某一具体区域如何确定适合区域发展的技术，例如层次分析、黑客模型、数字模型等。在确定技术之后，建立从技术到秸秆能源化利用工程，再到秸秆能源化发展产业的完整链条，即以某一种技术的发展表征秸秆能源化利用产业的发展。

结合投入产出模型的特点，将各种技术导入区域的投入产出模型当中。本文根据吉林省的投入产出表进行了产业划分，包括种植业、轻工业、化学工业、非金属、金属等一系列产业，将产业与秸秆能源化技术成本相对应，例如种植业主要对应的是秸秆能源化技术的原料成本，还包括轻工业、化学工业等。其他的还包括装备成本、建设成本、场地成本、物流成本和秸秆能源化工程的维护管理成本等，还包括了一些秸秆能源化工程在自身对其他化石燃料利用所伴随着的能源的成本。

通过对各类技术成本构成的细化，可以实现把能源化技术导入区域结构的目标。整个区域经济系统涵盖几个主体，第一个主体是经济产业，包括一般产业、传统化石能源的产业以及新加入的秸秆能源化利用产业。另外两个主体是居民以及政府。这里涉及产业之间的关系，居民消费、政府消费以及居民消费和产业之间的关系，以及政府消费和产业之间的关系，当然还包括整个区域进出口贸易等。

本文主要建立了种植业的总产出和粮食作物产量之间的线性关系，结合农作物的草谷比和能源化利用系数完成预测。其中，某些秸秆能源化利用产业所利用的秸秆资源不能超过该地区在上一年所能提供的所有的秸秆资源量。然后是对整个区域最终需求的分解，主要关注的是政府消费、居民消费、政府储蓄和居民储蓄之间的关系。首先是将最终需求分解为居民消费、政府消费、资本形成额和进出口，某一区域的总收入分解成直接税和可支配的居民收入，支配的居民收入又进一步分解成居民消费和居民储蓄。政府的收入主要来自间接税和直接税。将政府收入分配到政府的支出以及秸秆能源化产业发展所需要的各种补助金，这里的补助金的细化实际上体现了对秸秆能源化产业能源产品价格方面的补贴，还包括秸秆能源化工程投资。

最后，所有的政府的储蓄和居民储蓄都用作其他产业以及新产业的投资。整个模型的目标函数是以区域GDP的最大化来驱动的，上一年的资本存量加上一年的纯投资累计到下一年的资本存量当中，从而完成了整个模型的驱动。以吉林省作为一个研究区，吉林省的单位耕地粮食产量以及人均粮食产量都位居全国第一，具有丰富的秸秆资源。总共设置了两个情景，第一个是政府规划情景，政府规划当中细化了包括电力、沼气等各种能源产品发展规划目标。第二个是完全情景，即假定某一区域所有秸秆都得到利用，观察如何在各类技术中进行分配。

二、结果与讨论

第一，政府始终在秸秆能源化产业发展当中起到主导作用，政府要规划各种秸秆能源化类型、发展的目标以及对能源化产品的定价，以及补贴方式等。第二，规划情景下可以达到累计3.1%的温室气体减排，完全情景下可以达到10.2%的温室气体的减排，2025年所有秸秆可以贡献800多万吨标煤的产量，占到吉林省一次能源供给1.7%，效益非常可观。第三，对于整个模型的结果而言，无论是从能源效益还是环境效益以及经济效益来看，直接燃烧发电和固定成型燃料相对来说更具有优势。

专题三

碳排放与区域可持续发展

区域“水—土—能—碳”耦合作用机制分析

赵荣钦[1]　李志萍[1]　韩宇平[2]　Milind Kandlikar[3]
张战平[1]　丁明磊[1]

1. 华北水利水电大学测绘与地理信息学院；2. 华北水利水电大学黄河科学研究院；
3. 不列颠哥伦比亚大学资源环境与可持续发展研究所

引　言

水、土、能、碳是地球表层系统中与人类活动密切相关的关键要素，对这些要素及其耦合关系（以及这些要素与人类活动的关系）开展研究是资源环境领域的核心研究内容之一。长期以来，国内外针对单一要素的研究较多，虽然也有针对两种（或三种）要素的关系研究，如水能资源耦合[1]、能源消费碳排放[2]、土地利用、能源消费和碳排放的关系[3]等，并在此基础上开展了资源开发的碳排放效应研究，这从区域尺度为了解资源能源开发与碳排放的关系提供了有益的参考。但目前来看，对于区域层面“水—土—能—碳”的多要素系统耦合研究还相对较少。近年来，随着全球性生态环境问题的突出和气候变化的推动，一些学者从气候变化[4]、生态系统服务[5]和粮食生产[6]等角度开展了针对区域系统“水—土—能”的多要素关系研究，尝试从要素耦合系统评估的角度分析人类活动对环境的压力以及对“自然—经济—社会”复合系统功能的影响。“水—土—能—碳”的耦合关系是区域“自然—社会—经济”系统的核心，区域水、土、能等资源往往是耦合开发的，比如，任何一种人类产业活动，既需要水、能的投入，又需要土地的开发与占用。但对不同区域及不同人类活动方式而言，各种资源的需求规模、组合方式、开发强度及利用效率不同，这导致了各项人类活动的碳排放强度具有明显的差异。而前期关于碳排放的研究更多的是关注碳排放本身的区域差异，而较少关注引起碳排放的区域人类活动中各种资源能源的投入比例和使用效率，以及资源耦合关系对碳排放效率的影响。因此，前期研究缺乏从资源开发的源头探寻人类开发活动对区域环境及气候变化的影响。因此，区域“水—土—能—碳”耦合研究还处于探索阶段，其耦合作用机制研究还需要进一步加强。

开展“水—土—能—碳”耦合作用机制研究具有重要的理论和实践价值。从理论上而言，开展区域“水—土—能—碳”耦合系统研究，有助于揭示多种资源耦合开发过程对碳排放的影响机制，探讨区域综合开发与生产过程中的各种资源、能源组合格局和利用效率与碳排放效率的关系，而且有助于通过资源耦合机制的研究进一步阐明区域“自然—社会—经济”系统的运行状态和效率，为区域系统资源耦合及其环境效应研究提供新的理论视角。从实践角度来看，随着我国经济社会的快速发展，资源约束不断趋紧、土地占用不断加剧、能源消耗持续增多、环境压力进一步加大，同时，快速增长的碳排放量也使中国在国际气候变化谈判中面临较大的政治压力。党的十八大报告提出要“全面促进资源节约，大幅降低能源、水、土地消耗强度，提高利用效率和效益”；国家“十三五”规划纲要提出要实现“能源资源开发利用效率大幅提高，能源和水资源消耗、建设用地、碳排放总量得到有效控制”。同时，国家也提出了碳排放强度下降的约束指标，并力争在2030年左右碳排放达到峰值。这些都为未来资源能源节约和低碳转型指明了道路。因此，探讨水、土、能等资源耦合作用及其与碳排放的关系，寻求低碳高效的水、土、能综合利用模式，将是当前及今后一定时期要面对的重要科学问题。从碳排放评估的角度开展区域“水—土—能”耦合机制研究，可以进一步阐明人类各项活动中的资源利用效率及其组合关系，为人类经济社会活动中的资源节约提供科学的实践指导，并进一步提升区域发展效率和可持续水平，推动生产方式的转变和经济社会的低碳转型。因此，开展“水—土—能—碳”耦合作用机制研究不仅有助于从生产源头和资源耦合开发的角度综合评估区域人类活动应对气候变化的碳减排潜力，而且对于推动资源节约和提高生产效率，降低水、土、能消耗强度，探索节水、节地、节能的低碳生产方式，探索区域低碳、可持续发展模式等也具有重要的实践意义。

鉴于此,本文在对近年来国内外相关研究进行综述的基础上,从理论角度,对区域“水—土—能—碳”耦合系统(WLEC system)及其要素关系进行解析,分析多要素系统耦合作用的机制和影响因素,力图构建区域“水—土—能—碳”耦合作用的研究框架,并提出该领域未来的研究趋势。

一、区域“水—土—能—碳”耦合系统及其要素解析

水、土、能、碳不仅是地球表层系统的关键要素,也是自然和社会经济生活的重要资源基础。“水”是生命活动必需的物质和介质,也是大部分产业生产过程的原料;“土”是各种人类活动的基础和场所,也是植物生长的养分来源;“能”是生命活动与经济社会运行的动力源;“碳”既是生物体和主要能源的物质基础,也是人类各种社会经济活动的排放和代谢产物。水、土、能三种资源的开发利用相互联系、相互作用,并带来了大量碳排放。由于区域系统十分复杂,具有较大的空间异质性,因此区域不同自然和社会地域、不同产业具有不同的水土能的组合关系和碳排放强度。

从图1可以看出,水、土、能、碳四大要素涵盖了区域人类活动的原料、场所、动力及影响,并以水循环、土地利用活动(产业活动或其他社会经济活动)、能量流通、碳循环等的形式构成了区域社会经济系统的主要内容,即区域“水—土—能—碳”耦合系统。该系统既体现了地表四大圈层(水圈、岩石圈、生物圈和大气圈)的相互作用,也是“自然—经济—社会”巨系统功能和过程的集中表现。其中,“水—土—能”是区域资源系统的核心,这三种资源及其支撑生态系统构成了人类经济社会发展的基础。它们通过人类社会经济活动与自然生态系统之间的“供给—需求”关系而相互耦合、相互联系;它们之间的相互作用存在着复杂的非线性和反馈关系,这主要取决于各要素的位置、数量、质量、组合特征及其时空格局。该系统涵盖自然和“社会—经济”系统,因此要素之间的相互作用也具有明显的“二元”特征。同时,“水—土—能”系统也具有明显的地域分异特征,在不同状态的资源供给和需求条件下,以及不同的人类活动强度影响下,各要素作用机制、强度和过程明显不同,这进一步影响了系统的功能及其碳排放特征[4]。“水—土—能”系统代表了“社会—经济—环境”巨系统的基础要素,水土关系、土能关系和水能关系分别构成了社会、经济和环

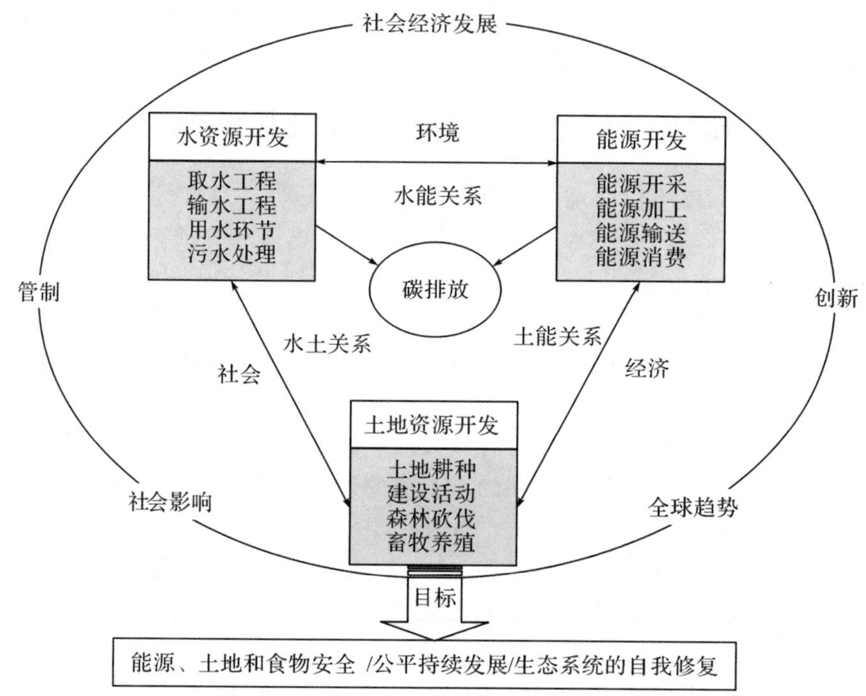

图 1　区域"水—土—能—碳"耦合作用系统[4,7]

境系统的主体。而碳排放表示人类社会对环境的影响。因此,区域"水—土—能—碳"的耦合作用不仅反映了区域各种资源匹配关系和开发利用效率,而且体现了人类社会对环境的影响程度。该系统的功能、过程和效率受政府管制、社会经济发展、全球化和技术创新等因素的影响,并随着社会经济的发展不断演化。"水—土—能—碳"系统格局、功能和过程的改变体现了区域资源赋存、经济社会活动方式、产业结构等条件的改变。研究的最终目标是通过对区域"水—土—能—碳"耦合系统的调控,实现能源、土地和食物安全、区域社会的公平持续发展和生态系统的自我修复,从而实现区域水土能资源高效利用、碳减排和社会生产优化的目标。

二、区域“水—土—能—碳”耦合作用研究进展

近年来，国内外学者从不同角度开展了水、土、能等资源开发与碳排放的关系研究，主要集中在以下方面：

(一)区域“水—碳”耦合研究进展

区域“水—碳”耦合研究主要包括两个方面：一是陆地生态系统的碳水耦合研究。陆地生态系统碳水循环是地球陆地表层系统物质循环与能量交换的基本生物物理过程。近年来，国内外不少学者基于涡度相关技术等陆地生态系统通量观测方法对全球或区域尺度生态系统的碳水通量进行了研究[8-11]，比如针对森林[11-12]、农田[13]、山区[14]以及人工林[15]等生态系统碳水耦合的案例研究。陆地生态系统碳水通量变化是理解生态系统碳水循环的关键，这对于了解植物生产力及其水分利用效率具有重要的意义；二是内陆水体碳排放通量及其变化特征分析。国外学者基于水体采样数据或相关研究的参数对全球内陆水体的碳(或温室气体)排放进行了核算分析[16]，重点是针对内陆水库的研究[17]，结果发现，水体是重要的温室气体排放源之一，其中水库温室气体排放占全球内陆水域碳排放的4%[18]。国内学者也开展了对水库[19-20]、城市河流[21]等水体碳排放通量及季节变化特征的监测研究。总体而言，由于不涉及人为“能源”要素的参与，区域“水—碳”耦合主要以自然过程的生态系统碳水通量及水体碳排放研究为主，微观尺度多采用自然科学的通量监测及实验分析的方法，而宏观尺度主要是通过采样数据或估测模型来开展研究。

(二)区域“水—能—碳”耦合研究进展

近年来，“能源”要素被引入“水—碳”耦合研究[22]中，特别是增加了对水资源开发利用过程中能源消费碳排放的关注。主要包括三个方面：

(1)基于能源消费的区域水系统的碳排放研究。从“水—能—碳”耦合的角度，国内外学者开展了国家[23]和城市尺度[1,24]水系统碳排放的核算研究。结果发现，从水的抽取、运输、使用到废水处理等各个环节都会产生碳排放。其中，居民使用、废水处理环节的碳排放较多。另外，“水—能—碳”耦合也被应用于区域水资源合理配置[25]及碳水资源规划管

理[26]的实践中,并尝试开展了生态系统服务功能评价及低碳水资源优化配置方案的应用研究。

(2)典型行业(或部门)水资源开发利用的碳排放研究。比如,国内外学者基于动力消耗、灌溉等过程的能源消耗,对中国不同省区[27]、甘肃省民勤县[28]等地区农业水资源开发利用过程的碳排放进行了核算,进而探讨了水资源开发利用对环境的影响及适应气候变化的对策。研究发现,农业温室气体排放占中国碳排放总量的17%~20%[27],其中地下水的温室气体排放占农业水资源碳排放的65%~88%[28]。部分学者也开展了对制造业水、能、碳足迹的生态效率[29]及水修复过程的碳足迹[30]的研究。结果发现,由于水、能源、资源投入和碳排放强度的不同,不同行业的生态效率具有较大的差异[29];发电是各类水生产过程中温室气体排放的主要来源[30]。

(3)农作物水、碳、能通量的耦合研究。与自然植被不同,农业生产需要大量的人工辅助能的投入,这为研究自然和社会交叉的"水—能—碳"的耦合关系提供了重要条件。Kothavala 等[31]以加拿大土地表层计划(Canadian Land Surface Scheme,CLASS)为依托对普通作物的能源、水蒸气和碳通量进行了模拟;Zhang 等[32]对华北平原灌溉梨园的水能碳通量进行了综合研究,结果发现,农作物碳通量强度在很大程度上受水能通量的影响。这在微观尺度上为农业生产过程中水、能、碳效率研究提供了重要的方法参考。

(三)区域"土—碳"耦合研究进展

区域"土—碳"耦合研究是近年来土壤学和生态学的重要研究方向之一。土地利用不仅改变土壤的碳通量,而且影响区域陆地生态系统的碳收支状况。(1)土地利用变化与土壤碳通量研究。土地利用不仅改变地表覆盖,而且通过影响土壤理化性质和微生物活性改变土壤的碳通量[33]。近年来,国内外出现了大量针对土地利用与土壤碳通量的关系研究。结果发现,草地转化为农田一般会增加土壤碳通量[34],湿地转化为其他土地利用类型也会增加土壤的碳通量[35],而森林转化为农田可能会造成土壤碳通量的增加[36]或减少[37],这种差异主要与区域的气候条件和农田管理措施有关[38]。另外,与自然植被转化为农田不同,耕地恢复为林地或草地则会减少土壤碳通量，退耕还林、还草使土壤碳储量分别增加18%和19%，农田转变为次生林使土壤碳储量增加53%[39]。其中，不同的管理措施是造成土地利用变化后土壤碳通量差异的根本原因[35]。(2)土地利用对区域自然生态系统碳平衡的影响。土地利用活动如城市化过程、森林砍伐、农业耕作、土地废弃等对区域陆地生态系统碳收支产生重要影响[40-41]。总体而言，土地利用/覆被变化导致的净碳排放占1990—2010年全球人类活动碳排放的12.5%[42]。但不同土地利用方式对区域碳收支的影响具有明显的差异。其中，城市化[43-44]和森林砍伐[45]是造成区域碳排放的重要因素，而合理的土地管理措施(如农林活动)等则会增加生态系统的碳蓄积[46]。比如，19世纪80年代，美国土地管理所带来的碳汇抵消了美国化石燃料碳排放的10%～30%[40]；20世纪70年代以来，中国土地利用活动(特别人工造林)引起的陆地生态系统碳吸收大约为0.45 Pg C[47]。

(四)区域“土—能—碳”耦合研究进展

区域“土—能—碳”的耦合是目前国内外研究的一个热点领域。土地利用是全球气候变化和碳循环的重要影响因素[45]，土地利用变化不仅改变自然碳循环过程，而且通过改变人为能源消费强度影响区域碳循环的速率[48]。“土—能—碳”耦合主要从两个角度开展：一是土地利用、能源消费与碳收支的关系研究，重点在于借助土地利用和能源消费数据，分析不同的土地利用方式的碳排放效应。比如，不少学者基于土地利用角度，通过对国家[40,45,49]、区域[50-51]或城市[3,52]等尺度不同的土地利用方式的自然碳收支和人类活动能源消费碳排放的核算，探讨了人类土地利用活动对区域碳收支的影响。研究发现，居民点及工矿用地和交通用地的扩展带来的能源消费的增加是造成碳排放大幅增长的主要原因。二是基于低碳目标的土地利用优化调控研究。土地利用低碳调控能在一定程度改变土地利用的碳源/汇格局[53]，实质上是通过调整土地利用结构、方式、规模和强度，进而改变不同土地利用方式的能源消费强度来实现的[54]。近年来，国内学者从国家、省及城市、县域等不同尺度层面开展了土地利用的低碳优化和调控研究，为区域土地利用总体规划提供了实践指导。如对全国[49,55]、江苏省[56-57]、南京市[58]、泰兴市[59]、通榆县[60]及典型土地整理区[61]等开展了土地利用结构的低碳优化研究，并提出了土地利用优化的方案，这指导了区域低碳土地利用规划的实践，并推动了区域“土—能—碳”耦合研究的进一步深化。

（五）区域“能—碳”耦合研究进展

近年来，国内外关于“能—碳”耦合的研究较多。如果不考虑其他要素，“能—碳”耦合研究主要是侧重于社会生产和消费领域的研究，重点包括两个方面：一是能源消费碳排放的核算研究。比如针对国家或地区碳排放清单核算[2,62]以及城市[63]、典型产业[64-65]、居民生活[66]、交通[67-68]等的能源消费碳排放的研究较多，并开展了能源消费碳排放的区域格局[69]、影响机制[70-71]、趋势预测[72]及情景模拟[73]等的研究。研究发现，由于不同区域经济规模与水平、能源消费效率与强度、产业结构等差异明显，能源消费的碳排放强度及其构成具有较大的区域差异。这为了解不同区域碳排放的结构、格局和未来趋势提供了基础，并为区域低碳模式选择提供了重要参考。二是能源流通、转移与碳排放的关系研究。对省区[74-75]、城市[76-77]和城乡之间[78]的碳流通和转移进行研究发现，区域之间的能源流通和贸易是造成碳转移的主要原因，能源流通的强度决定了隐含碳转移的规模和效率；城市内部各部门之间的能源流通、加工转换与损失等过程是造成城市内部碳流通的主要原因。总体而言，“能—碳”耦合有大量的案例研究，这里不再一一列举。结合其他要素进一步分析资源综合开发的碳排放效率是今后研究的趋势。

（六）区域“水—土—能—碳”耦合关系的探索研究

前文主要对两个（或三个）要素之间的耦合关系研究进行了总结。近年来，国内外也逐渐从生态系统服务功能、粮食安全和气候变化等角度开展了区域“水—土—能—碳”耦合关系的探索研究。例如：Fang 等[79]综合分析了生态足迹、能源足迹、碳足迹和水足迹的联系和区别，并提出了足迹“家族”集成研究的设想；Watanabe 等[5]基于能值分析方法对土地利用变化对巴西热带稀树草原区碳水生态系统服务的影响进行了分析，结果发现，由于人类活动的扰动，传统耕作方式下的碳水生态系统服务功能是最低的；Ringler 等[6]从提高资源利用效率的视角提出了“水—能—土—食物”（WELF）交叉研究的思路；美国能源局[4]开展了“水—土—能”

系统与气候变化的关系研究，认为“水—土—能”系统耦合研究能够更深入地了解气候变化的机制，并以美国为例分析了水土能系统在气候减缓和适应中的作用；Felzer 等[80]基于区域角度，开展了美国宾夕法尼亚州碳、氮、水循环及其对气候和土地利用变化的响应研究；Ababaei 等[81]开展了适应气候变化的水土资源策略评价规划支持系统的开发与应用研究。另外，“水—土—能—碳”耦合也有微观层面的研究，如 Rajan 等[82]采用涡度相关法，以美国西南部棉花种植区为例，对生物燃料引起的土地利用变化对水、能、碳和温室气体平衡的影响进行了研究，并认为灌溉条件和蒸散作用是造成不同作物能源通量和碳吸收差异的主要因素。

从前期研究可见，近年来国内外在区域不同要素耦合作用方面出现了大量的案例研究(表 1)，这说明地表要素之间的耦合作用机制以及人类活动的影响及反馈受到了科学界的更多关注。但总体而言，对于“水—土—能—碳”耦合研究仍处于探索阶段，特别是对于系统耦合作用机制和规律的研究还需要进一步深化。

表 1　区域“水—土—能—碳”耦合的典型案例研究

研究类别	研究核心内容	方法	区域	年份	作者
“水—碳”耦合	陆地生态系统的碳水耦合	通量观测和模拟	江西千烟洲	2012	任小丽[15]
	水体的碳释放	样点监测与模拟	全球	2013	Raymond[16]
“水—能—碳”耦合	区域水系统与碳排放	物质流和生命周期分析	多伦多等四个城市	2014	Venkatesh[1]
	农业水资源开发利用的碳排放	样点调查和估算方法	中国	2012	Wang[27]
	农作物“水—碳—能”通量	涡度相关法	加拿大	2005	Kothavala[31]
“土—碳”耦合	土地利用与土壤碳通量	碳通量观测	美国加利福尼亚	2006	Carlisle[37]
	土地利用与生态系统碳收支	参数估算法	美国	1999	Houghton[40]

续表

研究类别	研究核心内容	方法	区域	年份	作者
“土—能—碳”耦合	土地利用、能源消费与碳排放	温室气体清单	巴基斯坦	2012	Ali[3]
	面向低碳的土地利用调控	线性规划	中国	2011	赖力[49]
“能—碳”耦合	能源消费碳排放的核算	温室气体清单	全球	2010	Kennedy[2]
	能源流通与隐含碳转移	隐含碳分析	南京市	2014	Zhao[78]
“水—土—能—碳”耦合	“水—土—能—碳”系统与生态系统服务	能值分析方法	巴西	2014	Watanabe[5]
	“水—土—能—碳”和气候变化关系	系统分析方法	美国	2012	Skaggs[4]

三、区域“水—土—能—碳”耦合作用分析

需要说明的是:本文侧重于对宏观尺度区域地表诸要素之间的作用机制的探讨,暂不涉及植被生产过程的水能碳生理生态过程或水气界面的“水能碳”耦合作用关系。

(一)区域“水—土—能—碳”耦合作用机制分析

从水、土、能资源相互作用的角度,可以将区域分为三个相互联系、相互作用的子系统:水系统、土地系统和能源系统。水系统主要包括引水、储水、制水、输水、用水及污水处理等不同的环节;土地系统包括各种土地利用类型,即生产用地、生活用地和生态用地(具体地类可依据自然土地覆被类型与人类活动方式细分);能源系统包括能源开采、能源加工、能源输送和能源消费等环节。三个子系统通过人类社会经济活动而相互联系、互为资源,共同构成了区域“水—土—能”资源系统。水系统为土地系统供应生产、生活和生态用水,为能源系统提供冷却、加工等用水;能源系统为水系统的引水、输水及水处理环节提供能源,为土地系统的人类社会

经济活动提供各类能源需求;土地系统为水系统和能源系统的储存、加工和输送等环节提供土地条件和场所。因此,该系统的土地利用、能源开采与消费、水资源开发等不同环节都会产生碳排放(图 2)。

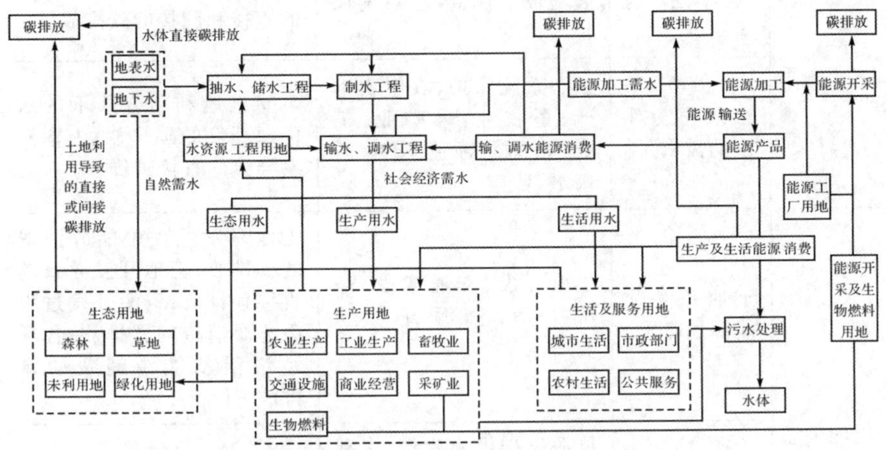

图 2 "水—土—能—碳"耦合作用机制分析

区域"水—土—能"系统的碳排放强度主要取决于子系统之间相互需求的类型、产业活动方式以及能源类型和结构等因素。①三个子系统之间相互需求的类型和强度有所不同,相应的碳排放强度也有所区别(表 2)。比如,土地利用和水资源开发对能源的需求较大,因此也具有较高的碳排放强度。②水资源开发、土地占用和能源投入的组合关系在不同产业也具有较大的差异。比如,第一产业一般水资源和土地资源需求量大,但能源投入相对较少;第二产业能源和水资源需求量大,而对土地资源的需求相对较少。各类资源的需求及其组合在不同行业之间的差异,导致不同产业用地的直接和间接碳排放强度明显不同,这造成了区域碳排放及其效率的产业差异。③水土资源不同利用环节能源投入的类型和强度不同(如电能、煤炭、石油和天然气等的不同组合),在很大程度上影响了区域人类活动的碳排放强度。

表 2 “水—土—能”耦合作用及其与碳排放的关系

耦合关系	需求种类	主要环节[4]	碳排放
水土关系	水资源开发对土地的需求	流域集水/蓄水工程、地表覆被工程、生态系统保护与建设。	水利工程及生态保护工程的直接和间接的碳排放。
	土地开发对水的需求	生态系统保护、农作物生产、畜牧业、采矿业、工业、市政、商业及生活用水。	不同土地利用方式下的水资源开发的碳排放；土地开发导致的直接碳排放。
土能关系	土地开发对能源的需求	土地开发、交通建设、经济生活、资源开发与利用。	土地开发过程中能源消费的碳排放；土地开发导致的直接碳排放；资源开发过程中能源消费的碳排放；各项经济活动能源消费的碳排放。
	能源开发对土地的需求	能源基础设施建设、水利工程、矿山开采、电厂、太阳能和风能工厂、输电线路建设、输油管道、铁路、精炼厂/炼油厂、生物能源及生物燃料生产、碳捕获与封存、能源矿床开发。	能源基地及能源基础设施建设活动中的碳排放；能源开采和运输过程中的碳泄露；土地利用方式变化的直接碳排放。
水能关系	水资源开发对能源的需求	抽水、输水、水资源调节及污水处理。	水资源开发过程中能源消费的碳排放；污水处理过程的碳排放。
	能源开发对水的需求	能源开发与提取、冷却、加工、碳捕获与封存等过程。	能源开发用水过程中能源消耗的碳排放。

（二）基于不同视角的区域“水—土—能—碳”耦合关系分析

区域“水—土—能—碳”耦合作用可以从不同的角度来理解，本文主要从微观角度、产业活动、土地利用等不同视角来分析其耦合作用机制。

1. 微观视角

微观视角主要是指农业生产过程中“水—土—能—碳”的耦合。农业生产涵盖水资源开发、土地利用及人工能源投入等不同的过程，其主要环节如下：①水资源开发和利用过程。农业生产水资源的开发利用（如引水、蓄水、输水及灌溉等）过程既需要占用土地资源，又需要人类辅助能的投入，并因此带来一定的碳排放；②土地开发与利用。土地开发、翻耕、灌溉、除草、收获等不同环节，需要水、能资源的投入，并产生相应的碳排放；③能源生产与投入。农业能源投入包含太阳能和人工能源两种，其中以太阳能为主，人工能源的投入主要集中在水资源利用、土地开发与耕种、肥料生产等环节；④农作物生长过程中的碳交换。除人为过程带来的碳排放以外，作物光合作用会带来一定的碳吸收，同时，农作物与土壤之间也存在着碳交换。以上四个环节共同构成了农业生产中“水—土—能—碳”耦合作用过程（图3）。

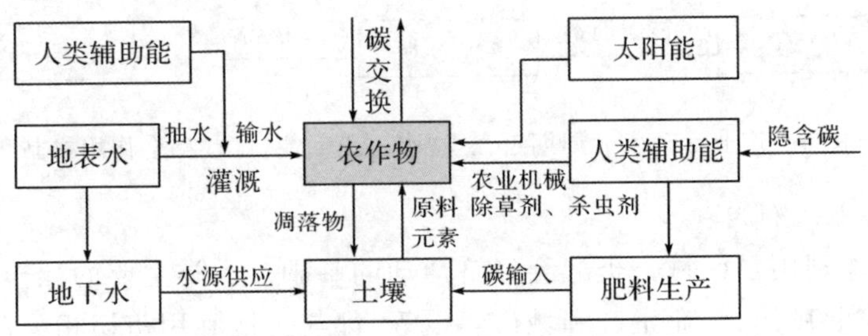

图3 微观视角的“水—土—能—碳”的耦合作用

2. *产业活动视角*

基于产业生命周期的角度，从原料开采、运输、仓储、加工、产品生产、销售和废弃物处理等不同的环节都需要投入大量的能源和水资源，并占用一定的土地空间；区域产业类型复杂多样，不同产业活动下水、土、能耦合作用方式和强度不同。土地具有生产和承载的双重功能，作为生产功能的产业活动（如农业、工业生产等），一般具有较大的需水量，而作为承载功能的产业活动（如商业、市政服务等），一般具有较大的能源需求。因此，产业活动既有能源消费的直接碳排放，也有土地开发、占用和水处理过程中的虚拟碳排放（间接碳排放），只是不同产业类型的碳排放强度及构成有所差异。因此，从产业层面开展“水—土—能—碳”的耦合机制分析，要注意以下几个环节：①产业全生命周期过程中能源消费的直接碳排放；②因产业活动对水资源的需求而带来的水资源开发、供应和处理等过程中的能源消费的碳排放；③产业活动过程中土地占用和开发带来的能源消费的碳排放；④土地及其变化带来的直接碳排放；⑤产业活动及其能源供应中水土资源的消耗及强度(图 4)。对这些环节进行分析，有助于深入了解产业活动中“水—土—能—碳”的耦合作用机制。

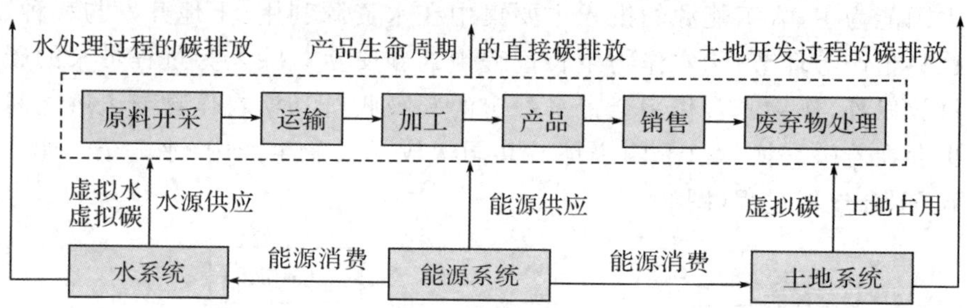

图 4　产业活动生命周期过程中“水—土—能—碳”耦合作用机制

3. 土地利用视角

土地利用是区域人类社会经济活动的基础。人类主要的社会经济活动(如农业耕作、工业生产和城市建设等)都与土地利用密切相关。因此，对任何一种人类活动方式而言，从土地平整、开发到土地生产和废弃等不同的环节都有一定的水、能资源的消耗(图 5)。从土地利用视角分析“水—土—能—碳”的耦合关系，要注意两点：首先，要区分不同的土地利用类型，并分析不同土地利用方式下土地利用全过程中的水能投入及其组合关系。比如，对农业活动而言，能源投入主要是土地平整、耕种、灌溉、收获等过程的农业机械能及电能的使用，水资源的投入主要是灌溉用水；对工业活动而言，能源投入主要包括厂房建设、原料及产品运输、工业生产及运营等过程中的能源消耗，水资源的投入主要是工业生产用水或冷却用水；对城市建设活动来讲，水能投入主要是土地开发、城市建设和建筑物运行等过程中的水、能资源的消耗。其次，开展不同土地利用方式下的水能利用效率和碳排放效率的关系研究，从而对不同土地利用活动的资源利用效率和环境影响进行综合评估，以便确定不同人类经济活动下的适度的土地利用强度及资源开发强度。

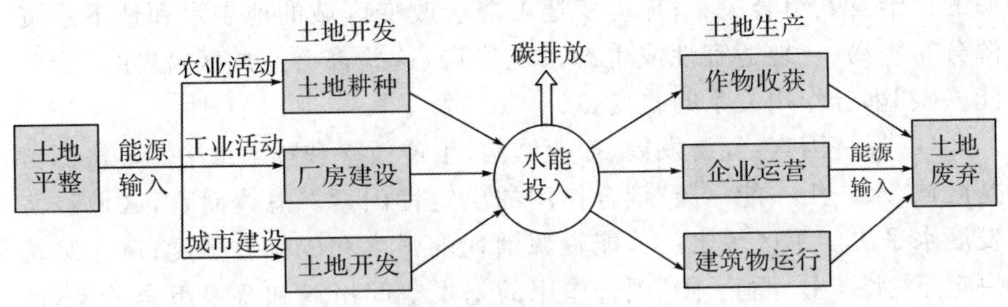

图 5 土地利用过程的“水—土—能—碳”耦合作用机制

(三)区域“水—土—能—碳”耦合作用的影响机制分析

区域“水—土—能—碳”耦合作用系统主要受自然因素、经济因素、社会因素和压力因素等的影响(图 6)。

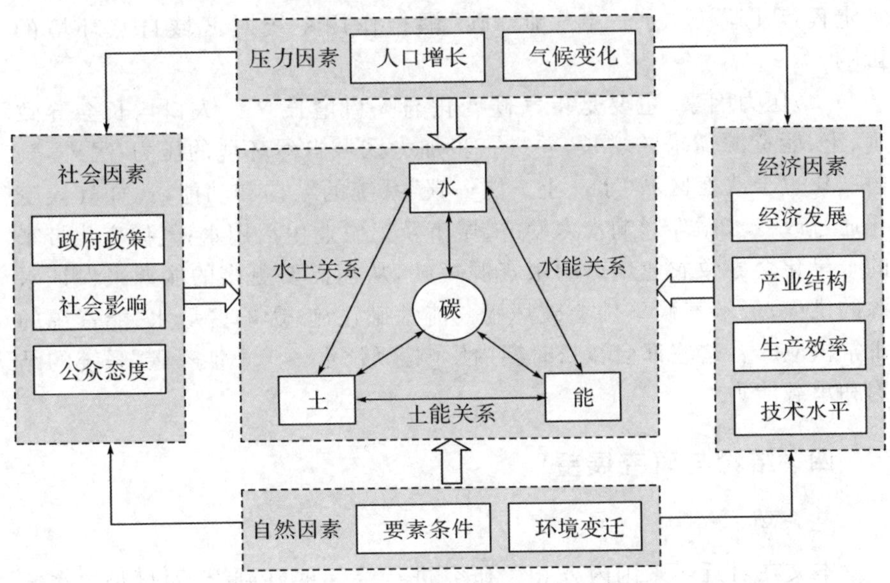

图 6 区域“水—土—能—碳”耦合作用的影响机制

(1)自然因素:要素条件和环境变迁。自然要素条件决定了区域水、土、能等各项资源的赋存条件和分布格局，要素条件的改变会影响区域资源的供给及其组合关系；环境变迁可能会改变区域的地表水和地下水资源分布格局、土地适宜性或生态系统格局，这些都会造成区域“水—土—能—碳”耦合作用关系的改变。

(2)经济因素：经济发展、产业结构、生产效率和技术水平。经济因素是区域“水—土—能—碳”耦合作用的决定性因素。总体而言，区域经济发展水平决定了区域水、土、能资源消耗的强度和碳排放强度；产业结构决定了“水—土—能—碳”耦合作用的基本空间格局和要素组合关系；而生产效率和技术水平则决定了区域资源耦合作用效率和碳排放效率。

(3)社会因素：政府政策、社会影响和公众态度。政府通过区域产业布局、水土资源开发与规划管理、新能源开发与利用、环境保护政策、生态建设等对“水—土—能—碳”耦合作用系统产生影响；社会影响和公众态度主要是通过社会、企业和个人的环保意识来达到资源节约的目的，能在一定程度上降低“水—土—能—碳”耦合作用系统对区域自然环境的影响。

(4)压力因素：主要是指气候变化与人口增长[83]。人口增长会导致水、土、能资源需求的增长，并进一步加大区域自然环境的压力；另外，气候变化也会改变区域“水—土—能—碳”系统的结构和功能，比如气候变化通过改变水循环影响水力发电、城市及工农业生活用水；气候变化带来的干旱化会导致农业生产的水资源短缺，从而需要更多的能源来保证水源的供应；极端气候事件会破坏水—能基础设施，影响区域水、能资源的正常供应[4]。这些都会在长时期内影响区域“水—土—能—碳”系统的结构和承载能力。

四、结论与研究展望

(一) 结论

本文在对近年来国内外相关研究进行综述的基础上，对区域“水—土—能—碳”耦合系统及其要素关系进行了解析，并分析了其耦合作用的机制和影响因素。主要结论如下：

①区域“水—土—能—碳”耦合作用系统不仅体现了地表系统四大圈

层的作用，更以水循环、土地利用、能量流通、碳循环的形式构成了区域“自然—经济—社会”的核心内容，该系统不仅反映了区域不同资源类型的匹配关系和开发利用效率，也体现了人类社会对环境的影响程度；

②该系统可以分为三个相互联系、相互作用的子系统：水系统、土地系统和能源系统，它们之间通过不同途径相互联系、互为资源，共同构成了区域社会经济发展的资源基础，而区域碳排放强度则主要取决于水、土、能等要素之间相互需求的类型、产业活动方式和能源类型与结构等；

③区域“水—土—能—碳”耦合作用机制可以从微观角度、产业活动、土地利用等不同视角来分析；

④区域“水—土—能—碳”耦合作用系统主要受自然、经济、社会和压力等因素的影响，其中经济因素，特别是经济发展水平、生产效率和技术水平是系统功能和效率的决定性要素。

（二）与相关研究的联系和区别

(1)区域“水—土—能—碳”耦合研究与传统的“物质—能量”循环研究有所差别。近年来，物质—能量循环、经济社会能值与物质流分析等研究也较多，但这些研究一方面主要以单一资源或能源的循环流通为研究对象，另一方面较少涉及碳排放过程，而“水—土—能—碳”研究不仅强调多种资源之间的耦合机制，也以碳排放为评估手段突出了资源耦合开发的环境效应。因此，与“物质—能量”循环相比，“水—土—能—碳”耦合研究更加综合、集成，也更利于深入开展不同区域、行业和土地利用方式之间资源能源利用效率的对比研究。

(2)区域“水—土—能—碳”与“生态服务”“资源承载力”“生态足迹”研究不同。区域“水—土—能—碳”耦合更强调评估资源耦合开发的效率和人类活动的环境影响；“生态服务”与“资源承载力”研究相似，重点评价区域自然环境(或资源)对人类经济社会发展的支撑能力；“生态足迹”则通过生态占用指标来衡量人类活动对生态环境影响的程度。因此，区域“水—土—能—碳”耦合实际上代表了区域不同类型资源的生态供应、资源组合开发效率及其开发过程的生态足迹的集成研究。

(3)区域“水—土—能—碳”耦合研究以其综合集成的研究特点，能够更好地应用于当前的生态文明建设、城市建设及区域规划实践中。比如，可结合区域水、土、能资源的赋存和组合特点，开展不同区域“水—土—能—碳”耦合系统的运行效率及脆弱性(敏感性)评价，并据此进行区域“生态红线”“湿地红线”及水资源“三条红线”的划定，并作为开展主体功能区规划和区域发展战略制定的依据；对城市规划与建设而言，应在多要素评价和分析的基础上，尽可能恢复城区“水—土—能—碳”系统的自然过程和功能，减少人为环节对系统的干扰，这也是当前建设“海绵城市”的要求，即尽可能发挥自然要素的作用和功能；同样，也可以从“水—土—能—碳”的关系入手，开展不同区域、产业或土地利用方式的资源开发效率的定量评估，为区域土地利用规划、产业规划中的资源节约、环境影响评价和碳减排提供实践指导。

因此，区域“水—土—能—碳”耦合既体现了地表多要素的相互关系，也是“自然—社会—经济”巨系统功能和过程的集中表现；不仅是前期的“物质—能量循环”“生态足迹”“资源承载力”“生态服务”等研究的综合集成，也从实践角度切合了区域资源综合承载力、应对气候变化能力及可持续发展水平评估的研究趋势，具有重要的理论和实践价值。

(三)研究展望

总体而言，区域“水—土—能—碳”耦合研究还处于起步阶段，未来应在以下方面进一步加强：

(1)区域“水—土—能—碳”耦合系统模拟研究。从系统内部不同要素的耦合作用机理入手，分析区域不同产业、不同土地利用及人类经济活动方式下的“水—土—能—碳”的供给和需求关系，从自然和“社会—经济”系统相互作用的角度，建立区域“水—土—能—碳”系统耦合模拟模型，从区域整体角度探讨系统耦合作用的规律和机制，以及各要素的时空格局、组合特征和作用机理，并进一步评估对比不同区域“水—土—能—碳”耦合系统的效率及其差异。

(2)区域“水—土—能—碳”耦合作用与气候变化和粮食安全的关系。气候变化及其减缓和适应是当前多学科研究的热点之一，而区域“水—土—能—碳”系统不仅反映了区域各种资源匹配关系和开发利用效率，而且体现了人类社会对环境的影响程度。因此，开展“水—土—能—碳”对气候变化的影响与反馈机制研究，并将其与区域粮食生产与安全研究结合起来,对于建立合理的区域水土能资源开发模式具有重要的实践价值。

(3)区域"水—土—能"资源耦合开发的碳排放效率研究。"碳"是区域经济社会和生产过程的关键要素之一,与诸多资源、能源的开发过程密切相关。不同人类活动方式下的水、土、能资源的投入组合和开发利用强度具有明显的差异。因此,从碳排放的角度分析区域"水—土—能"资源的耦合开发效率,有助于从生产的源头和资源耦合开发的角度综合评估区域人类活动应对气候变化的碳减排潜力,这对于推动资源节约和提高生产效率具有重要意义。

(4)区域"水—土—能—碳"系统的综合评估与调控研究。在水、土、能资源耦合开发的碳排放效率研究的基础上,从区域整体角度出发,开展区域"水—土—能—碳"系统承载力的综合评估,探讨区域不同产业、不同土地利用方式的"水—土—能—碳"综合开发效率和承载能力,并建立基于碳排放约束的区域"水—土—能"资源综合开发和优化调控方案。

参考文献

[1] Venkatesh D, Chan A, Brattebo H. Understanding the water-energy-carbon nexus in urban water utilities: comparison of four city case studies and the relevant influencing factors. Energy, 2014, 75: 153-166.

[2] Kennedy C, Steinberger J, Gasson B, et al. Methodology for inventorying greenhouse gas emissions from global cities. Energy Policy, 2010, 38: 4828-37.

[3] Ali G, Nitivattananon V. Exercising multidisciplinary approach to assess interrelationship between energy use, carbon emission and land use change in a metropolitan city of Pakistan. Renewable and Sustainable Energy Reviews, 2012, 16 (1): 775-786.

[4] Skaggs R, Janetos T C, Hibbard K A, et al. Climate and Energy-Water-Land system interactions. US department of Energy, 2012.

[5] Watanabe M D B, Ortega E. Dynamic emergy accounting of water and carbon ecosystem services: a model to simulate the impacts of land-use change, Ecological Modelling, 2014, 271: 113-131.

[6] Ringler C, Bhaduri A, Lawford R. The nexus across water, energy, land and food (WELF): potential for improved resource use efficiency? Current Opinion in Environmental Sustainability, 2013, 5: 617-624.

[7] Fais B, Mourao Z S, Konadu D, et al. Incorporating impacts on water and land use in an energy systems analysis-a case study for the UK. http://www.irena.org/EventDocs/Session%207B_Birgit%20Fais_WEB.pdf

[8] Sus O, Heuer M W, Meyers T P W, et al. A data assimilation framework for constraining upscaled cropland carbon flux seasonality and biometry with MODIS. Biogeosciences, 2013, 10, (4): 2451-2466.

[9] Baldocchi D D, Falge E, Gu L, et al. FLUXNET: A new tool to study the temporal and spatial variability of ecosystem-scale carbon dioxide, water vapor, and energy flux densities. Bulletin of the American Meteorological Society, 2001, 82: 2415-2434.

[10] 于贵瑞，高扬，王秋凤，等. 陆地生态系统碳—氮—水循环的关键耦合过程及其生物调控机制探讨. 中国生态农业学报，2013，21 (1)：1-13.

[11] 施婷婷，高玉芳，袁凤辉，等. 温带混交林碳水通量模拟及其对冠层分层方式的响应—耦合的气孔导度—光合作用—能量平衡模型. 生态学报，2012，32(15)：4630-4640.

[12] 宋春林，孙向阳，王根绪. 森林生态系统碳水关系及其影响因子研究进展. 应用生态学报，2015，26(9)：2891-2902.

[13] Gervois S, Ciais P, Noblet-Ducoudré N, et al. Carbon and

water balance of European croplands throughout the 20th century. Global Biogeochemical cycles, 2008, 22, GB2022, DOI: 10.1029/2007GB003018

[14] Yu G R, Song X, Wang Q F, et al. Water-use efficiency of forest ecosystems in eastern China and its relations to climatic variables. New Phytologist, 2008, 177(4): 927-937.

[15] 任小丽，何洪林，刘敏，等. 基于模型数据融合的千烟洲亚热带人工林碳水通量模拟. 生态学报，2012，32(23)：7313-7326.

[16] Raymond P A, Hartmann J, Lauerwald R, et al. Global carbon dioxide emissions from inland waters. Nature, 2013, 503: 355-359.

[17] Abril G, Guerin F, Richard S, et al. Carbon dioxide and methane emissions and the carbon budget of a 10-year old tropical reservoir (Petit Saut, French Guiana). Global Biogeochemical Cycles, 2005, 19, GB4007, DOI: 10.1029/2005GB002457.

[18] Barros N, Cole J J, Tranvik L J, et al. Carbon emission from hydroelectric reservoirs linked to reservoir age and latitude. Nature Geoscience, 2011, 4: 593-596.

[19] 蒋滔，郭劲松，李哲，等. 三峡水库不同运行状态下支流澎溪河水—气界面温室气体通量特征初探. 环境科学，2012，33(5)：1463-1470.

[20] 赵登忠，谭德宝，汪朝辉，等. 清江流域水布垭水库温室气体交换通量监测与分析研究. 长江科学院院报，2011，28(10)：197-204.

[21] 韩洋，郑有飞，吴荣军，等. 南京典型水体春季温室气体排放特征研究. 中国环境科学，2013，33(8)：1360-1371.

[22] PMSEIC. Challenges at Energy-Water-Carbon Intersections. Prime Minister's Science, Engineering and Innovation Coun-

cil，Canberra，Australia，2010.
[23] Rothausen S G S A，Conway D. Greenhouse-gas emissions from energy use in the water sector. Nature Climate Change. 2013，503：355-359.
[24] 秦华鹏，袁辉洲. 城市水系统与碳排放. 北京：科学出版社，2014.
[25] 严登华，秦天玲，张萍. 基于低碳发展模式的水资源合理配置框架研究. 水利学报，2010，41(8)：970-976.
[26] Rodriguez N，Armenteras D，Retana J. National ecosystems services priorities for planning carbon and water resource management in Colombia. Land Use Policy，2015，42：609-618.
[27] Wang J X，Rothausen S G S A，Conway D，et al. China's water-energy nexus：greenhouse-gas emissions from groundwater use for agriculture. Environmental Research Letters，2012，7：268-272.
[28] Li C，Wang Y，Qiu G Y. Water and energy consumption by agriculture in the Minqin Oasis Region. Journal of Integrative Agriculture，2013，12(8)：1330-1340.
[29] Egilmez G，Park Y S. Transportation related carbon，energy and water footprint analysis of U. S. manufacturing：an eco-efficiency assessment. Transportation Research Part D：Transport and Environment，2014，32：143-159.
[30] Schneider A G，Townsend-Small A，Rosso D. Impact of direct greenhouse gas emissions on the carbon footprint of water reclamation processes employing nitrification-denitrification. Science of The Total Environment，2015，505(1)：1166-1173.
[31] Kothavala Z，Arain M A，Black T A，et al. The simulation of energy，water vapor and carbon dioxide fluxes over com-

mon crops by the Canadian Land Surface Scheme (CLASS). Agriculture and Forest Meteorology, 2005, 133 (1-4): 89-108.

[32] Zhang Y C, Shen Y J, Xu X L, et al. Characteristics of the water-energy-carbon fluxes of irrigated pear (Pyrus bretschneideri Rehd) orchards in the North China Plain. Agriculture Water management, 2013, 128: 140-148.

[33] Flechard C R, Neftel A, Jocher M, et al. Bi-directional soil / atmosphere N_2O exchange over two mown grassland systems with contrasting management practices. Global Change Biology, 2005, 11: 2114-2127.

[34] 王跃思，纪宝明，黄耀，等. 农垦与放牧对内蒙古草原 N_2O、CO_2 排放和 CH_4 吸收的影响. 环境科学，2001，22(6)：7-13.

[35] 陈广生，田汉勤. 土地利用/覆盖变化对陆地生态系统碳循环的影响. 植物生态学报，2007，31(2)：189-204.

[36] Grūnzweig J M, Sparrow S D, Chapin F S, et al. Impact of forest conversion to agriculture on carbon and nitrogen mineralization in subarctic Alaska. Biogeochemistry, 2003, 64: 271-296.

[37] Carlisle E A, Steenwerth K L, Smart D R. Effects of land use on soil respiration: conversion of oak woodlands to vineyards. Journal of Environmental Quality, 2006, 35: 1396-1404.

[38] 刘慧峰，伍星，李雅，等. 土地利用变化对土壤温室气体排放通量影响研究进展. 生态学杂志，2014，33(7)：1960-1968.

[39] Ostle N J, Levy P E, Evans C D, et al. UK land use and soil carbon sequestration. Land Use Policy, 2009, 26: S274-S283.

[40] Houghton R A, Hackler J L, Lawrence K T . The U. S. carbon budget: contributions from land-use change. Science,

1999，285(5427)：574-578.
[41] 王渊刚，罗格平，赵树斌，等. 新疆耕地变化对区域碳平衡的影响. 地理学报，2014，69(1)：110-120.
[42] Houghton R A. House J I，Pongratz J，et al. Carbon emissions from land use and land-cover change. Biogeosciences，2012，9：5125-5142.
[43] Kalnay E，Cai M. Impact of urbanization and land-use change on climate. Nature，2003，423：528-531.
[44] Zhang C，Tian H Q，Chen G S，et al. Impacts of urbanization on carbon balance in terrestrial ecosystems of the southern United States. Environmental Pollution，2012，164(5)：89-101.
[45] Houghton R A，Hackler J L. Sources and sinks of carbon from land-use change in China. Global Biogeochemical Cycles，2003，17(2)：1034-1047.
[46] 葛全胜，戴君虎，何凡能，等. 过去300年中国土地利用、土地覆被变化与碳循环研究. 中国科学(D辑)，2008，38(2)：197-210.
[47] Fang J Y，Chen A P，Peng C H，et al. Changes in forest biomass carbon storage in China between 1949 and 1998. Science，2001，292(5525)：2320-2322.
[48] 赵荣钦，黄贤金. 基于能源消费的江苏省土地利用碳排放与碳足迹. 地理研究，2010，29(9)：1639-1649.
[49] 赖力，黄贤金. 中国土地利用的碳排放效应研究. 南京大学出版社，2011.
[50] Koemer B，Klopatek J. Anthropogenic and natural CO_2 emission sources in an arid urban environment. Environmental Pollution，2002，116(S1)：S45-S51.
[51] Araujo M S M，Silva C，Campos C P. Land use change sector contribution to the carbon historical emissions and the sustainability—case study of the Brazilian Legal Amazon. Re-

newable and Sustainable Energy Reviews，2009，13（3）：696-702.

[52] Zhao R Q，Huang X J，Liu Y，et al. Carbon emission of regional land use and its decomposition analysis：case study of Nanjing city，China. Chinese Geographical Science，2015，25(2)：198-212.

[53] 赵荣钦，陈志刚，黄贤金，等. 南京大学土地利用碳排放研究进展. 地理科学，2012，32(12)：1473-1480.

[54] 赵荣钦，黄贤金，刘英，等. 区域系统碳循环的土地调控机理及政策框架研究. 中国人口·资源与环境，2014，24(5)：51-56.

[55] Chuai X W，Huang X J，Lai L，et al. Land use structure optimization based on carbon storage in several regional terrestrial ecosystems across China. Environmental Science and Policy，2013，25：50-61.

[56] Chuai X W，Huang X J，Wang W J，et al. Land use，total carbon emission change and low carbon land management in coastal Jiangsu，China. Journal of Cleaner Production，2015，103：77-86.

[57] 游和远，吴次芳. 土地利用的碳排放效率及其低碳优化——基于能源消费的视角. 自然资源学报，2010，25（11）：1875-1886.

[58] 赵荣钦，黄贤金，钟太洋，等. 区域土地利用结构的碳效应评估及低碳优化. 农业工程学报，2013，29(17)：220-229.

[59] 余德贵，吴群，基于碳排放约束的土地利用的结构优化模型研究及其应用. 长江流域资源与环境，2011，20(8)：911-917.

[60] 汤洁，毛子龙，王晨野，等. 基于碳平衡的区域土地利用结构优化——以吉林省通榆县为例. 资源科学，2009，31(1)：130-135.

[61] 钟学斌，喻光明，何国松，等. 土地整理过程中碳量损失与生态补偿优化设计. 生态学杂志，2006，25（3）：303-308.

[62] IPCC. 2006 IPCC Guidelines for national greenhouse gas inventories. 2006.

[63] Dhakal S. Urban energy use and greenhouse gas emissions in Asian mega-cities. Kitakyushu: Institute for Global Environmental Strategies, 2004: 43-61.

[64] Zhao R Q, Huang X J, Zhong T Y, et al. Carbon footprint of different industrial spaces based on energy consumption in China. Journal of Geographical Sciences, 2011, 21(2): 285-300.

[65] 石培华，吴普. 中国旅游业能源消耗与 CO_2 排放量的初步估算. 地理学报，2011，66(2)：235-243.

[66] 曲建升，张志强，曾静静，等. 西北地区居民生活碳排放结构及其影响因素. 科学通报，2013，58(3)：260-266.

[67] Howitt O J A, Revol V G N, Smith I J, et al. Carbon emissions from international cruise ship passengers' travel to and from New Zealand. Energ Policy, 2010, 38(5): 2552-2560.

[68] 马静，柴彦威，刘志林. 基于居民出行行为的北京市交通碳排放影响机理. 地理学报，2011，66(8)：1023-1032.

[69] 董会娟，耿涌，薛冰，等. 沈阳市中心城区和市郊区能耗碳排放格局差异. 环境科学研究，2011，24(3)：354-362.

[70] Hammond G P, Norman J B. Decomposition analysis of energy-related carbon emissions from UK manufacturing. Energy, 2012, 41(1): 220-227.

[71] 陆志明，彭希哲，吴开亚，等. 中国能源消费碳排放变化的因素分解及实证分析. 资源科学，2009，31(12)：2072-2079.

[72] 朱永彬，王铮，庞丽，等. 基于经济模拟的中国能源消费与碳排放高峰预测. 地理学报，2009，64(8)：935-944.

[73] 聂锐，张涛，王迪. 基于IPAT模型的江苏省能源消费与碳排放情景研究. 自然资源学报，2010，25(9)：1557-1564.

[74] 石敏俊，王妍，张卓颖，等. 中国各省区碳足迹与碳排放空间

转移. 地理学报，2012，67(10)：1327-1338.
[75] 姚亮，刘晶茹. 中国八大区域间碳排放转移研究. 中国人口·资源与环境，2010，20(12)：16-19.
[76] 谢士晨，陈长虹，李莉，等. 上海市能源消费 CO_2 排放清单与碳流通图. 中国环境科学，2009，29(11)：1215-1220.
[77] Chen S, Chen B. Network environ perspective for urban metabolism and carbon emissions: A case study of Vienna, Austria. Environmental Science and Technology, 2012, 46(8): 4498-4506.
[78] Zhao R, Huang X, Zhong T, et al. Carbon flow of urban system and its policy implications: the case of Nanjing. Renewable and Sustainable Energy Reviews, 2014, 33(5): 589-601.
[79] Fang K, Heijungs R, Snoo G R. Theoretical exploration for the combination of the ecological, energy, carbon, and water footprints: overview of a footprint family. Ecological Indicators, 2014, 36: 508-518.
[80] Felzer B S. Carbon, nitrogen, and water response to climate and land use changes in Pennsylvania during the 20th and 21st centuries. Ecological Modelling, 2012, 240: 49-63.
[81] Ababaei B, Sohrabi T, Mirzaei F. Development and application of a planning support system to assess strategies related to land and water resources for adaptation to climate change. Climate Risk Management, 2014, 6: 39-50.
[82] Rajan N, Maas S J, Ale S, et al. Impact of biofuel induced land use change on energy, water, carbon and greenhouse balances of the Southeast U. S. Cotton Belt region. https://hort. purdue. edu/newcrop/proceedings2015/152-rajan. pdf.
[83] National Renewable Energy Laboratory. Making sustainable energy choices—insights on the energy/water/land nexus. http://www. nrel. gov/docs/fy15osti/62566. pdf. 2014.

FEW联结视角的国土空间优化探索

吴宇哲　单丽萍
浙江大学公共管理学院

引　言

联合国在2010年的《世界人口展望》报告中指出，在过去的60年中，城市化率上升了21%，超过50%的人口居住在城市区域，并且这个比例还将于2030年增长到60%（United Nations，2010）。当前，世界上80%的GDP产生于城市区域（Kalantari等，2017）。而由于城市化和工业化对土地的占用，快速发展的城市化在带来经济增长的同时，也导致了许多问题，比如人口集聚引起的拥堵、失业、社会不稳定，资源枯竭以及环境恶化等。因此，保证人类社会的可持续发展显得至关重要。关于"可持续发展"的定义广泛而未被普遍认同，最常见的定义是"既能满足当代人的需求，又不损害后代人满足其自身需求的能力"。该定义在1987年的《布伦特兰报告》中提出，影响了大量针对可持续发展的研究（张晓玲，2018）。2015年9月25日，新的联合国可持续发展议程被提出，该议程旨在结束贫困、保护地球并确保所有人的繁荣，其中包括17个具体目标，将在未来15年内被关注并致力实现。立足中国，改革开放后，工业化与城市化快速发展，特别是进入21世纪，城市人口占总人口比重不断增加，2000年仅为36.22%，而至2017年则已为58.52%，逼近60%。城市化、工业化的快速发展导致大量的农村土地被占用，虽然促进了地区的经济增长，带来大量就业，却使得耕地、生态用地不断减少，导致粮食安全隐患，破坏生态环境。

随着城市化不断发展，粮食、能源、水资源之间的关系研究具有十分重要的意义。2011 年世界经济论坛发布《全球风险报告》，将 FEW-E nexus 作为全球三大重要风险之一，认为人口增长与日益繁荣对资源产生不可持续的压力，提出任何策略若只从单一的角度出发而忽视粮食、能源、水之间的关联则将导致不可预期的后果（World Economic Forum，2011）。在评价 FEW 之间的关系时，绝大多数研究从其中两种资源出发，探究两者的相互关系（Al-Ansari 等，2015）。近年来，FEW 系统关联的研究逐渐增多，也多从 FEW 关联关系构建、定量分析、模拟等出发（李桂君等，2017）。FEW 系统协调发展理念与可持续发展理念相通。2015 年提出的联合国可持续发展议程 17 个具体目标中也提到了粮食、能源、水的可持续目标。将可持续发展 17 个目标与 FEW 理念结合，可得图 1。其中目标 1 致力于饥饿和粮食安全的可持续：结束饥饿，确保粮食安全，增加营养以及促进可持续农业的发展；目标 7 明确提出能源的可持续：确保所有人能享受到可支付、可靠、可持续以及现代化的能源；目标 6 要求

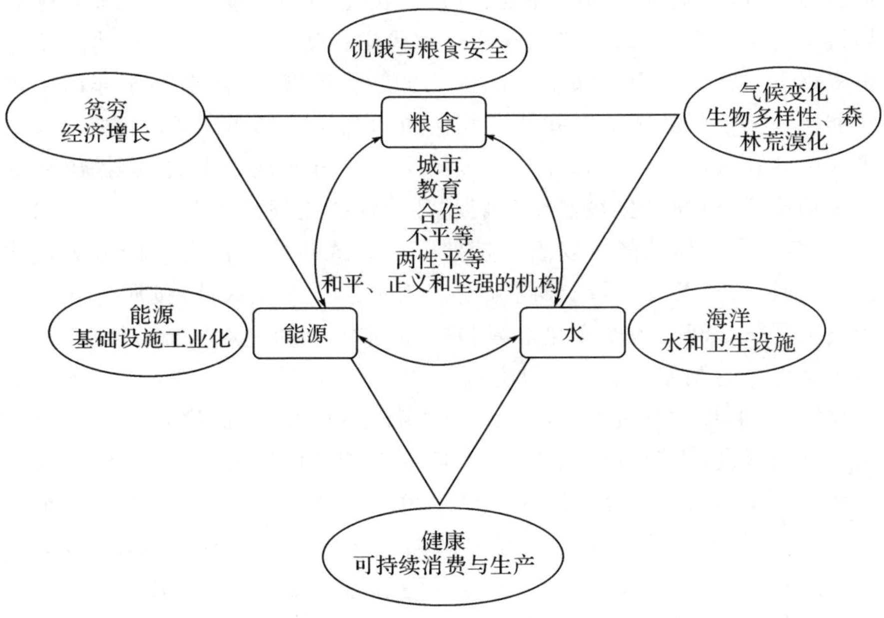

图 1　联合国可持续发展 17 个目标与 FEW nexus 相结合

确保所有人都能享受到水和卫生的环境；目标 14 要求确保海洋与海洋资源的可持续利用。可持续发展的 17 个目标与粮食、能源、水都有着直接或间接的联系，饥饿与粮食安全目标直接与“粮食”相关，能源、基础设施工业化两个目标直接与“能源”相关，海洋、水和卫生设施两个目标与“水”直接相关。而贫穷、经济增长两个目标与“粮食”“能源”相关，气候变化、生物多样性和森林荒漠化与“粮食”“水”相关，健康、可持续消费与生产与“能源”“水”相关，最后是与三者间接相关的城市、教育、合作、不平等、两性平等、和平正义与坚强机构 6 个目标。

国土空间优化是区域发展研究的重大课题（王传胜等，2016；陆大道，1989；陆大道，2001；樊杰，2013）。黄金川等（2017）围绕国土空间优化和区域可持续发展目标，对“生产、生活、生态”三生空间相关国内外文献进行梳理，尤其针对“三生”空间的数量配比与空间配置进行分类综述，系统勾勒出“三生”功能分类、空间识别与空间优化的框架体系。张骏杰等从提高空间价值、减少空间破碎度、协调各类空间的角度出发，对多目标规划模型进行改进，并结合遗传算法合理优化各类空间规划范围，进一步分析多规合一背景下市级国土空间优化方法。实践中，逐渐构筑起以主体功能区划为依托的国土空间开发与保护的总体格局。2006 年颁布的《中华人民共和国国民经济和社会发展第十一个五年规划纲要》中提出建立主体功能区，以协调区域经济发展与环境保护之间的关系。2010 年国务院印发《全国主体功能区规划》，按照开发方式将我国国土空间分为优化开发区域、重点开发区域、限制开发区域和禁止开发区域，按照开发内容将我国国土空间分为城市化地区、农产品主产区和重点生态功能区，按照层级又可分为国家与省级两个层面。2013 年，中国共产党第十八届三中全会通过《中共中央关于全面深化改革若干重大问题的决定》，提出健全国土空间开发、资源节约利用、生态环境保护的体制机制，推动形成人与自然和谐发展的现代化建设新格局。2017 年颁发的《全国国土规划纲要（2016—2030 年）》在区域发展总体战略与主体功能区战略基础上，对国土空间开发、资源环境保护、国土综合整治等作出了总体部署。主体功能区的不断实践与探索，为我国国土空间优化与空间规划体系的建立健全提供了依据。

一、我国“粮食—能源—水”现状

土地是人类赖以生存和发展的物质基础，也是自然资源的载体，土地资源在“人口—资源—环境—发展(PRED)”系统中处于基础的地位，人类通过土地利用最直接地影响着自然环境(刘彦随和陈百明，2002)。FEW 系统协调发展理念所提出的粮食、能源、水的目标都将通过土地利用方式的改变而实现。耕地是粮食安全的保障，耕地数量、质量影响着粮食的产出。能源与工业用地的关系也十分紧密，工业用地的集约利用能促进能源的集约利用，而能源利用效率的提高会反过来促进工业用地的集约利用。为了保证清洁水的提供，生态环境保护逐渐受到重视，天然与人工湿地的生态效益被不断研究，于是，水安全的实现以生态用地为载体。在促进“粮食—能源—水”系统可持续发展过程中，耕地、工业用地以及生态用地的数量、质量起着至关重要的作用，需要以系统关联的角度思考国土空间的优化。

(一)粮食安全与耕地保护

改革开放以来，中国城市化、工业化不断发展，优质耕地被占用，城市化与耕地保护的矛盾更加凸显。中国在发展过程中形成了以《中华人民共和国土地管理法》为主体，土地用途管制、耕地占补平衡、土地开发整理复垦、基本农田保护制度等其他制度构成的耕地保护制度，然而看似严格的耕地保护制度在执行过程中存在以数量保护替代质量保护的现象，导致优质耕地流失，耕地被建设用地占用。为保证耕地数量不减少，则占用生态用地补充，造成耕地质量降低、生态用地数量减少的后果(郭珍和吴宇哲，2016)。耕地占补平衡制度，从一开始提出的耕地数量不减少，努力提升耕地质量，逐渐发展为坚决防止耕地占补平衡过程中占多补少、占优补劣，占水田补旱地，补充数量与质量不到位问题(李武艳，2015)。耕地占补平衡制度在以往的执行过程中，过多关注耕地占补数量的“一致”，其实是忽视了“粮食—能源—水”的系统关联，地方政府在经济利益的驱使下，往往占用较优区位的优质耕地为非农建设项目，而又为了耕地数量的平衡而补充耕地。然而耕地质量的评估被许多主观因素影响，因此实际质量上的补充却不尽如人意(王世忠，2007)。粮食、能源、水三要素在系统中一方面是独立的个体，另一方面则互相影响。由于快速城市化对于工业用地的需求急升，粮食要素常处于被动地位，水要素也受到严重影响。

于2017年发布的《中共中央国务院关于加强耕地保护和改进占补平衡的意见》，要求坚持最严格的耕地保护制度和最严格的节约用地制度，着力加强耕地数量、质量、生态"三位一体"保护，牢牢守住耕地红线（丁洪建等，2002）。吴宇哲（2018）从耕地数量、耕地质量与数量结合、耕地"生态"保护三个层面分析了该意见，尤其针对耕地"生态"保护，首先肯定耕地所蕴含的生态功能，其次强调了片面的耕地数量保护对生态用地造成的负面影响。耕地占补平衡制度严格要求耕地数量的保护，但由于城市化与工业化的不断推进，耕地占用不可避免，而耕地大多从林地、自然保留地等生态功能极大的用地中开垦补充，生态用地的减少必然导致城市生态系统生态功能的减弱。

（二）能源消费与建设用地

我国在经济快速增长的同时，还面临着严峻的能源问题。由于处于工业化中期发展阶段，能源需求巨大。国际能源署（IEA）的统计显示，中国的工业部门在终端能源消费中占比达到70%，工业部门对于能源消费影响巨大（刘固望和王安建，2017）。图2显示了我国进入2000年来的人均国内生产总值与每单位国内生产总值（GDP）能源消费量情况，其中人均国内生产总值保持较平稳的发展趋势，同时每万元GDP所需的能源消费量总体上趋于下降趋势。从总量上看，改革开放以来，中国能源消费总量不断增加，尤其是2001年加入世贸组织后更是加快了中国"世界工厂"的脚步，能源消费量急剧增长。中国的能源消费构成十分不平衡，其中煤炭占比最高，一直保持在70%～80%之间，石油则在20%上下。煤炭作为能源，一方面使用效率低，另一方面则会产生更多的环境污染。为了促进GDP的增长，中国在以往发展过程中往往较少考虑能源消耗，大量引进资源密集型产业，一方面增加了对资源、能源的需求，另一方面增加了对工业用地的需求。在系统中，能源占据主动位置，工业用地的扩张使耕地、生态用地面临被占用的局面，影响了粮食、水两要素的开发与保护。十九大强调推进"绿色发展"，加快建立绿色生产和消费的法律制度和政策导向，建立健全绿色低碳循环发展的经济体系。促进资源的高效利用，重要的一环是促进产业用地的高效利用，减少对土地资源的浪费。

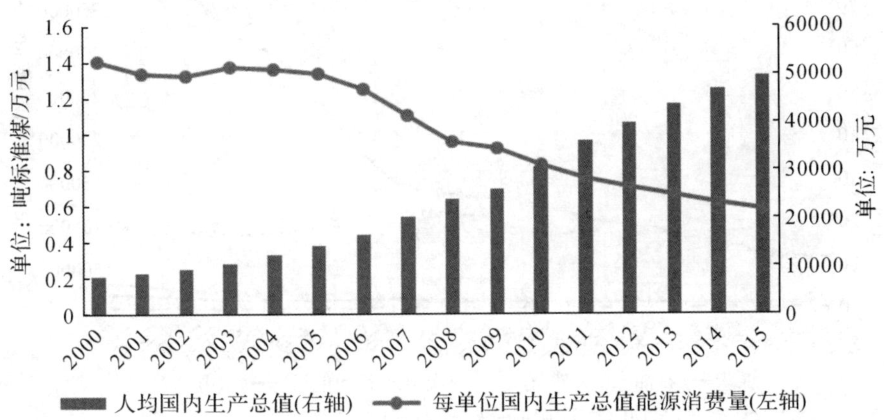

图 2　2000—2015 年中国人均国内生产总值与每单位国内生产总值能源消费量

数据来源：中国能源统计年鉴(2017)

（三）水资源保护与生态用地

我国是一个严重缺水的国家，人均淡水资源只有世界平均水平的四分之一。社会经济的快速发展与人民生活水平的不断提高，对水资源的需求量也不断增加。然而，对水资源的过度利用，导致水资源被破坏、水污染增多，更严重的是引起水枯竭、水危机，产生水害、水灾（张炳淳，2011）。2017 年我国人均水资源量为 2354.9 立方米，远不及世界平均水平。同时，在全国流域水质评价结果中，Ⅴ类水质与劣Ⅴ类水质分别达到了 3.7%与 9.8%，废水化学需氧量总排放量为 2223.5 万吨，氨氮排放量为 229.9 万吨，水资源质量堪忧。

洁净的水是联合国可持续发展 17 个目标之一，而洁净的水却与工业污染、环境保护息息相关。水资源以土地作为承载，水资源的保护也不可避免与土地利用发生关联。水资源与粮食保护本应相辅相成，水田作为湿地所具有的涵养水源功能也使粮食、水两要素密不可分。然而，耕地急剧减少的现实与占补平衡的要求则将两者放置在对立的位置。工业化的

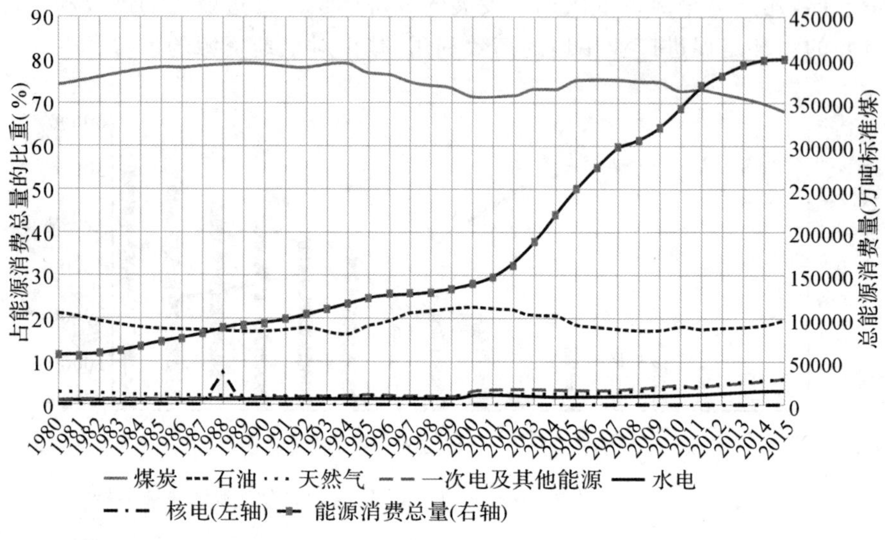

图 3 1980—2015 年中国各类能源消费占能源消费总量的比重

数据来源:中国能源统计年鉴(2017)

不断发展,工业用地的不断增加,甚至是住宅、商业用地等的扩张都不可避免地对生态用地产生了负面影响,一方面是对生态用地的直接占用,另一方面更是加剧了工业、生活废水的排出,导致水资源质量急剧下降。上游毁林开荒、下游围湖造田,是为了粮食安全考虑而进行的耕地补充行为,却对流域水资源平衡造成影响,降低流域对水资源的调节能力。

二、我国国土空间优化探索——系统关联角度

FEW 系统关联研究是目前可持续发展研究的一个重要方向。彭少明等(2017)从系统角度探讨黄河流域水—能源—粮食之间的互馈关联关系,构建协同优化模型,以水资源为纽带采用多要素均衡智能算法,为黄河流域粮食—能源—水资源的一体化调配提出优化方案(彭少明等,2017)。李桂君等(2016)通过系统动力学仿真技术,对北京市水—能源—粮食系统变化趋势和敏感性进行模拟分析,研究得出能源系统的改善将

进一步提高北京市水—能源—粮食的综合可持续发展能力。米红和周伟(2010)运用系统动力学将人口、经济与粮食、能源和水资源关联,对我国粮食、能源和水资源需求进行了仿真模拟。邓鹏等(2017)构建了江苏省水资源、能源、粮食系统耦合协调模型,定量研究协调发展水平,并预测了江苏省 2016—2020 年的耦合协调度。当前,对于 FEW 系统关联的研究大多从粮食、能源与水资源的角度出发,探究其本身的系统关联问题,而鲜少存在以 FEW 系统关联为依据,探究土地利用方式,从而对国土空间优化进行分析的研究。图 4 展示了 FEW 与土地利用之间的相互关联关系,粮食、能源、水之间相互关联、相互影响,耕地、建设用地、水与生态用地之间也存在着相互影响关系,通过粮食与耕地、能源与建设用地、水与生态用地之间的关联,构建了 FEW 与土地利用循环之间的系统关联。

当前中国在快速城市化进程中,未从粮食、能源、水的系统关联角度考虑国土空间规划,造成了一系列规划冲突、矛盾问题。例如,国民经济和社会发展规划、城市总体规划、土地利用规划、环境保护规划等规划在制定时只考虑到社会发展或者生态保护其中一方面,过多强调自身规划

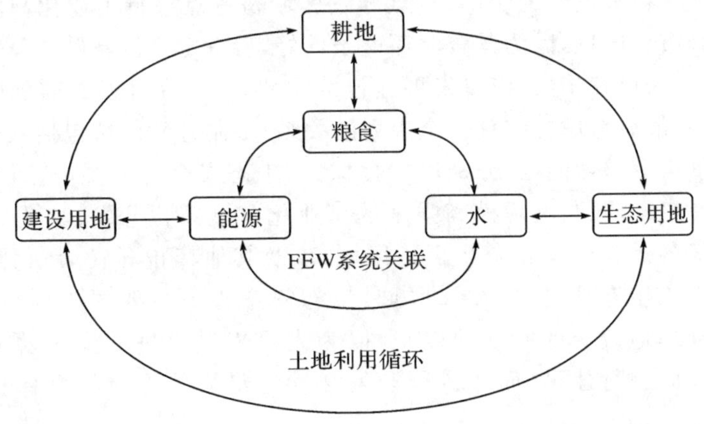

图 4　FEW 系统与土地利用关系

的重要性,而导致在规划制定后与其他规划产生一定的冲突,从而导致实际规划执行的困难(郝庆,2018;许景权等,2017;吴宇哲和单立萍,2018)。

在具体工作上，则表现为城市发展边界、耕地保护区、生态红线在空间上的重合。

（一）多目标规划次序安排

我国规划众多，规划目的、期限、部门等不同导致同一区域出现了两种及以上性质的规划，从而产生众多规划矛盾、冲突。《全国主体功能区规划》根据区域资源环境承载能力、现有开发强度与未来发展潜力，以及大规模高强度工业化城镇化的适宜性和方法将全国国土划分为优化开发、重点开发、限制开发与禁止开发四类，其中“开发”指对大规模高强度的工业化城镇化活动。

而文章依据 FEW 系统联结视角，将规划目标大致分为粮食安全(Food)与发展建设(Energy)三种，也符合《全国主体功能区规划》中城市化地区、农产品主产区和重点生态功能区的分类。针对不同的主体功能区在多目标规划次序安排上有所不同，优化开发区域作为经济比较发达、开发强度较高、人口分布比较密集的城市化地区，资源环境问题突出，应以优化开发为主要目的，将生态安全作为主要目标，同时加强发展建设，最后考虑与粮食安全的协调；重点开发区域是重点进行工业化与城镇化开发的城市化区域，因为其资源环境条件好，有一定经济基础并具有较大发展潜力，人口较集聚，应以发展建设为主要目标，在开发时需加强生态安全保护，最后考虑与粮食安全规划的关系；限制开发区域包括农产品主产区与重点生态功能区，分别以粮食保护、生态安全为主要目标，其次再考虑发展建设，限制大规模高强度的工业化与城镇化开发；禁止开发区域为各级各类自然文化资源保护区域，以及其他禁止开发活动、需特殊保护的重点生态功能区，在该区域，生态安全为最主要的规划目标，应当科学合理地改善区域基础设施，以为人民提供更好的生态功能产品这一目标而进行建设(而非进行开发活动)，最后才考虑粮食保护目标(见图 5)。

（二）生态基础设施优先保护

为应对我国快速城市化发展过程中导致的城市蔓延式无序发展，“反规划”认为规划需要逆向思维，优先进行不建设区的控制(俞孔坚等，2005)，尤其是对于生态基础设施的建设。生态基础设施，包含所有能提

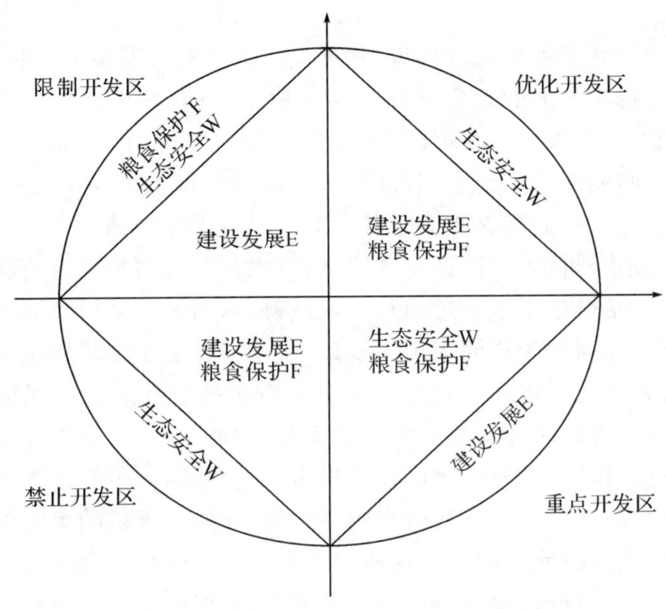

图 5 主体功能区内规划目标次序安排

供新鲜空气、食物、安全庇护、休闲娱乐与体育、审美和教育等自然服务的城市林业及农业、城市绿地和自然保护地系统(俞孔坚,2006)。2011 年,《国务院关于加强环境保护重点工作的意见》(国发〔2011〕35 号)与《国家环境保护"十二五"规划》(国发〔2011〕42 号),首次提出"生态红线"概念,要求"编制环境功能区划,在重要生态功能区、陆地和海洋生态环境敏感区、脆弱区等区域划定生态红线,对各类主体功能区分别制定相应的环境标准和环境政策"(吕红迪等,2014)。生态红线与"空间管制"相互对应,是对土地利用的限制,防止城镇化、工业化的扩张而占用过多生态用地,从而保护快速城市化进程中的生态安全。中共十八大以来,建立"最严格的环境保护制度"以保障区域与国家生态安全已然成为国家重要的战略部署(燕守广和林乃峰,2014)。国家发改委会同财政部、国土资源部等八部门于 2016 年联合印发了《耕地草原河湖休养生息规划(2016—2030年)》,以合理降低开发利用强度为首要任务,逐步恢复自然生态与资源承载力。

优先保护并发展生态基础设施,能满足人类对自然服务的长远需求,也是人类可持续发展的重要一环。在规划过程中,城市发展需求应当排在城市保护需求之后。因此,应优先进行控制性规划,对重要生态功能区、敏感区、脆弱区等划定生态红线,禁止城市化行为对该区域的破坏。

(三)耕地保护制度以质量保护为先

从理论上分析,为了保证粮食安全,可以粮食总产量来进行测度(Wu等,2017),若是被占用了一定面积的优质耕地,而需保证粮食总产量不下降,则应当补充同面积相同质量的耕地,或者补充更多面积质量更差的耕地,或者提升一定面积现有耕地的质量。由于最初划入耕地保护区的耕地质量基本上都较后开发补充的耕地优良,因此,补充同面积同质量的耕地基本上可以排除;补充更多面积质量更差的耕地,似乎是比较合理的方法,但由于耕地开发大部分从生态用地获得,而耕地提供的生态服务效益却远不及自然保留地、森林等,这将很大程度上改变地域生态环境;最后,提升一定面积现有耕地的质量,显得更加合理、可实现。王静等(2011)分析了1953年至2008年中国人口、耕地面积、粮食总产量与单产、工业生产总值与农业生产总值等指标的变化情况,结果表明,耕地生产能力(质量)对社会经济发展具有较大作用,而耕地面积与人均耕地面积并未对社会经济发展起决定性制约作用。通过当前土地平整、灌溉排水设计、农田防护、田间道路以及生态环境保持等土地整治工程,可不同程度地影响耕地质量(高星等,2016)。耕地占补平衡制度应当关注耕地总体的粮食产出,而不是单纯关注耕地数量,从而保证社会发展过程中的粮食安全。

耕地保护制度应当以质量保护为先,划定优质耕地为永久基本农田,排除任何建设活动的占用。划定永久基本农田时,需根据人口增长趋势,尤其关注人口高峰对粮食的需求,在本区域的耕地质量、分布现状基础上进行划定,同时加强永久基本农田的管护(李焕和吴宇哲,2017)。而由于永久基本农田的永久禁止性,在划定时应当考虑城市的长远发展,尽量避免与规划相冲突。

(四)城市重点发展区促进集聚发展

工业用地在系统中处于主动位置,加之我国建设用地粗放利用,尤其是一些工业园区粗放、低效利用土地的现实，加剧了耕地双重发展这一循环。在城市化发展初期，由于缺少资本，用较为廉价的土地来代替资本、促进发展。而在城市化快速发展的过程中，尽管我国已经提出设定城市开发边界等办法来控制城市蔓延，建设用地依旧保持了较快的发展速度。土地的高效利用，将减少建设用地扩张的需求，从根本上缓解耕地双重发展循环，从而改善系统的整体运行。从空间优化来看，城市应确定城市重点发展区，促进集聚发展，提高经济发展效率，同时解决城市集聚发展过程中所产生的问题，如失业、住房紧张、拥挤等。对于我国的城镇建设，需要根据人口密度（阈值为 150 人/km^2）、抵达较大集聚区合理交通时间（一小时交通圈）、可达的较大集聚区人口阈值（参考印度为 15 万人）进行分类引导（吴宇哲，2013）。城市、镇、农村等人口集聚区各自发挥不同的功能，促进人口的集聚，提升建设用地利用效率。

（五）不确定性规划与弹性空间预留

在快速城市化发展阶段，我国城市建设用地快速增长。作为指导城市用地规模与促进空间理性增长的主要手段，规划往往因为不确定的发展趋势而产生与现实实施不一致的结果（岳文泽，张亮，2014）。针对规划不同阶段所产生的目标、方法、实施以及本底信息的不确定性，通过对多目标优先排序、为影响规划敏感区预留弹性空间、滚动调整规划以及完善土地信息（数量与质量、空间分布与权属）来降低规划的不确定性，促进规划指导效果（王群，王万茂，2012）。在实际操作中，通过弹性的土地利用规划构建，包括灵活调整规划时序与规划体系、弹性的发展思路与发展政策、弹性化的规划目标体系、弹性的规划期限以及弹性的多目标规划方案，降低规划的不确定性以及非理性（吴次芳，邵霞珍，2005）。目前，我国多种规划是针对全区域的规划，部门利益与多头管理使规划混乱，空间上冲突，部门之间、中央与地方之间的博弈在同一国土空间中存在（孟鹏等，2015），体现到规划制定结果则为最大化各自的规划空间，从而产生发展性规划与控制性规划边界的碰撞（吴宇哲，2004）。因此，规划弹性空间的预留，一方面，可降低规划不确定性；另一方面，多规冲突与协调将着重在该敏感区内完成，而降低对大规模生态基础设施、永久基本农田等的占用，建立健全一系列规划管理措施，对该区域的规划进行管理，在该区域内部进行 5～15 年短期规划，并引入市场手段，以市场为主决定该区域土地资源的分配(吴宇哲，2015)。

三、结论与讨论

当前国土空间开发与土地利用存在诸多问题，城市发展占用耕地与生态用地，粮食、生态环境安全堪忧；建设用地利用粗放，城市蔓延发展，小城镇集聚能力不足；众多规划存在矛盾、冲突，降低规划的管控力，导致规划对土地用地管制能力减弱……

粮食、能源、水作为关联系统被提出后，就广泛受到关注，其中一方的变化如何系统地影响其他两者甚至整个系统的变化被学者大量研究。同时，粮食、能源、水的关联系统在可持续发展研究中具有重要的地位。本文将 FEW 系统关联再与国土空间优化相关联，系统地考量与粮食、能源、水安全息息相关的耕地、建设用地和生态用地，发现当前我国土地利用过程中存在违背"粮食、能源、水"系统关联的情况。

首先，建设用地利用粗放、城市蔓延情况严重，致使大量耕地被建设用地占用；由于一系列的原因，耕地保护制度在实际操作过程中更加偏重于数量保护；耕地数量减少常通过把生态用地开发为耕地这一途径来弥补，导致生态基础设施减少，生态环境质量下降。从系统关联角度看中国国土空间开发时，认为多目标的规划次序安排是理顺国土空间的重要手段，在不同的主体功能区域内合理安排不同性质的规划次序，以更好地进行国土空间开发。同时，针对国土空间整体优化，首先，生态基础设施应当优先保护，优先考虑生态功能区、生态脆弱区或敏感区、生物多样性保育区生态红线的划定，禁止建设行为在该区域的发展；同时，划定优质耕地作为永久基本农田，排除任何建设活动的占用，从数量、质量、生态三方面保护优质耕地，为粮食安全提供最基础的保障。

其次，划定城市重点发展区，促进建设用地高效利用，吸引人口集聚，通过集聚指数的指导发展集聚区。最后，由于规划与未来存在的不确定性，需要预留弹性空间以供城市发展需要。

参考文献

[1] Al-Ansari T, Korre A, Nie Z, et al. Development of a life cycle assessment tool for the assessment of food production systems within the energy, water and food nexus. Sustainable Production & Consumption, 2015, 2: 52-66.

[2] Kalantari Z, Ferreira C S S, Walsh R P D, et al. Urbanization development under climate change: hydrological responses in a peri-urban mediterranean catchment. Land Degradation & Development, 2017, 28.

[3] United Nations. World population prospects: world urbanization prospects(The 2009 Revision). 2010.

[4] World Economic Forum. Global risks 2011 report (6th edition). Cologne: World Economic Forum. 2011.

[5] Wu Y, Shan L, Zhen G, et al. Cultivated land protection policies in China facing 2030: dynamic balance system versus basic farmland zoning. Habitat International, 2017, 69: 126-138.

[6] Wu Y, Yi P, Zhang X, et al. Development priority zoning (DPZ)-led scenario simulation for regional land use change: The case of Suichang County, China. Habitat International, 2012, 36(2): 268-277.

[7] 邓鹏，陈菁，陈丹，等. 区域水—能源—粮食耦合协调演化特征研究——以江苏省为例. 水资源与水工程学报，2017(6): 232-238.

[8] 丁洪建，吴次芳，梁留科. 耕地保护理念的创新研究. 中国土地科学，2002，16(4): 14-19.

[9] 樊杰. 主体功能区战略与优化国土空间开发格局. 中国科学院院刊，2013(2): 193-206.

[10] 高星，吴克宁，陈学砧，等. 土地整治项目提升耕地质量可实现潜力测算. 农业工程学报，2016，32(16): 233-240.

[11] 郭珍，吴宇哲．基本农田保护制度应优先于耕地总量动态平衡制度．湖南财政经济学院学报，2016，32(2)：54-62.
[12] 郝庆．对机构改革背景下空间规划体系构建的思考．地理研究，2018，37(10)，1938-1946.
[13] 黄金川，林浩曦，漆潇潇．面向国土空间优化的三生空间研究进展．地理科学进展，2017，36(3)：378-391.
[14] 李桂君，黄道涵，李玉龙．中国不同地区水—能源—粮食投入产出效率评价研究．经济社会体制比较，2017(3)：138-148.
[15] 李桂君，李玉龙，贾晓菁，等．北京市水—能源—粮食可持续发展系统动力学模型构建与仿真．管理评论，2016，28(10)：11-26.
[16] 李焕，吴宇哲．如何解决人—水—地系统矛盾？——长江经济带发展战略探讨．中国生态文明，2017(04)：53-55.
[17] 李武艳，王华，徐保根，等．耕地质量占补平衡的绩效评价．中国土地科学，2015(11)：78-82.
[18] 刘固望，王安建．工业部门的终端能源消费“S”形模型研究．地球学报，2017，38(1)：30-36.
[19] 刘彦随，陈百明．中国可持续发展问题与土地利用/覆被变化研究．地理研究，2002，21(3)：324-330.
[20] 陆大道．空间结构理论与区域发展．科学，1989(2)：108-111.
[21] 陆大道．论区域的最佳结构与最佳发展．地理学报，2001，56(2)：127-135.
[22] 吕红迪，万军，王成新，等．城市生态红线体系构建及其与管理制度衔接的研究．环境科学与管理，2014，39(1)：5-11.
[23] 孟鹏，冯广京，吴大放，等．“多规冲突”根源与“多规融合”原则——基于“土地利用冲突与‘多规融合’研讨会”的思考．中国土地科学，2015(8)：3-9.
[24] 米红，周伟．未来30年我国粮食、淡水、能源需求的系统仿真．人口与经济，2010(1)：1-7.
[25] 彭少明，郑小康，王煜，等．黄河流域水资源—能源—粮食的

协同优化. 水科学进展，2017,(5)：681-690.

[26] 王传胜，方明，刘毅. 长江经济带国土空间结构优化研究. 中国科学院院刊，2016,(1)：80-91.

[27] 王静，黄晓宇，郑振源，等. 提高耕地质量对保障粮食安全更为重要. 中国土地科学，2011，25(5)：35-38.

[28] 王群，王万茂. 不确定性与土地利用规划. 中国土地科学，2012，26(5)：88-91.

[29] 王世忠，胡文霞，刘卫东. 我国耕地占补平衡制度的研究. 农机化研究，2007,(8)：13-16.

[30] 吴次芳，邵霞珍. 土地利用规划的非理性、不确定性和弹性理论研究. 浙江大学学报(人文社会科学版)，2005，35(4)：98.

[31] 吴宇哲，单立萍. 国土空间优化——开发、保护与整治. 土地科学动态，2018,(6)：8-11.

[32] 吴宇哲. 基于控制规划与发展规划对接的"多规融合"框架[EB/OL]. https://wenku. baidu. com/view/8adce8dedc88d0d233d4b14e852458fb770b38d0. html

[33] 吴宇哲. 面向 2030 年的耕地保护政策创新. 土地科学动态(1)，2018：5-8.

[34] 吴宇哲. 土地利用规划是控制规划还是发展规划？中外房地产导报，2004,(Z2)：14-14.

[35] 吴宇哲. 小城镇建设的空间集聚：与大城市的比较. 现代城市研究，2013,(5)：6-13.

[36] 许景权，沈迟，胡天新，等. 构建我国空间规划体系的总体思路和主要任务. 规划师，2017，33(2)：5-11.

[37] 燕守广，林乃峰，沈渭寿. 江苏省生态红线区域划分与保护. 生态与农村环境学报，2014，30(3)：294-299.

[38] 俞孔坚，李迪华，韩西丽. 论"反规划". 城市规划，2005，29(9)：64-69.

[39] 俞孔坚. 论"反"规划与城市生态基础设施建设. 国际生态城市建设论坛，2006.

[40] 岳文泽，张亮. 基于空间一致性的城市规划实施评价研究——以杭州市为例. 经济地理，2014，34(8).
[41] 张炳淳. 我国当代水法治的历史变迁和发展趋势. 法学评论，2011,(2)：98-104.
[42] 张晓玲. 可持续发展理论:概念演变、维度与展望. 中国科学院院刊，2018，33(1)：10-19.

气候与环境政策的技术创新效应及机制

朱俊明

清华大学公共管理学院

一、绿色创新的重要性

第一,技术创新对于实现气候减排目标具有非常重要的作用,例如低碳的技术特别是零碳减碳的技术对于实现气候政策目标有非常关键的作用。

第二,技术创新对于可持续发展有重要影响。一方面,减碳技术会有不同的水资源消耗、劳动力需求、自然资源的消耗等,所以会影响到可持续发展其他方面。另一方面,对于低碳技术的需求实际上会对于其他类型的技术开发产生挤出效应,影响其他技术的突破,因而需要全盘考虑。

第三,我国绿色创新面临挑战。过去十几年,我国在专利申请上有重大突破,但这种突破很大程度上在于大量外企进入中国市场后出现的大量合理或者不合理的专利申请补贴的推动。在改革进入深水区之后,国际贸易的格局发生重大变化,国家需要向更加合理化的设计迈进,进一步提高我们的低碳技术的质量。

二、气候环境政策促进绿色创新的可能性

根据国际经验,政策的创新促进作用分为三种:①市场性的政策,包括能源价格,碳交易的政策、碳税的政策。研究表明这些政策,对于低碳创新有非常显著的促进作用,同时对于其他类型的技术创新没有作用,也就是说改变了创新的方向。这种影响相对而言是比较持续的,至少有三四年的时间。②命令控制型政策,包括清洁空气法和排放标准。该方面

研究相对较少，但是结果比较明确，对于环保类的创新有短暂的促进作用，一旦企业达到了规制目标，不管是标准的目标还是技术的要求，创新就停止。③自愿性的政策，例如ISO14000的认证，或者美国ETA政策，这方面实证研究的结果并不明确。

在本文中进行了两个方面的研究。

1. 碳排放权交易试点

如何理解我国碳排放权的交易试点对低碳创新的影响，对于碳排放权交易市场的建立至关重要。我国在2011年宣布，在两省五市实行碳排放权交易试点，在2013年开始扩大到深圳、上海、北京、广东、天津、湖北、重庆，湖北省和重庆市在2014年启动了碳交易试点政策。本文以国家规模以上企业为研究目标，比较碳交易在政策前、政策后的差别与非交易企业在政策前和政策后的差别。数据来源于中国知识产权局所有专利申请数据，使用基于匹配和经验似然估计的非参双重差分法。研究发现：①碳排放交易试点对于低碳和低碳创新同时具有显著的促进效应；②明显的溢出效应；③市场型政策通过市场机制产生作用；④对总体低碳创新的拉动作用有限。

2. 清洁生产

清洁生产标准作为一个纯资源型的推荐性的标准，本身具有非常强烈的创新促进作用。当前我国清洁生产审核具有行业覆盖范围广、强制及自愿并行的特点，清洁生产标准具有覆盖行业少、注重推荐性和指标新的特点。本文依旧以国家规模以上企业为研究目标，研究清洁生产对低碳创新的影响。数据来源于中国知识产权局所有专利申请数据，使用双重差分方法。研究发现，第一，清洁生产标准与审核应当且可以同时发挥作用，促进污染防治专利创新；第二，标准的创新促进作用独立于具体的政策执行与制度环境；第三，自愿型政策具有一定的信息指示作用。

三、总结

1. 气候与环境政策可以影响创新的速度和方向，促进绿色创新。

2. 政策作用依赖于更加精细化的政策设计，通过设置合理的激励，可以促进企业创新。

土地利用与碳排放研究进展

揣小伟[1]　赵荣钦[2]　黄贤金[1]　张　梅[1]

1. 南京大学地理与海洋科学学院；2. 华北水利水电大学资源与环境学院

土地利用变化是引起区域碳排放的重要因素，由于自然条件和人类活动的差异，不同地类具有不同的碳排放强度。土地利用变化必然会对区域"自然—社会"二元碳循环过程产生深远影响。一方面，不同土地利用方式上的自然条件和人为活动具有明显差异，这造成了不同土地利用方式碳排放速率和强度的区别；另一方面，土地利用变化也改变了地类自身的碳循环规律，从而引起新的碳释放或碳吸收。土地利用不仅是陆地生态系统自然碳源/碳汇的载体，也是社会经济系统碳源的载体。从经济运行及政策角度而言，土地利用是人类各种活动及政府产业政策的最直接的落脚点和表现方式。因此，土地利用是碳排放研究的一个重要切入点，也是开展碳排放调控的重要工具。从土地利用角度开展碳排放研究，有助于深入了解区域碳循环的人类影响机制，并能够从土地利用规划、产业结构调控、国土开发与整治等领域全面引领经济社会的低碳发展。该领域的研究对于碳排放的土地利用调控、创新土地利用规划环境影响评价机制、土地利用规划中的碳效应评估都起到了较好的实践效果。

南京大学人文地理学科在土地利用研究方面有较强的学科优势。多年来，在国家级纵向项目的支撑下，通过与地方实践项目的结合，南京大学在土地利用规划、农户土地利用、土地利用评价、土地利用变化的驱动力及环境效应等领域形成了大量的研究成果。基于这种学科优势，整合南京大学管理、经济等相邻学科的力量，实现土地利用与碳排放研究的结合，是近年来土地利用研究的又一个新的方向和学科增长点。基于此，主要从土地利用碳排放机理、土地利用碳排放效应、低碳土地利用等领域开展了研究，并在不同区域进行了实际应用。

一、土地利用碳排放机理研究

以往的机理研究主要从单一土地利用类型对自然生态系统碳储量的作用机制展开，综合性的研究有待于进一步加强。对于土地利用如何受人类活动的驱动从而导致人为碳排放变化的机理性研究还较为缺乏。从"自然—社会"二元视角探讨了土地利用碳排放的作用机理，并结合《IPCC 国家温室气体清单指南》、中国植被和土壤特征、人为碳排放及分布特征，初步摸清了我国不同土地利用类型的碳源/汇特征。

（一）土地利用变化对生态系统碳平衡的作用机理

不同土地利用类型植被覆被不同，土壤属性和小气候条件差异也较大，从而使不同土地利用类型的碳密度和净生态系统生产力（Net Ecosystem Productivity，NEP）特征具有较大的差异。土地利用在变化过程中，势必会影响碳储量和 NEP，从而影响碳平衡。相对于植被碳密度，土壤碳密度的变化要经过较长时间，在相关的研究中称之为土地利用变化对土壤碳蓄积的潜在影响。

（二）土地利用变化对人为碳排放作用机理

研究认为人类的社会经济活动都是以土地为载体的，土地利用类型和强度的变化必然影响地表人类活动，从而影响所承载的碳排放水平。经济社会发展、土地利用变化、碳排放之间是相互作用的有机整体，低碳土地利用研究要平衡三者之间的关系，达到低碳与经济社会发展双赢的目标。针对江苏省的实际情况，分析了不同土地利用类型的承载碳排放特征、将不同碳排放项目和经济社会指标分解细化，应用系统动力学构建了土地利用变化、经济社会发展和人为碳排放之间的仿真模型。研究发现：建设用地，尤其是工业用地的碳排放强度最高；建设用地的扩张是推动人为碳排放增长的主要原因；经济发展、人口增加、产业结构等是土地利用变化和碳排放增长的原动力；低碳土地利用的重点是要控制建设用地的无序扩张，提高利用效率[1]。

二、碳源/碳汇核算及分布研究

前期核算研究：结合 IPCC 核算体系及国内外研究的碳排放参数，开展了不同尺度区域碳排放的核算研究。2007 年，黄贤金[2]首次对江苏省产业活动的碳排放进行了核算；2008 年，胡初枝[3]和谭丹[4,5]等分别对中国全国、东中西不同地区以及工业行业的碳排放进行了研究，并分析了其演变特征；结合 IPCC 温室气体清单方法，孙建卫[6]对中国 1995—2005 年的碳排放进行了较为系统和全面的核算，建立了中国碳排放清单。在此基础上，揣小伟等[7]分析了中国能源消费碳排放的空间格局和变化特征；李建豹等[8-10]采用标准差椭圆、探索性空间数据分析(ESDA)和 LISA 时间路径等分析了中国省域碳排放的空间格局和碳排放强度累积目标完成率等；赵荣钦等[11]以中原经济区为例，探讨了县域空间碳收支和碳平衡状况。就研究尺度而言，主要集中在全国和地方两个层面。对全国碳排放的核算体系主要包括 4 个部分[12]：能源活动、工业生产过程、农业/林业及其土地利用变化、废弃物；另外，在地方政府的低碳研究项目基础上，对江苏省区域尺度的碳排放[13,14]和碳收支也开展了核算研究。

以上研究对中国陆地生态系统碳库和主要人为碳排放进行了全面核算，摸清了我国碳库及碳排放的家底，为土地利用碳排放效应及低碳土地利用研究提供了基础数据支撑。

陆地生态系统：①收集整理了已有研究中大量关于植被碳密度数据，结合植被类型分布图，形成了覆盖全国的植被碳密度分布图；基于第二次土壤普查数据，生成了全国土壤有机碳密度分布图；基于此，在全国和省级层面核算了典型年份我国陆地生态系统碳储量；②在区域层面上，基于土壤多目标地球化学调查数据，以及森林、草地、农田等不同生态系统的调查数据，重点对江苏省陆地生态系统碳储量进行了核算[15,16]；③基于植被数据、土壤数据、气象数据以及我国野外观测站点的实测资料，模拟了我国长时间序列 NEP 空间分布及变化[17]。研究发现：一般情况下，高生物量植被覆盖区植被和土壤碳密度水平较高[18]，我国陆地生态系统总体发挥着碳汇作用，但西部生态脆弱区表现为碳源。

人为碳排放：采用碳排放系数法，结合《IPCC 国家温室气体清单指南》,在全国和区域尺度(图 1)上完成了人为碳排放清单的核算。核算项目主要包括能源消费、工业生产过程、废弃物处理以及人口和动物等。研究发现:能源消费是我国碳排放来源的主体,其排放量要远远高于其他碳排放项目,是低碳减排的重点控制领域[19]。

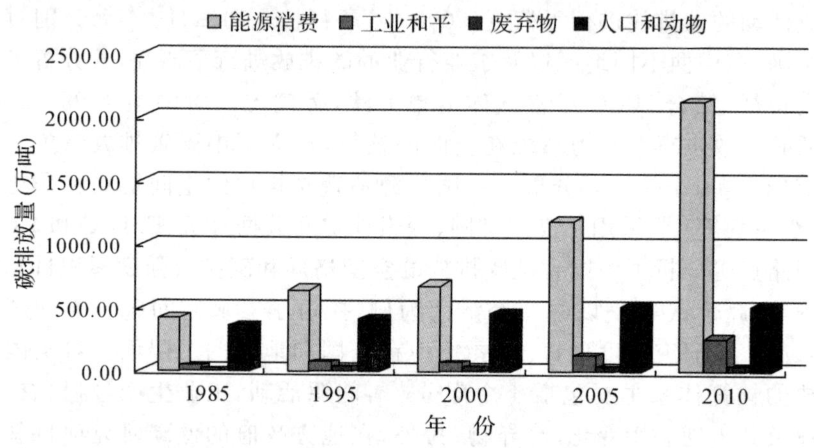

图 1 江苏沿海地区主要年份不同项目碳排放量

三、土地利用碳收支特征及其变化的碳排放效应研究

核心内容是将区域碳排放核算主要项目与土地利用类型相对应,将碳排放落实到不同的用地空间上,从而分析土地利用及其变化的碳排放效应。研究是从全国和区域两个层面展开。

(一)不同土地利用类型碳收支特征

①在全国及省级层面上,核算了典型年份耕地、林地、草地、水域、建设用地和未利用地植被和土壤碳密度;②基于 NEP 空间分布及土地利用类型分布图,核算了不同土地利用类型的 NEP 特征;③根据不同区域实际情况,因地制宜地建立了人为碳排放项目与不同土地利用类型之间的对应关系,将不同碳排放项目分解到土地利用类型之中,构建了不同产业用地的碳排放清单,比较了不同产业的土地利用碳排放强度差异及省域间的差异;④在区域尺度上,基于人为碳排放数据以及夜光灯数据,对建

设用地所承载的人为碳排放进行了栅格化模拟。研究发现：生态用地类型，尤其是林地，发挥着重要的碳汇作用，具有较高的碳密度；而建设用地，尤其是工矿用地是主要的碳源地；我国碳源/汇的区域差异性较为明显，东部沿海经济发达地区承载着较高水平的碳排放，西部地区碳排放水平较低，但大面积的生态脆弱区的草地往往发挥着碳源作用[17,18]。

（二）土地利用变化的碳排放效应

结合 IPCC 温室气体清单方法，赖力和黄贤金等[20,21]构建了基于 ARC/INFO 的 1km-Grid 碳排放评估模型，系统分析了 1980—2005 年我国土地利用碳排放的时空格局，并结合国家碳排放清单概算，尝试性提出中国土地利用方式的碳排放清单和标准。在此基础上，对中国 1990—2010 年土地利用变化和管理的碳排放进行了核算，结果发现，中国土地利用和管理导致了 1.45Pg 的碳排放[22]。结合以上主要研究成果，课题组申请了“土地利用碳排放核算系统”软件的著作权，撰写了《江苏省建设用地碳排放核算标准》，填补了国内土地利用碳排放核算方法的空白。另外，揣小伟等[18]基于陆地生态系统碳蓄积的视角，采用线性规划方法提出了全国不同省份土地利用优化的目标和方案，并结合中国陆地生态系统碳源/汇及其对气候变化的响应分析了土地退化的特征，为基于碳收支开展土地利用管理提供了新的视角[17]。

在区域层面，李颖等[23]采用国内相关研究的参数，对不同土地利用类型的碳源/汇进行了估算，分析了江苏省不同土地利用方式的碳排放效应，并对未来土地利用规划方案的碳排放进行了预测；揣小伟等[15]对江苏省土壤有机碳的空间分布进行了研究，并分析了高程、坡度、土地利用类型、土壤类型等因子对土壤有机碳密度的影响；郑泽庆[24]和张兴榆等[25]利用遥感和地理信息系统，开展了江苏省及环太湖地区土地利用变化对陆地生态系统碳储量的影响研究；揣小伟和黄贤金等探讨了土地利用变化对江苏省陆地生态系统碳储量[26]和土壤碳储量[27]的影响；王佳丽等[28]对江苏省土地利用结构的相对碳效率进行了评价；张梅等[29,30]对中国土地利用类型转变的碳排放进行了分析，并探讨了不同区域之间的差异；赵荣钦等[31]以南京市为例，采用因素分解分析方法，探讨了土地利用变化的碳排放效应。以上研究对于区域层面土地利用碳排放机理的探索具有重要意义，也丰富了国内土地利用碳排放效应评价的研究。

四、低碳土地利用研究

开展了“低碳土地利用数量结构优化—低碳土地利用空间优化—驱动因子优化反演”等层层深入的研究，不断推动该领域的创新与发展，增强了研究的应用价值。

（一）低碳土地利用数量结构优化

在综合考虑经济社会发展与低碳建设的基础上，在全国及省域层面开展了基于碳储量最大化的低碳土地利用结构优化研究。研究发现，相比规划方案，优化方案能有效遏制碳储量的减少，而且能在一定程度上使碳储量增加；然而，区域差异性明显，沿海发达地区面临的压力较大，土地利用结构优化的增汇减排潜力小于内陆地区。如：李璞[32]建立了能源消费碳排放与土地利用类型的对应关系，并以江苏省为例，面向低碳目标对建设用地结构优化配置进行了研究；揣小伟[33]对江苏省陆地生态系统碳储量进行了核算，并开展了基于陆地生态系统碳储量的江苏省土地利用结构优化研究。

（二）低碳土地利用空间优化

揣小伟[1]在对江苏省沿海地区土地利用碳排放核算的基础上，应用系统动力学方法，探索性地建立了土地利用碳排放仿真系统，为土地利用碳排放的核算和预测提供了全新的思路和方法；在此基础上，分别开展了基于碳储量最大化和碳排放最小化的低碳土地利用结构优化研究[19]；为了保障优化土地利用结构方案的有效实施，进一步开展了低碳土地利用的空间结构优化模拟，制作了低碳优化情境下土地利用转移矩阵，展示了未来情景下土地利用变化剧烈以及碳储量损失和碳排放增加明显的区域，将低碳土地利用落实到空间层面，以便更加有效地加强管理[34]。

（三）低碳土地利用驱动因子优化反演

经济社会因子是驱动土地利用变化与碳排放增长的原动力。为了保障优化方案的实施，进一步深入研究，将优化落实到驱动因子层面。揣小伟[34]以江苏省为例，在碳储量最大化的土地利用结构优化方案基础上，创新性地开展了低碳土地利用驱动因子优化反演研究。研究发现，在不考虑技术进步的情况下，优化的驱动因子虽然会带来一定程度的经济损失，但可以有效遏制 2010—2030 年间碳储量减少的趋势；同时，能使能源消费碳排放减少 12%。该理论与方法首次提出对影响因子进行控制和优化，为该领域的研究拓展了新的思路与方法。

参考文献

[1] 揣小伟. 沿海地区土地利用变化的碳源/汇效应研究. 南京大学博士学位论文，2013.

[2] 黄贤金，胡初枝. 区域产业结构变化的碳排放效应研究——以江苏省为例. 中国地理学会 2007 年学术年会论文集，2007.

[3] 胡初枝，黄贤金，钟太洋. 中国碳排放特征及其动态演进分析. 中国人口·资源与环境，2008，18(3)：38-42.

[4] 谭丹，黄贤金，胡初枝. 我国工业行业的产业升级与碳排放关系分析. 四川环境，2008，27(2)：74-78.

[5] 谭丹，黄贤金. 我国东、中、西部地区经济发展与碳排放的关联分析及比较. 中国人口·资源与环境，2008，18(3)：54-57.

[6] 孙建卫. 中国碳排放核算及其人文驱动分析. 南京大学硕士学位论文，2008.

[7] Chuai X W，Huang X J，Wang W J. Spatial econometric analysis of carbon emissions from energy consumption in China. Journal of Geographical Sciences，2012，22(4)：630-642.

[8] 李建豹，黄贤金，吴常艳，等. 中国省域碳排放的空间格局预测分析. 生态经济，2017(3)：46-52.

[9] 李建豹，黄贤金，吴常艳，等. 中国省域碳排放影响因素的空间异质性分析. 经济地理，2015，35(11)：21-28.

[10] 李建豹，黄贤金，孟浩，等. "十二五"时期中国碳排放强度累积目标完成率分析. 长江流域资源与环境，2018(8)：1655-1664.

[11] 赵荣钦，张帅，黄贤金，等. 中原经济区县域碳收支空间分异及碳平衡分区. 地理学报，2014，69(10)：1425-1437.

[12] 孙建卫，赵荣钦，黄贤金，等. 1995—2005 年中国碳排放核算及其因素分解研究. 自然资源学报，2010，25(8)：1284-1295.

[13] 张秀梅，李升峰，黄贤金，等. 江苏省 1996 年至 2007 年碳排放效应及时空格局分析. 资源科学，2010，32(4)：768-775.

[14] 李阿萌，张京祥. 江苏省13 城市 1996～2008 年碳排放时空变异分析. 长江流域资源与环境，2011，20(10)：1235-1242.

[15] Chuai X W，Huang X J，Wang W J，et al. Spatial variability of soil organic carbon and comprehensive analysis of related factors in Jiangsu Province，China. Pedosphere，2012，22(3)：404-414.

[16] Chuai X W，Huang X J，Wang W J，et al. Spatial simulation of land use based on terrestrial ecosystems carbon storage in coastal Jiangsu，China. Scientific Reports，2014，4：5667.

[17] Chuai X W，Qi X X Zhang X Y，et al. Land degradation monitoring using terrestrial ecosystem carbon sinks/sources and their response to climate change in China. Land degradation and development，2018：1-14.

[18] Chuai X W，Huang X J，Lai L，et al. Land use structure optimization based on carbon storage in several regional terrestrial ecosystems across China. Environmental Science and Policy，2013，25：50-61.

[19] Chuai X W，Huang X J，Wang W J，et al. Land use，total carbon emission change and low carbon land management in coastal Jiangsu，China. Journal of Cleaner Production，2015，103：77-86.

[20] 赖力，黄贤金. 中国土地利用的碳排放效应研究(南京大学人文地理研究丛书). 南京：南京大学出版社，2011.

[21] 赖力. 中国土地利用的碳排放效应研究. 南京大学博士学位论文，2010.

[22] Lai L，Huang X J，Yang H，et al. Carbon emissions from

land-use change and management in China between 1990 and 2010. Science Advances，2016，2(11)：e1601063.

[23] 李颖，黄贤金，甄峰. 江苏省区域不同土地利用方式的碳排放效应分析. 农业工程学报，2008，24(S2)：102-107.

[24] 郑泽庆. 陆地生态系统有机碳储量测算及其对土地利用变化的响应研究：以江苏省为例. 南京大学硕士学位论文，2009.

[25] 张兴榆，黄贤金，赵小风. 环太湖地区土地利用变化对植被碳储量的影响. 自然资源学报，2009，24(8)：1343-1353.

[26] 揣小伟，黄贤金，郑泽庆，等. 江苏省土地利用变化对陆地生态系统碳储量的影响. 资源科学，2011，33(10)：1932-1939.

[27] 揣小伟，黄贤金，赖力，等. 基于GIS的土壤有机碳储量核算及其对土地利用变化的响应. 农业工程学报，2011，27(9)：1-6.

[28] 王佳丽，黄贤金，郑泽庆. 区域规划土地利用结构的相对碳效率评价. 农业工程学报，2010，26(7)：302-306.

[29] 张梅，赖力，黄贤金，等. 中国区域土地利用类型转变的碳排放强度研究. 资源科学，2013，35(4)：792-799.

[30] Zhang M，Huang X J，Chuai X W，et al. Impact of land use type conversion on carbon storage in terrestrial ecosystems of China：a spatial-temporal perspective. Scientific Reports，2015，5：10233.

[31] Zhao R Q，Huang X J，Liu Y，et al. Carbon emission of regional land use and its decomposition analysis：case study of Nanjing City，China. Chinese Geographical Science，2014，25(2)：198-212.

[32] 李璞. 低碳情景下建设用地结构优化研究——以江苏省为例. 南京大学硕士学位论文，2009.

[33] 揣小伟，黄贤金，郑泽庆. 基于陆地生态系统碳储量的江苏省土地利用结构优化. 中国农业工程学会2011年学术年会，2011.

[34] Chuai X W, Huang X J, Qi X X, et al. A preliminary study of the carbon emissions reduction effects of land use control. Scientific Reports, 2016, 6: 36901.

区域碳排放权分配的理论与实践

方　恺[1,2]　李　帅[1]　叶瑞克[3]　张琦峰[1]　龙　吟[4]

1. 浙江大学公共管理学院；2. 浙江大学民生保障与公共治理研究中心；

3. 浙江工业大学政治与公共管理学院；4. 东京大学新领域创成科学研究科

全球变暖已成为当前人类生存面临的严峻挑战。世界气象组织报告指出，2017 年全球平均气温较工业革命前升高 1.1 ℃；政府间气候变化委员会(IPCC)第五次评估报告指出，1901—2010 年，全球海平面上升了 0.19 m，且上升速度不断加快[1]；若温升幅度超过 2 ℃，将会对全球环境和人类社会造成灾难性后果[2]。为积极应对气候变化，2015 年 12 月，《联合国气候变化框架公约》第 21 次缔约方会议在法国巴黎举行，会议通过了具有里程碑式意义的《巴黎协定》，提出到 21 世纪末将全球平均温升控制在 2 ℃以内，并为控制在 1.5 ℃以内而努力，且在 21 世纪中叶实现全球温室气体净零排放的目标(以下简称“2 ℃目标”)[3]。实现该目标需要各国切实控制温室气体排放水平[4]。研究表明，若将累积碳排放量控制在 3.7 万亿 t，则有 2/3 的概率实现“2 ℃目标”；若放宽到 5.7 万亿 t，则仅有 1/3 的实现概率[1]。

碳排放权是指排放主体为了生存和发展的需要，由自然或者法律所赋予的向大气排放温室气体的权利，是气候资源使用权，更是一种新型的发展权[5]。如果说碳排放核算重在厘清历史责任，那么碳排放权分配则是对未来发展空间进行划分，拥有更多排放权的国家或地区理论上将获得更大的发展空间。从这个意义上说，全球碳减排问题便可归结为“如何分配各国的碳排放权”[6]。

由于具有重要的科学和现实意义，碳排放权分配问题备受学界关注。早在 IPCC 成立之初，西方学者们主要关注国际尺度的碳排放权分配，如

Benestad[7]提出按一国的能源消费量分担减排义务；Kverndokk[8]主张按各国人口规模进行碳排放权分配。1997年，《京都议定书》的签订成为各国寻求具有广泛共识的全球分配方案的标志性事件。然而，发展中国家尚处于快速工业化阶段，对能源等资源的刚性依赖有增无减，发达国家高碳的生活方式亦难迅速转变，双方都有大量碳排放需求，加之各国在减排责任、能力、潜力和意愿等方面千差万别，导致《京都议定书》的实施进展缓慢，且此后历届气候大会也未产生具有广泛共识的分配方案。尽管如此，“紧缩与趋同”[9]、Sørensen[10]、国别排放账户[6]和“两个趋同”[11]等一些聚焦“后京都时代”的分配方案仍颇具价值和影响。与《京都议定书》不同，《巴黎协定》号召各国以国家自主贡献(INDCs)的方式自行制定减排目标。一方面，表明减少温室气体排放已成国际共识，多数国家皆有强烈的减排意愿[12]，另一方面，这一自下而上的过程也巧妙规避了碳排放权在国家间横向分配的问题。在这样的背景下，国家以下区域的碳排放权分配问题逐渐成为研究重点[13]。

综上所述，近年来碳排放权分配实证研究层出不穷，但却鲜有学者进行系统归纳与总结。据笔者所知，中文文献在这方面几乎空白，目前仅有Zhou等[14]对分配原则和方法做过较为系统的梳理，但分配尺度与方案所涉不多，且未对碳排放核算与碳排放权核算、碳排放权分配与碳交易配额分配等核心概念进行辨析，也未涵盖国内相关研究进展。鉴于此，本研究从相关概念界定出发，围绕原则、方法、尺度与方案三个维度(图1)，深入分析现有研究成果，系统总结该领域研究现状及发展趋势，以期为制定更为科学合理的分配方案提供理论依据，同时也为我国更加积极有效地参与全球气候治理提供决策参考。

为准确理解碳排放权分配的内涵，首先需要对“碳排放核算”与“碳排放权核算”、“碳交易配额分配”与“碳排放权分配”两对基本概念进行辨析。①碳排放核算是指对全球、国家、区域、行业、家庭、企业、个人或产品的碳排放量进行测度[15]，旨在明确活动主体的排放水平[16-17]。碳排放权核算则是指在确定减排目标后，计算未来一段时期内区域、行业或企业的碳排放总配额[13,18]。②碳交易配额分配是指(政府)将碳排放权定量分配给排放主体(多指行业、企业)，排放者可在制度框架内进行市场交

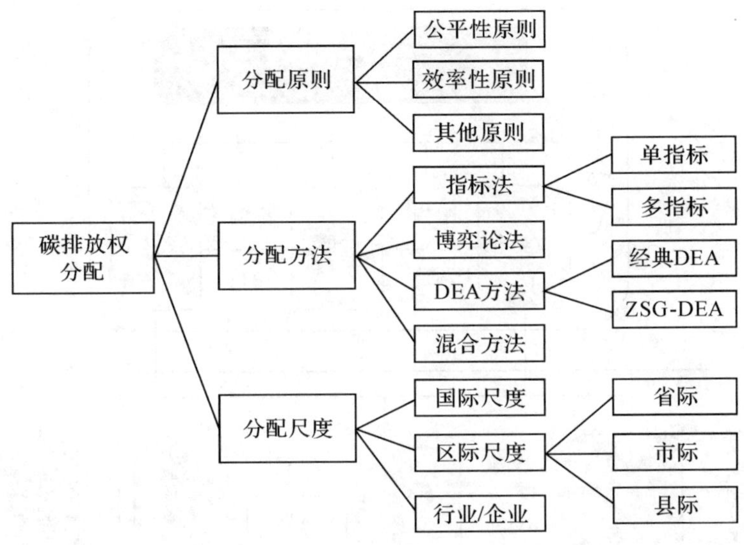

图 1 碳排放权分配研究的文献分析框架

注:DEA——数据包络分析。

易[19,20],其实质是减排成本的分担[21]。碳排放权分配则是指基于碳排放配额总量或减排目标,确定不同区域的碳排放配额[22-24],相比之下更具宏观性与整体性(图 2)。本文主要关注碳排放权在不同尺度区域的分配,较少涉及行业或企业的碳排放配额分配。

一、碳排放权分配的主要原则

碳排放权分配总是会遵循一定的原则,这些原则决定了分配的基本思路。由于立场和关注点不同,学者们提出的方案各有千秋,但通过对相关原则进行归纳,仍可一窥该领域的研究脉络。

(一)公平性原则

公平是现代社会追求的核心目标之一,一个公正合理的分配方案有助于全球碳减排责任体系的构建和减排目标的实现,因而公平性原则及其指标表征体系一开始便成为研究重点。发达国家人均历史累积碳排放

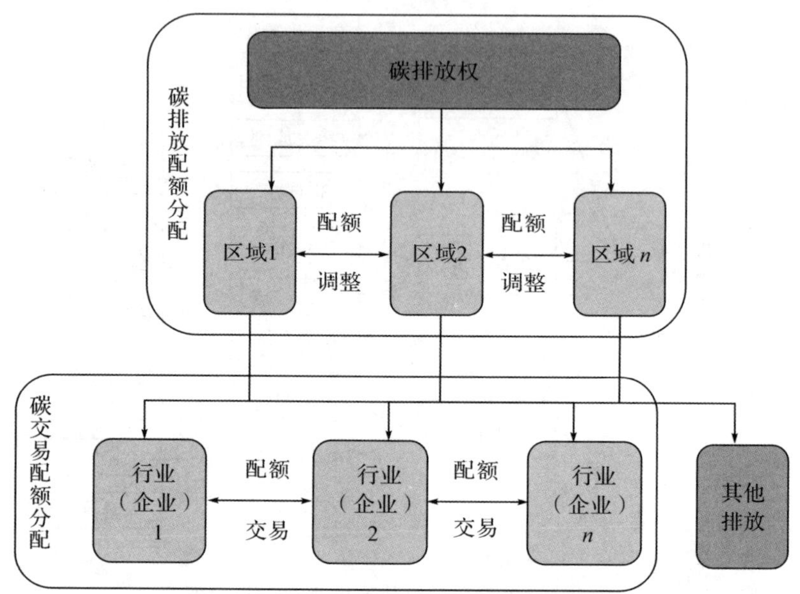

图 2　碳排放权分配与碳交易配额分配比较

量远大于发展中国家，反映出全球历史碳排放不平等的事实[25]。因此，学者们针对碳排放权分配的公平性问题进行了大量研究，提出了人均排放趋同、人均累积排放趋同等分配方案[26]。对公平性内涵的理解大致可分为基于“过程”的公平和基于“结果”的公平[27-28]（表 1）。

（二）效率性原则

虽然公平性原则极为重要，但在单一原则下可能出现极端的分配结果，挫伤某些区域持续减排的积极性[29]。例如，若过分强调公平性原则，则欠发达地区将会获得更多排放权，这可能在一定程度上变相鼓励其粗放型的生产方式，导致全球碳排放量上升。因此，其他原则逐渐进入研究视野[30]。其中，效率性原则得到了广泛的应用。该原则追求分配的最佳投入产出比，即最有效地使用碳排放权满足人类社会发展需求。遵循效率性原则会使总收益最大化，但可能会加剧碳排放的不平等性[25]，因此大多数分配方案都力求兼顾公平性和效率性，在提升减碳效率的同时减少区域间差异[31]。

表 1　碳排放权分配的主要原则

原则	内涵		
公平性原则	基于碳排放权分配“过程”的公平	主权原则	所有主权国家都有平等排放温室气体和不被污染的权利
		祖父原则	按照当前排放格局进行分配
		产值原则	按所在区域国内生产总值(GDP)占总 GDP 的比重进行分配
		人均平等	每个人都享有平等的排放权
		污染者付费	历史碳排放量越多,减排责任越大
		支付能力	经济实力越强,减排责任越大
		趋同原则	不同国家的人均碳排放量在某一时间点趋同
		协商一致	只要分配方案获得多数赞同就是公平的
		市场正义	用市场的调节机制自动实现资源配置最优
	基于碳排放权分配“结果”的公平	罗尔斯最大最小原则	为最不发达国家提供较多排放权以实现净收益最大化
		补偿准则	补偿分配中受到净损失的国家
		水平公平	要求分配后各国净福利变化占 GDP 的比例相等
		垂直公平	人均 GDP 高的国家从分配中获得的收益低,反之则高,最终使各国的福利水平趋于一致
效率性原则			将排放权作为一种稀缺资源,使有限投入尽可能产生最大产出
可行性原则			要考虑经济社会发展状况,包括经济水平、产业结构、能源结构等因素,减排成本要在可承受范围内
可持续性原则			要考虑减排主体的经济、社会和环境状况能否承受减排的代价,实现可持续发展

(三)其他原则

虽然公平性和效率性已成为最为常见的分配原则,但是碳排放权牵涉各方利益,为了增强分配的科学性、合理性、可行性和可接受度,一些学者尝试引入其他原则。例如,方恺等[13]以公平性、效率性、可行性和可持续性为原则对中国省际的碳排放权进行了分配;朱潜挺等[29]提出了赋予多重原则不同权重的分配方案；王金南等[32]采用公平性、效率性和可行性原则制定出中国碳排放权省级分解方案。

二、碳排放权分配的主要方法

分配方法是碳排放权分配研究中最为关键的内容，当前主要包括指标法、博弈论法、数据包络分析(DEA)法和综合法(表2)。

表2　碳排放权主要分配方法比较

方法		原理	优势	局限
指标法	单指标法	选取某一指标进行定量分配	易于理解与操作，结果直观	较为片面，只能反映碳排放权分配一个因素
	多指标法	选取两个或两个以上指标进行定量分配	兼顾碳排放权分配的多重因素，运用广泛	指标的权重确定无法避免主观性
博弈论法		根据各排放主体对整体的贡献确定分配权重	考虑各主体的贡献与需求差异	操作较为复杂，透明度和可行性有待商榷
DEA法		根据不同排放主体之间的投入与产出要素估算相对效率，据此进行投入(或产出)要素的调整	分配结果能够实现整体分配效率最高	过于注重分配效率最大化，可能导致结果缺乏公平性与合理性
综合法		多种方法或模型联用进行分配	能够集合多种方法的优势，较为全面和系统	过程复杂，操作难度大，不确定性较高

(一)指标法

指标法的应用最为广泛。按指标数量可分为单指标法和多指标法，所选指标通常包括人口、GDP、碳排放量、能源消费量等。

1. 单指标法

(1)人口指标。在公平性原则特别是人均排放趋同理念的影响下，人口指标得到了广泛应用。Agarwal等[33]强调了人均平等的重要性；Janssen等[34]将人口规模列为分配的重要考量因素；Chakravarty等[35]认为"共同但有区别"的责任是指每个人在碳排放配额上都应享受同等待遇；丁仲礼等[18]指出"人均累积排放量"最能体现各国的历史减排责任；Pan等[36]制定了基于人均累积排放的分配方案；Wei等[37]根据人均累积排放量建立了137个国家和地区的碳排放账户并量化了其碳减排责任。

(2)经济指标。经济指标反映了一国的经济发展水平,为了避免减排责任超出相关国家经济承受能力,碳排放权分配需要综合考虑各国的经济总量、人均收入等经济社会发展状况。Winkler 等[38]认为基于发展中国家的排放需求,碳排放权分配应基于人均 GDP 指标;Cantore[39]提出了一个发展权分析框架,以强化高收入群体的减排责任。

单指标法易于理解和操作,但不足之处在于只能反映分配过程的某一面向,缺乏综合性和系统性,容易出现极端的分配结果。例如,仅选取人口指标虽能体现绝对意义上的人均公平,却未能考虑减排能力、潜力和效率等因素,很难为发达国家或地区所接受。

2. 多指标法

多指标法即选取多项指标进行分配。欧盟的“三部门法”将能源排放源划分为电力行业、能源密集型行业和其他行业三部分,分别表征能源结构、能源利用效率和生活福利[40];Han 等[41]选取历史累积排放量、人均 GDP 和单位工业增加值排放量 3 项指标,对 2020 年中国京津冀三省区碳排放权进行分配;王勇等[42]选取人口、GDP、第三产业比重等 5 项指标预测了 2020 年和 2030 年中国各省区的碳排放权。

指标赋权是多指标法运用的关键之一。方恺等[13]综合运用相关分析、因子分析和回归分析等方法综合确定各省区的碳排放配额分配权重,一定程度上避免了人为赋权的主观性和随意性;Feng 等[43]提出了基于聚类分析和加权投票模型的新型双层分配方案,赋予减排压力、能力、责任和潜力 4 项要素不同权重;Qin 等[44]基于公平性和效率性原则,采用能力、责任和潜力 3 项指标加权评估中国东部沿海地区碳排放权分配的合理性。

相比于单指标法,多指标法考虑的因素更为全面,也更易为不同利益方所接受,因而受到各国学者和决策者的青睐,成为当前最为常用的碳排放权分配方法。

(二)博弈论法

从博弈论的角度看,碳排放权分配实质上是各利益主体博弈的过程,结果则是其均衡解。Shapley 值法是颇具代表性的一种被运用于碳排放权分配研究的博弈论方法。Yang 等[45]通过估算边际碳减排成本,建立了两阶段 Shapley 信息熵模型，对中国的碳排放权进行了省域尺度的分解；Zhang 等[46]借助 Shapley 值法发现，减排效率较高和辐射强迫效应较强的区域应获得更多的碳排放权；Li 等[47]采用 Shaplely 值法探讨了京津冀协同减排的成本分担配机制。除 Shapley 值法外，有学者尝试了其他博弈论方法，如段海燕等[48]在综合考虑区域差异和行业差异的基础上，基于纳什谈判模型建立政府横向公平对比谈判机制，对吉林省各市 2020 年的排放总量进行分配。

博弈论法充分考虑到各利益主体的需求与贡献，但实际操作较为复杂，其透明度和可行性有待商榷，因而并未成为主流分配方法。

（三）DEA 法

DEA 法假设系统内有多个独立的决策单元（DMUs），即任意 DMUs 的投入或产出决策均不会影响其他 DMUs 的投入或产出决策。该方法通过比较不同 DMUs 之间的投入与产出要素，核算其相对效率及其投入（或产出）的调整潜力。应用于碳排放权分配领域时，DEA 法将区域碳排放权作为投入（或产出），从而估算出不同 DMUs 的碳排放相对效率[49]。Kong 等[50]在公平性和效率性原则的基础上引入 DEA 模型分析中国 2030 年省际碳排放权分配，研究表明，承担大量减排义务的省区需要进一步提高碳排放效率。

经典 DEA 模型假设各决策单元之间相互独立，与实际情况存在较大出入。相比之下，零和收益数据包络分析（ZSG-DEA）方法在经典 DEA 法的基础上增加了总量约束条件，即竞争环境下一方投入（或产出）要素的增加（或减少）势必导致其他 DMUs 投入（或产出）要素的减少（或增加），因而更适用于区域碳排放权分配研究。例如，Duan 等[51]选择劳动力、资本和能源消费量作为投入变量，区域工业产值和子行业碳排放作为产出变量，基于 ZSG-DEA 法对 2020 年中国省际碳排放权进行分配；An 等[52]选择固定资产投资总额和电力消费作为投入变量，GDP 和 CO_2 排放作为产出变量，基于 ZSG-DEA 模型对 2012 年中国各省区的碳排放权进行分配；Miao 等[53]以资本存量、人口和能源消费量作为投入变量，GDP 和 CO_2 排放作为产出变量，基于 ZSG-DEA 模型分配了对中国 30 省 2006～2010 年的碳排放权。还有一些学者基于不同的投入和产出指标，对中国不同行业的碳排放权进行了分配。Ma 等[54] 基于 ZSG-DEA 模型，以装机容量和碳排放配额为投入变量，发电量为产出变量，对 2020 年中国 5 大电力企业的碳排放权进行了分配；Zhang 等[55] 基于 ZSG-DEA 模型，以碳排放配额为投入变量，工业产出和能源消费量为产出变量，对 2020 年中国工业 39 部门碳排放权进行分配。

在基于 DEA 法的分配方案中，低碳生产技术更为成熟的发达地区往往拥有更多的碳排放权，这是因为 DEA 法本质上属于线性规划手段，注重系统整体效率最优。但由于较少体现公平性原则，导致许多分配结果的公平性与合理性相对较弱，无法形成广泛共识。这也反映出碳排放权分配并不纯粹是科学领域的问题，而且是涉及多方利益的议题，需要学者、决策者和公众共同参与。

（四）综合法

在实际研究中，一些学者通过多种方法或模型的联用进行碳排放权分配。例如，Yu 等[56] 提出了一种基于粒子群优化算法、模糊 C 均值聚类算法和 Shapley 分解法的综合分配方法，根据经济发展水平、能源禀赋和排放强度等因素来分配碳排放权；Zhao 等[57] 提出了一种基于投入产出和熵值法的综合分配方法，在碳强度目标约束下分配了中国 41 个行业或部门的碳排放权；Ye 等[58] 构建了基于累积碳排放基尼系数和蒙特卡洛模拟的不确定性分析框架，对于基于祖父原则和基准原则的省际碳排放权分配结果进行比较，发现基准原则下各省区的减排负担更为均匀。

综合法克服了单一方法的局限性，更具包容性和全面性，但其分配过程往往过于复杂，每个环节的不确定性存在累积风险，因此可行性和可信度有待提升。

三、碳排放权分配的尺度与方案

除了采用不同的原则与方法，碳排放权分配方案还具有显著的尺度依赖特征。分配尺度大致分为国际尺度和区际尺度，而当前区际尺度的研究主要集中在省际层面。

（一）国际尺度碳排放权分配方案

国家是国际气候谈判的基本单位和碳排放权分配的关键层级，国际尺度的碳排放权分配是其他尺度分配的基础。表3列举了当前一些具有较大影响的国际尺度碳排放权分配方案。

表3 国际尺度若干碳排放权分配典型方案

分配方案	提出者	主要内容
国别排放账户方案[6]	中国国务院发展研究中心课题组	以气候安全允许的排放量为全球碳排放总预算并按人均累积排放平等原则进行分配
"紧缩与趋同"方案[9]	英国全球公共资源研究所	全球碳排放总量下降，且在未来某个时间点发展中国家和发达国家人均排放量一致
Sørensen方案[10]	Sørensen	根据人均未来趋同原则，到2100年左右各国的人均碳排放量相等
"两个趋同"方案[11]	陈文颖等	未来某一时间点的人均碳排放量以及人均累积碳排放量趋同
温室气体发展权框架[39]	Cantore	考虑不同国家的人均收入水平和所处的经济社会发展阶段
逐渐参与方案[59]	荷兰国家公众健康与环境研究所	发展中国家人均碳排放或人均收入超过一定水平后再承担减排责任
多部门趋同方案[60]	荷兰能源研究中心和挪威国际气候与环境研究中心	确定全球7个部门人均排放标准，制定各国减排目标，要求不同国家各部门的人均排放量在目标年趋同
碳预算方案[61]	潘家华	考虑历史责任，强调碳排放权的分配应优先满足人的基本排放需求
巴西方案[62]	巴西政府	根据各国对全球气候变化的历史责任进行碳排放权分配
OECD方案[63]	OECD	设置2030和2050年两个目标年，依据人均排放趋同原则，对OECD国家、金砖四国和其他国家进行排放权分配

注：OECD——经济合作和发展组织。

1. 人均排放趋同方案

人均排放趋同方案主要由发达国家倡导，强调基于碳排放现状进行责任共担，要求发达国家和发展中国家的人均排放量在某一时限内达到一致（图3左）。Sørensen[10]以2000年为基准年，将全球划分为13个排放主体并对2000～2100年的碳排放权进行了分配；Gignac等[31]基于紧缩与趋同理念和"2 ℃目标"，以1990年为基准年，计算了各国2035年和2050年的碳排放权。何建坤等[64]研究发现，发达国家即使减排80%，其2005—2050年的累积排放量仍将高达3800亿t，人均累积排放量约为266 t，而发展中国家这两项指标仅为6760亿t和107 t，若考虑历史累积排放则差距更大。显然，人均排放趋同方案默认了历史、现实以及未来"趋同"过程中的不平等，难以为发展中国家所接受，因而出现了一些变通方案。例如，Den Elzen等[59]提出"逐渐参与方案"，即发展中国家在人均碳排放量或人均收入超过一定水平后再承担减排责任；Caney[65]提出通过建立历史碳账户的方式分配减排责任。

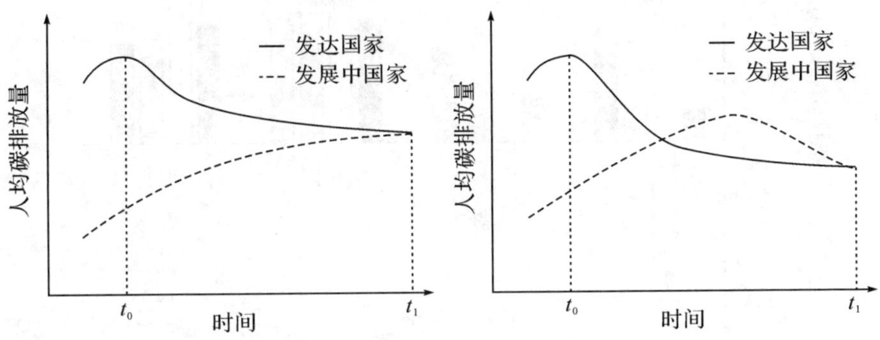

图3 人均排放趋同(左)和人均累积排放趋同(右)示意图[9]

2. 人均累积排放趋同方案

人均累积排放趋同方案主要由发展中国家倡导，强调历史责任[66]。陈文颖等[11]提出了"两个趋同"方案，即到2100年时各国人均碳排放量相等和1990～2100年间人均累积碳排放量相等，在此期间发展中国家人均碳排放量可以超越发达国家(图3右)；丁仲礼等[18,66]批评了IPCC等7个全球碳减排方案忽略并试图扩大历史碳排放的不平等，主张人均累积碳排放量最能体现"共同但有区别"的历史责任[18]；中国国务院发展研究中心提出国家碳排放权账户方案[6]，即首先建立各国碳排放权账户，计算实际历史累积排放与应有历史累积排放之间的关系，然后按照人均累积排放趋同原则分配新增排放额度；樊纲[67]等建议以1850年以来人均累积排放量作为衡量指标进行碳排放权分配。总的来看，各种分配方案都带有明显的倾向性(图4)。为了争取更多的碳排放权，各国都会选取最有利于自身的分配方案，因而很难达成共识。此外，基准年的确定会显著影响分配结果，基准年份设定得越早越能体现历史责任[68]，但数据可得性也就越低。

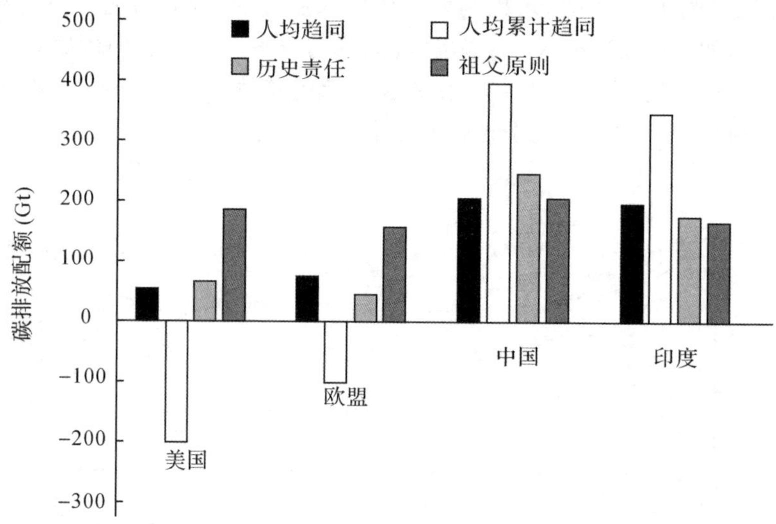

图4　基于不同原则下的2001—2050年主要经济体碳排放权分配方案

注：数据来源于文献[11]。

(二)区际尺度碳排放权分配方案

巴黎气候大会前后各国都提出了各自的INDCs(表4)。如何将一国的碳排放权科学合理地分配到不同区域(如省、市等)，对各国乃至全球减排目标的实现至关重要。根据分配对象的不同，现有区际尺度的碳排放权分配方案大致分为三类：①绝对减排量的区际分解；②碳排放强度下降目标的区际分解；③碳排放强度约束下总量增量的区际分解[69]。

表 4 部分经济体提出的国家自主贡献

国家	国家自主贡献(INDCs)目标
中国	2020 年单位 GDP 的碳排放量比 2005 年下降 40%～45%,2030 年比 2005 年下降 60%～65%
美国	2020 年温室气体排放量比 2005 年下降 17%,2030 年比 2005 年下降 26%～28%
欧盟	2020 年温室气体排放量比 1990 年下降 20%～30%,2030 年至少比 1990 年下降 40%
日本	2030 年温室气体排放量比 2013 年下降 26%
巴西	2025 年温室气体排放量比 2005 年下降 37%,2030 年比 2025 年下降 43%
印度	2020 年单位 GDP 的碳排放量比 2005 年下降 20%～25%,2030 年比 2005 年下降 33%～35%
韩国	2030 年温室气体排放量比基准情景削减 37%
俄罗斯	2030 年温室气体排放量比 1990 年降低 25%～30%
加拿大	2030 年温室气体排放量比 2005 年降低 30%
澳大利亚	2030 年温室气体排放量比 2005 年下降 26%～28%
南非	2025～2030 年温室气体排放量控制在 398～614 百万 t(CO_2 当量)
瑞士	2030 年温室气体排放量在 1990 年的基础上减少 50%
挪威	2030 年温室气体排放量比 1990 年减少至少 40%

注:数据来源于 https://www4.unfccc.int/sites/submissions/indc/Submission%20Pages/submissions.aspx。

1. 绝对减排量的区际分解

绝对减排量的区际分解是指将碳减排区域的责任量化为明确的减排额度,其优势在于减排额度固定且明确,易于操作与追踪。表 4 中大部分发达国家的 INDCs 均遵循绝对减排的思路。然而,该方式无法给予落后地区一定的发展空间,对于排放需求强烈的发展中国家而言,若以经济社会发展水平较低时的排放量为基准,可用排放权根本无法满足快速工业化与城市化的需求,无异于自断发展之路,因而在区际尺度分配中应用有限。

2. 碳排放强度下降目标的区际分解

碳排放强度下降目标的区际分解是指对减排区域的碳强度目标或其

下降值做出直接规定。例如,Yi 等[70]基于无偏好、能力优先、责任优先和潜力优先 4 种决策偏好,将中国 2020 年碳强度下降目标分解到各省区;Zhang 等[71]按照公平和效率相结合的原则,运用优劣解距离法对中国 2020 年的碳强度下降目标进行省际分配。该方式由于需要在碳排放强度与总量间进行换算,且 GDP 增速存在区际差异,导致部分区域碳排放总量持续大幅上升,难以实现对增量和增速的双重控制。

3. 碳排放强度约束下总量增量的区际分解

鉴于前两类方案的不足,一些学者采用碳排放强度约束下的总量增量分解方式进行碳排放权分配研究。与绝对量减排不同,该方式注重对碳排放增速和增量的双重控制。例如,Jiang 等[72]根据我国 2020 年碳排放强度下降目标,构建了省区公平与效率权衡模型,据此对 2020 年中国的碳排放权进行了分配;于潇等[73]根据碳排放总量控制目标,预测了 2020 年中国省际碳排放权的分配情景;Zhou 等[74]构建了碳排放配额分配指标体系,依据碳排放强度下降目标核算 2020 年的全国碳排放总量,对不同情景和方案下各省区的碳排放权进行了模拟。

四、总结与展望

(一)总结

通过上述研究,并结合对 Web of Science、中国知网以及相关学术著作中搜集到的 157 篇实证文献(其中英文 125 篇、中文 32 篇)的计量分析,总结如下:

(1)公平性原则长期居于主导地位,但兼顾效率性等其他原则的研究比重不断提升(图 5)。鉴于各国利益诉求差异巨大,公平性原则无疑最易被接受,因此基于人均排放相等或人均累积排放相等的分配方案更受重视。然若只依据公平性原则,不仅无助于整体减排效率的提升,还可能挫伤某些区域持续减排的积极性。因此,以效率性为代表的其他原则也越来越多地应用于碳排放权分配研究。

(2)碳排放权分配方法各有优劣,其中指标法应用最为广泛(图 6)。碳排放权分配涉及众多利益主体,分配过程的可行性和透明度会对方案的可接受度产生重要影响。博弈论法由于其自身操作复杂、透明度低,因

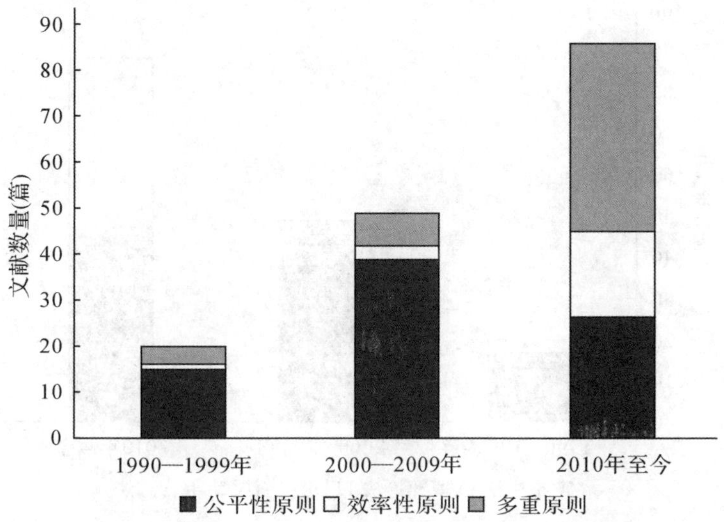

图 5　1990 年至今按分配原则划分的文献数量

而应用较为有限。而随着效率性原则在分配中得到更多重视,注重效率优化的 DEA 法受到了更多青睐。值得注意的是,将不同分配方法进行整合往往能够提高分配方案的科学性和合理性,这也是综合法运用逐渐增多的原因。

(3)国际尺度的碳排放权分配在较长时期内备受学界关注,同时区际研究近年来显著增加(图 7)。发达国家与发展中国家对如何划分减排责任存在严重分歧,导致全球气候谈判步履维艰。但随着《巴黎协定》的达成,全球气候治理合作已成共识,各国如何落实各自的减排承诺成为重要研究课题。因此,近年来关于区际尺度的文献数量显著增加,反映了学界在研究尺度上的明显转向。

(二)展望

基于对碳排放权分配研究进展的梳理与归纳,建议在今后研究中对以下议题给予重点关注:

(1)碳排放权分配不仅是一个科学问题,还是一个政治和社会议题,关乎人类福祉和各国发展空间,对全球治理体系的构建也将产生重要影

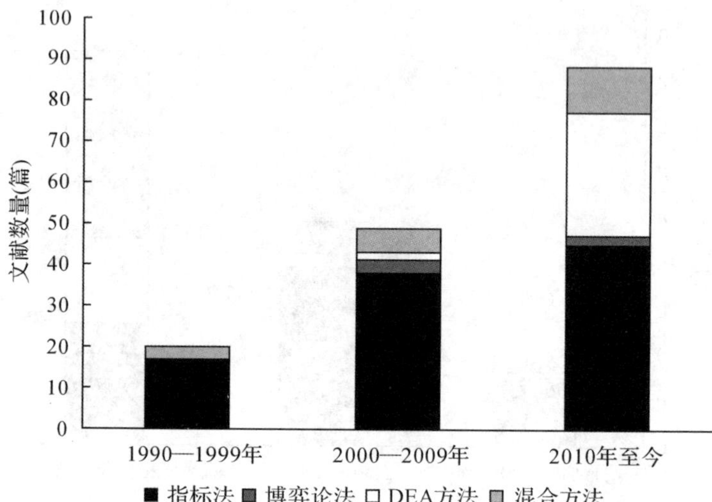

图 6 1990 年至今按分配方法划分的文献数量

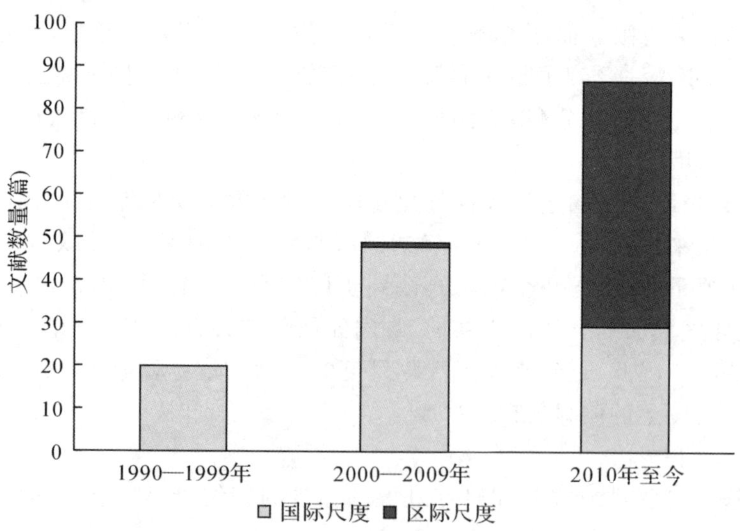

图 7 1990 年至今按分配尺度划分的文献数量

响。因此，不仅要考虑分配方案是否科学，还要统筹考虑各国和区域间历史、文化、经济等因素的差异及其利益诉求[75]，最终能够落实的分配方案一定是科学性、合理性和可行性的有机统一。

(2)随着以中国为代表的发展中国家的碳排放政策由强度控制向总量控制演进，碳排放权分配研究呈现出新的发展前景。在实际分配过程中，需要将公平性和效率性等不同原则纳入考量，因而能够反映多重原则的多指标法或综合法有望在相关研究中发挥更大的作用。同时，碳排放权分配的研究与实践对各类污染物减排目标的分解也有一定的参考价值。

(3)鉴于中国全国碳排放市场已经启动，今后应更多关注区域碳排放权分配与碳市场建设工作的衔接。例如，鼓励各省区市将一部分富余配额纳入全国碳交易市场进行再分配或其他优化碳排放权配置的制度设计。此外，探索将省级碳排放权分解至地市、区县或行业、企业等不同尺度，将成为下一步的研究重点。

中国作为全球最大的能源消费国和碳排放国，在全球变暖趋势不断加剧的大背景下，面临着巨大的国际舆论压力。积极应对气候变化，既是中国实现可持续发展和生态文明建设战略的内在要求，也是深度参与全球治理体系建设、打造人类命运共同体的责任担当。作为当今全球气候治理的重要参与者、贡献者和引领者，中国仍须围绕碳排放权分配进行持续研究，对内致力于 INDCs 各项目标的分解与落实，为区域协同减排机制的建立提供科学依据；对外则应在展现负责任大国形象的同时，切实维护国家正当利益，争取更多的发展空间和权益。

附表　部分代表性碳排放权分配研究成果汇总

文献	分配原则	分配方法	分配尺度
Agarwal 等[33]	公平性	指标法	国际
An 等[52]	效率性	DEA 法	区际
Benestad[7]	公平性	指标法	国际
Caney[65]	公平性	指标法	国际
Cantore[39]	公平性	指标法	国际
Chakravarty 等[35]	公平性	指标法	国际

续表

文献	分配原则	分配方法	分配尺度
陈文颖等[11]	公平性	指标法	国际
Den 等[59]	公平性	指标法	国际
丁仲礼等[18]	公平性	指标法	国际
Duan 等[51]	公平性、效率性	DEA 法	区际
段海燕等[48]	公平性、效率性、可行性	博弈论法	区际
樊纲等[67]	公平性	指标法	国际
方恺等[13]	公平性、效率性、可行性、可持续	指标法	区际
Feng 等[43]	公平性、效率性、可行性	指标法	区际
傅京燕等[20]	效率性	DEA 法	区际
Gignac 等[31]	公平性	指标法	国际
国务院发展研究中心课题组[6]	公平性、效率性	指标法	国际
Han 等[41]	公平性、效率性、可行性	指标法	区际
Janssen 等[34]	公平性	指标法	国际
Jiang 等[72]	公平性、效率性	DEA 法	区际
JosSijm 等[60]	公平性	指标法	国际
Kong 等[50]	公平性、效率性	DEA 法	区际
Kverndokk[8]	公平性、可行性	指标法	国际
Li 等[47]	公平性、效率性	博弈论法	区际
Ma 等[54]	公平性、效率性	DEA 法	区际
Miao 等[53]	效率性	DEA 法	区际
OECD[63]	公平性	指标法	国际
潘家华[61]	公平性、效率性	指标法	国际
Pan 等[36]	公平性	指标法	国际
Phylipsen 等[40]	公平性、效率性	指标法	国际
Qin 等[44]	公平性、效率性	指标法	区际
Sørensen[10]	公平性	指标法	国际
王慧慧等[26]	公平性	指标法	国际
王金南等[32]	公平性、效率性、可行性	指标法	区际
王勇等[42]	公平性、效率性、可行性	指标法	区际
王倩等[30]	公平性、效率性	指标法	区际

续表

文献	分配原则	分配方法	分配尺度
Wei 等[37]	公平性	指标法	国际
Winkler 等[38]	公平性	指标法	国际
Yang 等[45]	公平性、效率性	博弈论法	区际
Yang 等[49]	效率性	DEA 法	区际
姚云飞等[22]	效率性	线性优化	区际
Ye 等[58]	公平性、效率性	综合法	区际
Yi 等[70]	公平性、效率性、可行性	指标法	区际
Yu 等[56]	公平性、效率性	综合法	区际
于潇等[73]	公平性、效率性则	指标法	区际
Zhang 等[71]	公平性、效率性	指标法	区际
Zhang 等[46]	公平性、效率性	博弈论法	区际
Zhang 等[55]	公平性、效率性	DEA 法	区际
Zhao 等[57]	效率性	综合法	区际
Zhou 等[74]	公平性、效率性	指标法	区际
朱潜挺等[29]	公平性	指标法	国际

注：按第一作者姓名首字母顺序排列。

致　谢

原文“全球气候治理的新进展——区域碳排放权分配研究综述”已被《生态学报》录用，这里略作改动。感谢国家自然科学基金（项目批准号：71704157）和浙江省杰出青年科学基金（项目批准号：LR19G030001）的资助。

参考文献

[1] Intergovernmental Panel on Climate Change (IPCC). Summary for policymakers-emission scenarios special report of IPCC, working group Ⅰ. Cambridge: Cambridge University Press, 2013.

[2] Leemans R, Vellinga P. The scientific motivation of the internationally agreed "well below 2 ℃" climate protection target: a historical perspective. Current Opinion in Environmental Sustainability, 2017, 26-27: 134-142.

[3] United Nations. Adoption of the Paris Agreement. Conference of the Parties, Twenty-first Session, Paris, 30/11/2015-11/12/2015.

[4] Xu Y, Ramanathan V. Well below 2 ℃: mitigation strategies for avoiding dangerous to catastrophic climate changes. Proceedings of the National Academy of Sciences, 2017, 114 (39): 10315-10323.

[5] 韩良. 国际温室气体排放权交易法律问题研究. 北京: 中国法制出版社, 2009.

[6] 国务院发展研究中心课题组. 全球温室气体减排: 理论框架和解决方案. 经济研究, 2009 (3): 4-13.

[7] Benestad O. Energy needs and CO_2 emissions: constructing a formula for just distributions. Energy Policy, 1994, 22(9): 725-734.

[8] Kverndokk S. Tradeable CO_2 emission permits: initial distribution as a justice problem. Environmental Values, 1995, 4 (2): 129-148.

[9] Global Commons Institute. Contraction and Convergence [C&C] in the CAN-I 'Fair Effort Sharing Discussion Paper'. http://www.gci.org.uk/Documents/GCI_to_CANI_07092011_.pdf.

[10] Sørensen B. Pathways to climate stabilisation. Energy Policy, 2008, 36: 3505-3509.

[11] 陈文颖, 吴宗鑫, 何建坤. 全球未来碳排放权分配的"两个趋同"方法. 清华大学学报(自然科学版), 2005, 45 (6): 848-853.

[12] Rogelj J, Den Elzen M, Höhne N, et al. Paris Agreement climate proposals need a boost to keep warming well below 2℃. Nature, 2016, 534 (7609): 631-639.

[13] 方恺，张琦峰，叶瑞克，等. 巴黎协定生效下的中国省际碳排放权分配研究. 环境科学学报，2018，38(3)：1224-1234.

[14] Zhou P, Wang M. Carbon dioxide emissions allocation: a review. Ecological Economics, 2016, 125: 47-59.

[15] 陈红敏. 国际碳核算体系发展及其评价. 中国人口·资源与环境，2011，21(9)：111-116.

[16] 谭显春，赖海萍，顾佰和，等. 主体功能区视角下的碳排放核算——以广东省为例. 生态学报，2018，38(17)：6292-6301.

[17] 王坤，黄震方，曹芳东. 中国旅游业碳排放效率的空间格局及其影响因素. 生态学报，2015，35(21)：7150-7160.

[18] 丁仲礼，段晓男，葛全胜，等. 2050 年大气 CO_2 浓度控制：各国排放权计算. 中国科学，2009，39 (8)：1009-1027.

[19] Zhao Y, Yang W, Song W, et al. A capacity planning method for wind power based on cooperative game theory in carbon trading process. In 2018 2nd IEEE Conference on Energy Internet and Energy System Integration (EI2). IEEE, 2018: 1-6.

[20] 傅京燕，黄芬. 中国碳交易市场 CO_2 排放权地区间分配效率研究. 中国人口·资源与环境，2016，26(2)：1-9.

[21] 姚云飞，梁巧梅，魏一鸣. 主要排放部门的减排责任分担研究：基于全局成本有效的分析. 管理学报，2012，9(8)：1239-1243.

[22] 李钢，廖建辉. 基于碳资本存量的碳排放权分配方案. 中国社会科学，2015，07：66-81.

[23] Fang G, Liu M, Tian L, et al. Optimization analysis of carbon emission rights allocation based on energy justice—the

case of China. Journal of Cleaner Production，2018，202：748-758.

[24] Fang K，Heijungs R，De Snoo G R. Understanding the complementary linkages between environmental footprints and planetary boundaries in a footprint-boundary environmental sustainability assessment framework. Ecological Economics，2015，114：218-226.

[25] Hubacek K，Baiocchi G，Feng K，et al. Global carbon inequality. Energy，Ecology Environment，2017，2（6）：361-369.

[26] 王慧慧，刘恒辰，何霄嘉，等. 基于代际公平的碳排放权分配研究. 中国环境科学，2016，36(06)：1895-1904.

[27] Rose A，Stevens B，Edmonds J，et al. International equity and differentiation in global warming policy. Environmental and Resource Economics，1998，12(1)：25-51.

[28] Fankhauser S. Valuing Climate Change：The economic of the greenhouse. CSERGE，London：Earth Publication Ltd，1995.

[29] 朱潜挺，吴静，洪海地，等. 后京都时代全球碳排放权配额分配模拟研究. 环境科学学报，2015，35（1)：329-336.

[30] 王倩，高翠云. 公平和效率维度下中国省际碳权分配原则分析. 中国人口·资源与环境，2016，26(7)：53-61.

[31] Gignac R，Matthews H D. Allocating a 2℃ cumulative carbon budget to countries. Environmental Research Letters，2015，10：075004.

[32] 王金南，蔡博峰，曹东，等. 中国 CO_2 排放总量控制区域分解方案研究. 环境科学学报，2011，31(4)：680-685.

[33] Agarwal A，Narain S. Global warming in an unequal world：a case of environmental colonialism. Centre for Science and Environment. Delhi，India，1991：1-34.

[34] Janssen, Rotmans. Allocation of fossil CO_2 emission rights quantifying cultural perspectives. Ecological Economics, 1995, 13(1): 65-79.

[35] Chakravarty S, Chikkatur A, De C H, et al. Sharing global CO_2 emission reductions among one billion high emitters. Proceedings of the National Academy of Sciences, 2009, 106 (29): 11884-11888.

[36] Pan X Z, Teng F, Wang G H. Sharing emission space at an equitable basis: allocation scheme based on the equal cumulative emission per capita principle. Applied Energy, 2014, 113: 1810-1818.

[37] Wei Y M, Wang L, Liao H, et al. Responsibility accounting in carbon allocation: a global perspective. Applied Energy, 2014, 130: 122-133.

[38] Winkler H, Spalding-Fecher R, Tyani L. Comparing developing countries under potential carbon allocation schemes. Climate Policy, 2002, 2(4): 303-318.

[39] Cantore N. Distributional aspects of emissions in climate change integrated assessment models. Energy Policy, 2011, 39(5): 2919-2924.

[40] Phylipsen G, Bode J W, Blok K. A triptych sectoral approach to burden differentiation, GHG emissions in the European bubble. Energy Policy, 1998, 26(12): 929-943.

[41] Han R, Tang B J, Fan J L, et al. Integrated weighting approach to carbon emission quotas: an application case of Beijing-Tianjin-Hebei region. Journal of Cleaner Production, 2016, 131: 448-459.

[42] 王勇，程瑜，杨光春，等. 2020 和 2030 年碳强度目标约束下中国碳排放权的省区分解. 中国环境科学，2018，38(8)：3180-3188.

[43] Feng Z, Tang W, Niu Z, et al. Bi-level allocation of carbon emission permits based on clustering analysis and weighted voting: a case study in China. Applied energy, 2018, 228: 1122-1135.

[44] Qin Q D, Liu Y, Li X, et al. A multi-criteria decision analysis model for carbon emission quota allocation in China's east coastal areas: efficiency and equity. Journal of Cleaner Production, 2017, 168: 410-419.

[45] Yang K J, Lei Y L, Chen W M, et al. Carbon dioxide emission reduction quota allocation study on Chinese provinces based on two-stage Shapley information entropy model. Natural Hazards, 2018,91(1): 321-335.

[46] Zhang Y J, Wang A O, Da Y B. Regional allocation of carbon emission quotas in China: evidence from the Shapley value method. Energy Policy, 2014,74: 454-464.

[47] Li J, Piao S R. Research on regional synergy carbon reduction cost allocation based on cooperative game. Advanced Materials Research, 2013, 781-784: 2569-2572.

[48] 段海燕,王培博,蔡飞飞,等. 省域污染物总量控制指标差异性公平分配与优化算法研究. 中国人口·资源与环境, 2018, 28(8): 56-67.

[49] Yang M, An Q, Ding T, et al. Carbon emission allocation in China based on gradually efficiency improvement and emission reduction planning principle. Annals of Operations Research, 2017, 10(19): 1-17.

[50] Kong Y, Zhao T, Yuan R, et al. Allocation of carbon emission quotas in Chinese provinces based on equality and efficiency principles. Journal of Cleaner Production, 2019, 211: 222-232.

[51] Duan F, Wang Y, Wang Y, et al. Estimation of marginal

abatement costs of CO_2 in Chinese provinces under 2020 carbon emission rights allocation: 2005-2020. Environmental Science and Pollution Research, 2018, 25: 24445-24468.

[52] An Q, Wen Y, Xiong B, et al. Allocation of carbon dioxide emission permits with the minimum cost for Chinese provinces in big data environment. Journal of Cleaner Production, 2017, 142: 886-893.

[53] Miao Z, Geng Y, Sheng J. Efficient allocation of CO_2 emissions in China: a zero sum gains data envelopment model. Journal of cleaner production, 2016, 112: 4144-4150.

[54] Ma C Q, Ren, Y S, Zhang Y J, et al. The allocation of carbon emission quotas to five major power generation corporations in China. Journal of Cleaner Production, 2018, 189: 1-12.

[55] Zhang Y J, Hao J F. Carbon emission quota allocation among China's industrial sectors based on the equity and efficiency principles. Annals of Operations Research, 2017, 255(1-2): 117-140.

[56] Yu S W, Wei Y, Wang K. Provincial allocation of carbon emission reduction targets in China: an approach based on improved fuzzy cluster and Shapley value decomposition. Energy Policy, 2014, 66: 630-644.

[57] Zhao R, Min N, Geng Y, et al. Allocation of carbon emissions among industries/sectors: an emissions intensity reduction constrained approach. Journal of Cleaner Production, 2017, 142: 3083-3094.

[58] Ye B, Jiang J J, Miao L X, et al. Interprovincial allocation of China's national carbon emission allowance: an uncertainty analysis based on Monte-Carlo simulations. Climate Policy, 2017, 17 (4): 401-422.

[59] Den Elzen M G J, Lucas P. FAIR 2.0: A decision-support tool to assess the environmental and economic consequences of future climate regimes. RIVM Report 550015001/2003, Netherland, 2003.

[60] Sijm J, Jansen J, Torvanger A. Differentiation of mitigation commitments: the multi-sector convergence approach. Climate Policy, 2001, 1(4): 481-497.

[61] 潘家华. 满足基本需求的碳预算及其国际公平与可持续含义. 世界经济与政治, 2008 (1): 35-42.

[62] Brazil in Response to the Berlin Mandate. Proposed elements of a protocol to the United Nations Framework Convention on Climate Change. https://unfccc.int/resource/docs/1997/agbm/03b.pdf.

[63] Organisation for Economic Co-operation and Development (OECD). Environmental Outlook to 2030. Paris: OECD Publishing, 2008.

[64] 何建坤, 陈文颖, 滕飞, 等. 全球长期减排目标与碳排放权分配原则. 气候变化研究进展, 2009, 5(6): 362-368.

[65] Caney S. Justice and the distribution of greenhouse gas emissions. Journal of Global Ethics, 2009, 5(2): 125-146.

[66] 丁仲礼, 段晓男, 葛全胜, 等. 国际温室气体减排方案评估及中国长期排放权讨论. 中国科学, 2009, 39(12): 1659-1671.

[67] 樊纲, 苏铭, 曹静. 最终消费与碳减排责任的经济学分析. 经济研究, 2010(1): 4-14.

[68] 何建坤, 陈文颖. 应对气候变化研究模型与方法学. 北京: 科学出版社, 2015.

[69] 刘春兰, 蔡博峰, 陈操操, 等. 中国碳减排目标的地区分解方法研究述评. 地理科学, 2013, 33(9): 1089-1096.

[70] Yi W J, Zou L L, Guo J, et al. How can China reach its CO_2 intensity reduction targets by 2020? A regional allocation

based on equity and development. Energy Policy, 2011(39): 2407-2415.

[71] Zhang Y J, Hao J F. The allocation of carbon emission intensity reduction target by 2020 among provinces in China. Natural Hazards, 2015, 79(2): 921-937.

[72] Jiang H, Shao X, Zhang X, et al. A study of the allocation of carbon emission permits among the provinces of China based on fairness and efficiency. Sustainability, 2017, 9(11): 2122.

[73] 于潇，孙猛. 中国省际碳排放绩效及 2020 年减排目标分解. 吉林大学社会科学学报，2015，55 (1)：57-65.

[74] Zhou X, Guan X, Zhang M, et al. Allocation and simulation study of carbon emission quotas among China's provinces in 2020. Environmental Science and Pollution Research, 2017, 24(8): 7088-7113.

[75] Saxena A, Qui K, Robinson S A. Knowledge, attitudes and practices of climate adaptation actors towards resilience and transformation in a 1.5℃ world. Environmental Science & Policy, 2018, 80: 152-159.

专题四

清洁能源发展与新能源

西藏清洁能源的开发利用

张　雷[1]　杨　波[2]　杨　涛[3]　李艳梅[4]

1. 中国科学院地理科学与资源研究所；2. 北京市社会科学院；
3. 中国藏学研究中心社会经济研究所；4. 北京工业大学经济与管理学院

在所有地球的资源环境要素构成中，能源对人类文明的发育和进步作用巨大。然而，随着开发规模的扩大，能源，特别是矿物燃料使用的普及，在加速人类文明进步的同时，也产生了极大的负面效应，并且已经严重地威胁到未来人类持续生存的地球环境[1-3]。目前，世界各国正在努力探索如何通过能源开发利用方式的创新，以从根本上缓解乃至遏制地球环境日趋恶化的局面，清洁能源发展所体现的正是这种努力的一种必然取向。作为世界上最大的能源消费和碳排放国，中国在此方面的投入和付出至关重要。

西藏自治区地处我国青藏高原的西部和南部，是重要的国家安全屏障所在。地形地貌复杂、高原气候特征明显和冰川河流湖泊众多，不仅造就了丰富的动植物资源，还造就了该地区脆弱的生态系统。实际上，正是这种生态系统发育的脆弱性决定了当地能源开发利用上的独特性：如何在平衡生态环境安全保障和社会经济发展的两者利益的前提下，实现本地能源高效、合理与可持续地开发利用[4,5]。

一、自然基础

西藏自治区位于 26°52′～36°32′N，78°24′～99°06′E，全区总面积 120.22 万 km^2，其中耕地 0.44 万 km^2，林地 17.98 万 km^2，草地 88.93 万 km^2。其自然基础具有以下特征：

(1)按区域面积计算，西藏在全国各省（区市）中仅次于新疆，位居第二。

(2)按淡水、耕地、草场、林地、能源(矿物燃料)和矿产等 6 大关键生存和发展资源要素计算,西藏自治区的淡水和草场两大要素的总量在全国的地位突显(图 1)。

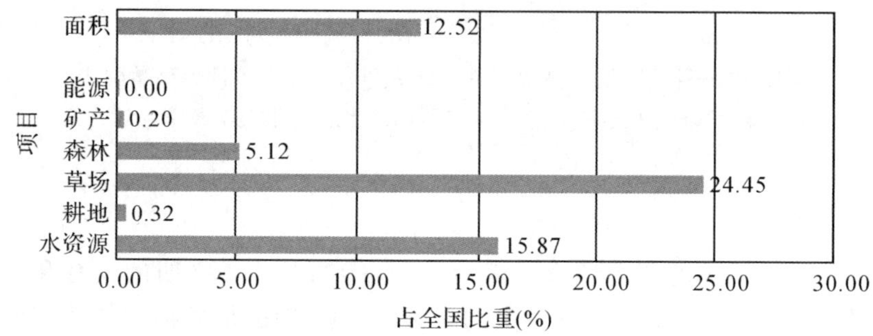

图 1　西藏自治区 6 大资源要素占全国比重

(3)同样,按照单位区域面积的资源密度计算,在西藏自治区 6 大关键资源要素中唯有草场与淡水 2 大资源的表现最为耀眼(图 2)。

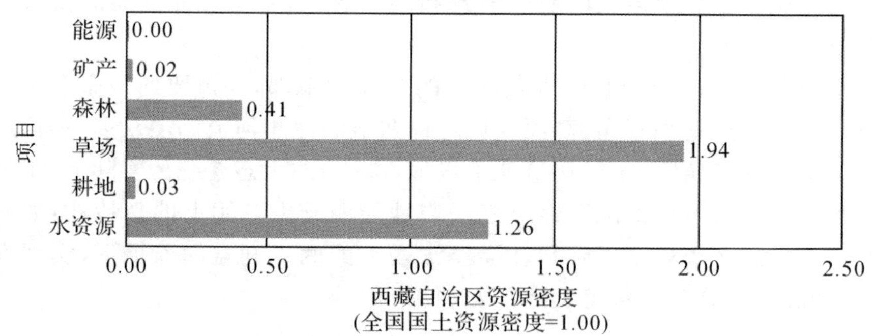

图 2　西藏自治区国土资源密度特征

(4)考虑到相对不利的资源开发条件(平均海拔高程、≥10℃年均气温积温和多年平均降水)(图 3 所示),西藏自治区的资源环境总体开发适宜度只有 0.52,略高于青海省,位居全国倒数第二(图 4)。

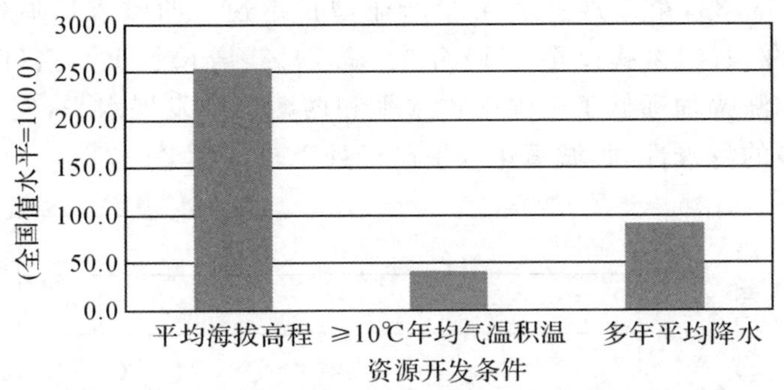

图 3 西藏自治区资源开发条件特征

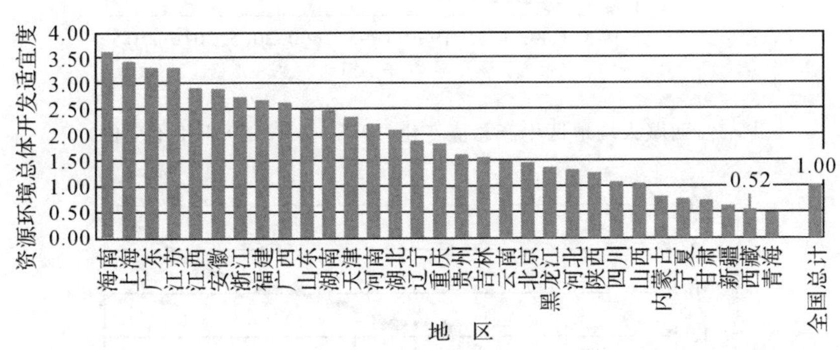

图 4 各省(区、市)资源开发总体特征

(5)地形条件上,西藏四周山脉围绕,区内高山林立,沟壑纵横,超过8000m的高峰有5座,全区总体上呈西高东低之势,平均海拔在4000m以上。

二、资源环境开发

1951年以后,尤其是改革开放以来,西藏社会经济得到较快发展,尽管与全国水平有所差距,但其人均地区生产总值仍由1978年的347.76元提高至2015年的8414.39元(1951年不变价),增长了23倍(图5);三次产业结构从1978年的50.68∶27.67∶21.65演进至2016年的9.16∶

37.51∶53.33，第二产业和第三产业增长迅速。西藏人口城镇化率从1978年的11.31％提高至2015年的27.74％，增长了1.6倍（图6）[6-7]，其数量和涨幅均远低于全国平均水平和西藏经济发展水平，但鉴于该区地理环境的特殊性，其城镇化水平已经处于较高水平。

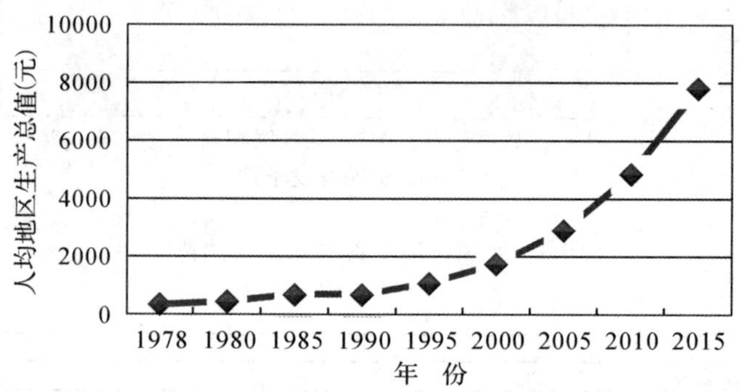

图5 西藏人均地区生产总值变化（1978—2015，1951年不变价）

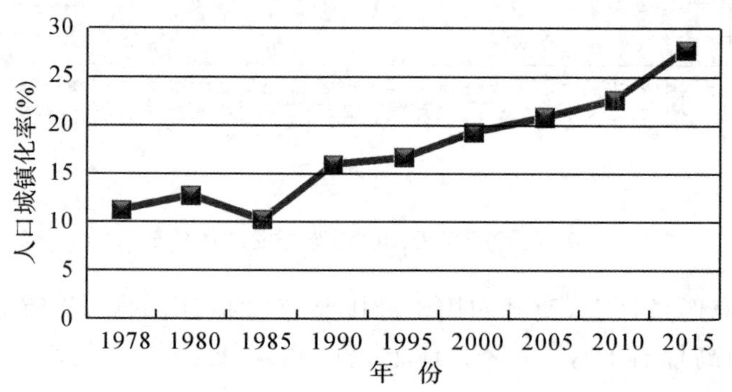

图6 西藏城镇化率变化（1978—2015年）

从财富积累状态上看，西藏自治区自1978年以来发展显著，其中2016年，作为农业生产条件的农业机械动力增长46倍；主要工业产品中发电量增长37倍，水泥增长近100倍；公路通车里程和民用车辆拥有量分别增长了4倍和34倍；另外，人均医院床位增长了近1倍（图7）。

由于地形塑造出了特殊地理环境，西藏社会经济发展上具有显著的

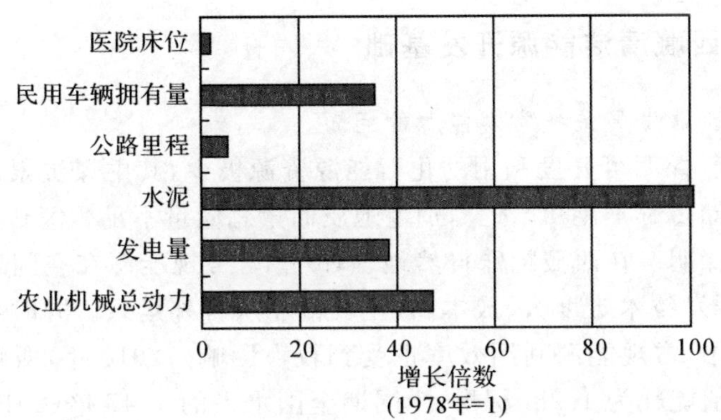

图 7 西藏现代化财富积累状态(1978—2016 年)

区域差异。总体上看,西藏经济与人口空间格局趋于一致,在 6 个地市 74 个县级行政区中,经济与人口主要集聚在中偏东南部。阿里全境、那曲和日喀则西部、山南和林芝南部的地均工农业总产值均低于 1 万元/km^2,人口密度均低于 1 人/km^2。经济发达地区主要包括了位于拉萨河谷地带的拉萨城关区、堆龙德庆区、曲水县、达孜县,墨竹工卡县,山南的乃东区、桑日县和日喀则的桑珠孜区。各县级行政区地均总值均大于 20 万元/km^2,其中拉萨城关区最高,达到 889.98 万元/km^2。人口规模上,人口密度大于 20 人/km^2 的区县包括了拉萨城关区、日喀则的桑珠孜区、山南的贡嘎县和乃东区,同样,拉萨城关区最高,达到 426.09 人/km^2。

上述经济与人口规模较高区县工业产值均处于较高水平,即在工业总产值前十的区县中,上述地区占了其中 8 个,仅拉萨当雄县和林芝巴宜区工业产值高于达孜县。在工业发展带动下,这些地区在经济水平提高和人口集聚的同时,其对能源的需求也大幅提升。

由自然基础和人文现状来看,西藏的社会经济发展决定了能源需求量的提高,其地理环境特征又决定了传统能源的短缺状态和新能源的需求前景,自然生态格局和人文活动格局共同决定了该地区的能源利用格局。

三、西藏清洁能源开发基础

(一)西藏发展依托常规能源的问题

西藏已探明可开发利用的化石能源资源极少,其中煤炭累计探明储量和保有储量都不足0.5亿t,加上地质储量总储量不足3亿t,石油资源储量尚待探明。在西藏特殊自然地理环境下,常规能源在空间分布上相对分散,开发技术难度大、成本高,主要依靠从区外运入。同时考虑到在高原环境中,常规能源利用效率也受到较大影响。2010年,西藏万元地区生产总值能耗为1.28t标煤,为同期全国水平的1.47倍(2010年全国水平为0.87t标煤)。较低的能源利用效率同样对生态环境造成极大的压力,不足以支撑该地区的大规模工业开发。

(二)商品性清洁能源的资源优势

西藏拥有丰富的水能、太阳能、风能和地热能等现代清洁能源,尽管在遍在性上,水能、太阳能、风能和地热能等商品性清洁能源远不及生物质能源,但仍十分丰富,且各类能源在空间分布上互补。

其中,河流水能理论蕴藏量为20056万kW,年发电量可达3300亿kWh,占全国可开发储量的17.1%;由于海拔高、纬度低,太阳总辐射值大,年日照时数在1500~3400h,大部分地区的年总辐射值在6×10^9~$8\times10^9 J/m^2$;根据《2015年中国风能太阳能资源年景公报》,西藏地区拥有较好的风能资源,年平均风速超过6.0m/s,≥3.0m/s的风速全年累积可达6500 h;地热资源储量居全国之首,热能总量66万kcal/s,折合标准煤约300万t/年[8](表1~表4)。

表1 西藏水能资源情况

分区	理论蕴藏量(万kW)	可开发储量(万kW)
雅鲁藏布江水系	11347.73	4737.53
西南部国际诸河	8166.68	554.74
金沙江水系	516.92	355.00
内陆河流	24.60	12.00
全区	20055.93	5659.27

表 2　西藏太阳能资源情况

分区	日照时数(h)	年总辐射量(×10^6J/m^2)
藏西、藏北(拉萨及其以西地区)	2900～3400	7000～8400
喜马拉雅山南麓—那曲中、东部—昌都	2250～2900	6250～7000
藏东南	2000～2250	5850～6250
雅鲁藏布江下游	<2000	<5850

表 3　西藏风能资源情况

分区	年平均有效风能密度(W/m)	有效风力时数(h)
藏北区(东到安多,西至阿里北部,南抵冈底斯山和念青唐古拉山北麓)	130～200	>4000
喜马拉雅山脉地区	100～140	3500～4000
雅鲁藏布江中游	100	1500～3000
藏东(丁肯—易贡—林芝—加查一线以东地区)	<100	<1000

表 4　西藏地热能资源情况

分区	天然热流量(万 kcal/s)	折合标煤(万 t/年)	特点
藏北低中温地热资源区(阿里北部和那曲西部)	5.9	25.8	分布零星,显示微弱,以温泉为主
藏东中低温地热资源区(昌都、林芝和那曲东部地区)	7.9	34.5	分布较广,显示强度中等
藏南高温地热资源区(西藏中南部,包括拉萨、日喀则和山南)	48.96	214	类型多样,以汽、水为主
藏西中高温地热资源区(阿里地区象泉河、狮泉河流域,雅鲁藏布江大断裂)	6.7	29.3	水热强烈,类型齐全

（三）生物质能源的优势

由于常规能源开发受限，当地传统的能源消费结构主要是“靠山砍林、靠牛用粪、林粪结合”，这其中提到的林、粪都是当地生物质能源的主要来源。

相对于常规能源来说，西藏生物质能源利用具有历史悠久、总量丰富、采集便利等特点。西藏生物质能源主要包括了森林、秸秆和畜粪等。受独特气候作用，当地树木生长迅速且持续期长，能够快速蓄积。根据中国林业局网第八次全国森林资源清查结果显示，西藏森林覆盖率达到11.98%，其中天然林面积84425km^2，人工林面积达到488km^2，2016年西藏农村木材采伐量达到11.04万m^3；秸秆主要来自当地种植的农作物，其收获量可根据不同作物谷草比进行折算。2016年，西藏谷物（包括稻谷、小麦、青稞等）、豆类和油菜籽产量分别折合秸秆量约为175.10万t；该区草场面积较大，且农区兼有部分畜牧业，因此有大量牲畜粪便可供作为燃料。2016年年末，大牲畜共计631万头，以每头大牲畜每天产干粪1.5kg计算，全年约可产干粪345.47万t。

四、西藏清洁能源开发利用

（一）开发利用历程

回顾过去，西藏各类清洁能源的开发都有一个从无到有、从小到大的历程。1955年4月，拉萨夺底水力发电站动工，并于1956年10月建成发电，标志着西藏正式开启现代清洁能源的开发与利用。至20世纪70年代末期，拉萨纳金电站、拉萨西郊电厂、昌都电厂、六〇六电厂等逐步建成投入运行。20世纪70年代以来，我国先后在西藏羊八井、朗久、那曲建设商业性地热发电站，总装机容量28.18MW。其中1975年，西藏第三地质大队用岩心钻在羊八井打出了我国第一口湿蒸汽井，1976年兆瓦级的羊八井地热发电站成功发电；阿里朗久地热电站于1983年开工兴建，于1985年10月投运，1988年10月停运，1995年修复后重新投产。

20世纪80年代后，水力发电与地热发电持续开发的同时，西藏地区开始加快风能和太阳能发电项目的建设工作。从1982年至1990年，日喀则、山南、阿里先后从内蒙古、山西、河南等地引进风力发电机，但运行不理想。1982 年 4 月,那曲地区从内蒙古引进风力发电机,当月运行,供照明使用;1984 年,国家拨款在那曲修建风能试验站;1986 年,那曲风能试验站引进 10 台 1 千瓦风力发电机。同一时期,1985 年,自治区太阳能研究所光电研究室成立;1986 年,太阳能资源综合开发利用项目列入自治区“星火计划”。1989 年,阿里 3 个县建成 3 座太阳能光电站;到 1990 年,阿里革吉县 10kW 光伏电站竣工发电;1991—1992 年,农牧区进行“太阳能电源通信系统示范研究”,实施“千瓦级居民用电系统”;1991—1993 年,引进“小型高性能太阳能光电水泵”。到 1997 年,全区建成太阳能光电设施 750kW,推广太阳能电池 1.2 万套,太阳能小型卫星地面接收站 60 座,太阳能电站 5 座;到 1998 年,那曲与阿里 7 个无水无电县建设 7 座县级太阳能光伏电站。

西藏电力建设长期坚持“大力发展水电、稳妥开发地热、积极推广太阳能风能利用、多能互补、因地制宜、大中小结合、开发与节能并重”的方针,适度超前发展能源事业。国家对能源发展战略部署,给西藏新能源发展带来了新的机遇。2016 年,西藏水力发电 46 亿 kWh,太阳能发电 4 亿 kWh,风力发电 0.1 亿 kWh,地热和其他新能源发电 1 亿 kWh。其中,太阳能利用建设方面,2016 年的光伏装置备案量增加到 290 个,装置量 3683MW。全区光伏发电站共 14 座,分别分布在拉萨、日喀则、山南、阿里四个地区。其中,拉萨已经建设完成光伏发电站 3 座,分别位于当雄县和林周县;日喀则已经建设完成光伏发电站 3 座;山南已经建设完成光伏发电站 7 座;阿里已经建设完成光伏发电站 1 座。2018 年,山南市琼结县首个贫困村光伏农场建成,规模达到 1MW。风能利用上,2018 年,那曲高海拔风电项目正式开工建设,规划总容量 49.5MW,安装 33 台 1500kW 风力发电机组,配套安装 33 台箱式变压器,这标志着西藏风力资源的开发和利用进入了实质性阶段。

(二)开发利用前景

发展清洁能源产业,一方面可以通过替代来解决能源安全问题,另一方面则减少大气污染、化石能源开采破坏等生态环境隐患。因此,满足西藏能源需求,优化能源结构,促进节能减排,减少环境污染,现代清洁能源开发利用是西藏能源发展战略的必然选择。

作为我国重要的战略资源储备基地和西电东送的重要能源接续基地，西藏水能资源开发潜力巨大。区内水能资源集中分布的藏南和藏东地区可开发水电站以大型为主，便于集中开发和集中外送。

西藏作为太阳能资源丰富区，预期至2020年可实现2500～5000MW的光伏装机量。当前已有多项工程计划和项目规划获得批准，光伏产品的生产和消费都将进入快速增长期。

西藏风能资源可利用区主要分布在经济相对落后的地区，在解决无电县和无电乡的过程中，积累了许多建设风光互补电站的经验，也培养了大批管理、运行和维护人员。

地热电站工期短、相对造价低的优势，为地热发电利用提供了良好的发展前景。预期西藏地热发电50～100兆瓦示范项目建成后，每年可以提供3亿～5亿kWh电量。此外，地热综合利用还可以带动地热资源下游产业链（种植业、旅游业和养殖业等），增加农牧民收入。

清洁能源产业是资金技术密集型行业，其产业链较长，涉及产业较多。发展清洁能源产业，不仅可以促进本行业的发展，而且对产业链上其他产业产生较大的促进作用。与清洁能源密切相关的交通运输、装备制造和技术服务等产业的规模和技术水平亦能得到有效推动，从而形成一个规模庞大的产业集群。这种显著的技术扩散和规模效应使清洁能源产业有可能成为未来经济发展中的主要增长点。

在能源消费方面，2016年，西藏地区用电量总计达到48.22亿kWh，同比增长21.43%。其中，行业用电39.09亿kWh。居民用电10.13亿kWh。行业用电中，三次产业用电占比为0.42∶69.09∶38.49。

西藏城乡能源消费总量为252.5万吨标煤，年人均生活能源消耗为0.7吨标准煤。从能源消费结构上看，城乡能源消费比例为57.1∶42.9（图8）。而占能源消费总量42.9%的广大农村地区，能源则主要来自畜粪、柴草和秸秆等生物质能源，三者全计占比达到99.78%，其他能源如油、电、太阳能等占比仅为0.22%，（图9）。农村能源消费反映了在清洁能源开发利用结构上，依然侧重于生物质清洁能源的开发，而非商品性清洁能源。

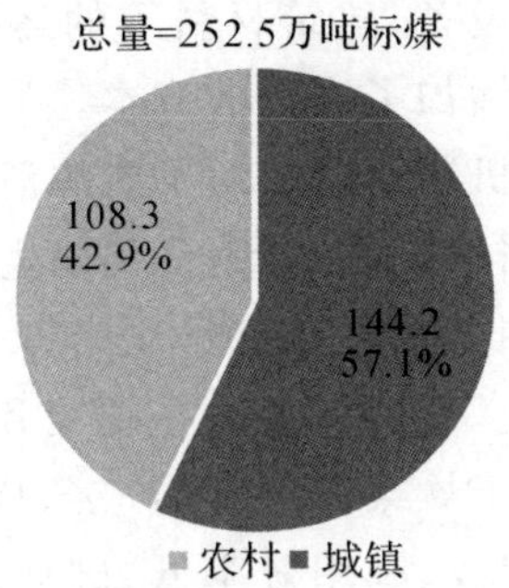

图 8　西藏城乡能源消费总量情况

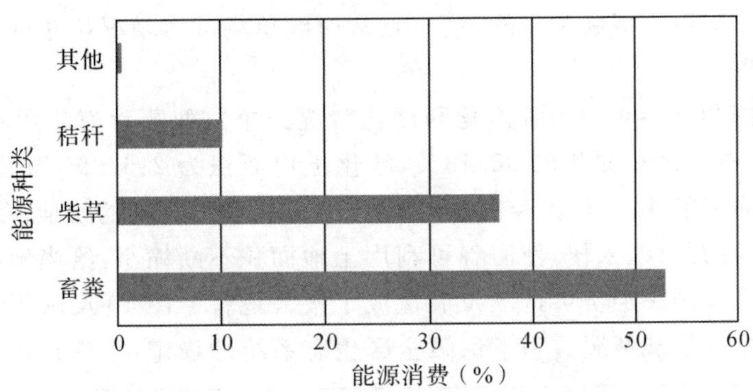

图 9　西藏农村能源消费结构

（三）当前面临的突出问题

尽管西藏清洁能源资源丰富，且在当前发展战略规划下，前景广阔，但仍存在亟待解决的突出问题。

首先，商品性清洁能源资源近年开发力度较大，出现发电能力过剩情况。2010—2016 年，西藏电力装机容量以年均 20% 的速度快速增长到 2.65×10^{6} kW（1 年发电能力约 140 亿 kWh），但是 2016 年的实际发电量只有 53 亿 kWh，不到装机容量的 40%，电站开始出现弃水、弃光现象。

其次，现代清洁能源设备运输不便。受地理条件和气候环境影响，西藏交通运输条件较差，个别能源开发潜力较大的地区位置偏远，交通不便，一方面导致各类机械设备、建筑材料等的运输需要投入更多的人力、物力和财力，另一方面也增加了维护的成本。

第三，能源消费清洁机制问题制约了能源清洁总体发展，这也是目前最突出的问题。当前，农村地区能源消费仍以生物质能源为主。其中，畜粪、柴草和秸秆消费量占比分别为53.30%、36.38%和10.10%（图9所示），传统薪柴能源的替代率极低，电力主要是用于蒸饭、电视、夏天时的冰箱和洗衣机，煤气则用于炒菜和农忙时应急烧水。生物质能源的消费存在开发与利用的方式粗放、利用效率低、破坏环境等问题，集中表现为林木减少、草场退化、土地沙化，进而导致水土流失、生态环境质量下降、生物多样性减少、土壤肥力下降等一系列问题[9]，对地区生态系统整体良性发育形成巨大威胁和挑战，这一点从西藏草场载畜情况历年变化上可见一斑。

根据2005年《中国荒漠化和沙化状况公报》，西藏荒漠化面积4335万公顷，占全区总面积的36.13%，沙化土地面积为2167.99万公顷，占全区总面积的18.1%。沙化日趋严重，逐渐吞噬可利用的耕地、草地，特别是沙丘的前移、入侵，使河谷可利用土地面积不断缩小，给当地群众的生存环境及国民经济可持续发展造成了极大危害。图10反映了近年来西藏草场的超载情况。为了保障全区生态系统的稳定，无论是在能源开

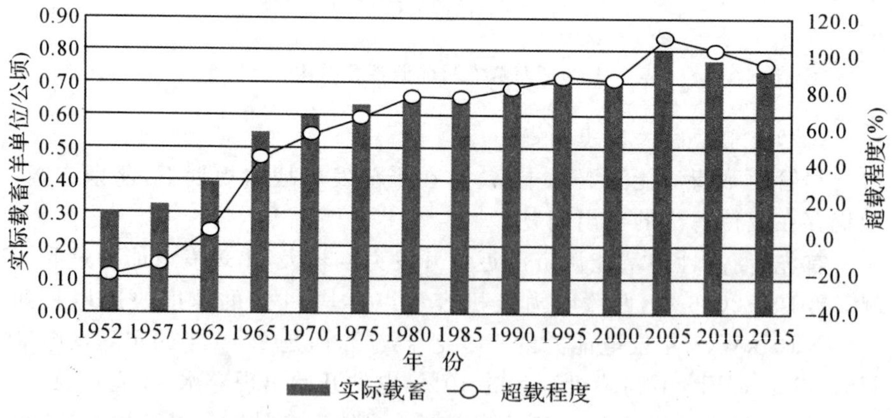

图10 西藏自治区草场载畜与超载变化（1952—2015年）

发上还是在利用上都需要谨慎。

五、对策建议

总体来讲，西藏清洁能源开发利用应“因地制宜”地开展工作，需要统筹生态保护与适度开发和持续利用的关系，不能因急于提高能源生产能力而忽视各类能源开发利用对生态系统的影响。尤其是在“西电东送”接续能源基础的定位之下，应当对清洁能源开发带来的生态效益、经济效益进行综合评估。基于对问题、前景的判断，未来清洁能源工作应从以下两个方面展开。

一是准确把握清洁能源开发利用的工作方向。清洁能源的开发与利用不仅仅由能源工业部门自身发展所决定，更是由全区自然生态系统开发的效果共同决定的。尽管全区清洁能源资源丰富，但如果未顾及生态环境的改善，那么清洁能源的开发利用机制就是不完善的。也就是说，清洁能源机制一定要与当地整体的资源环境基础和自然生态系统相结合、相适应。因此，应尽快建立西藏全域清洁能源机制，涵盖清洁能源生产、清洁能源消费和生态环境保护。

二是合理安排清洁能源空间布局。西藏自治区各类现代清洁能源资源在空间上存在差异性和互补性，但其人类活动空间格局存在相对集聚的特征，因此，应针对人类活动集聚程度不同，合理布局能源开发建设工作。如以拉萨为中心的西藏中地区为西藏主要用能区，其能源开发应以水能为主，辅以地热能和太阳能，同时保障外部能源供给通畅等。此外，城镇与农村之间，农区、牧区和林区之间的能源利用在空间上同样存在差异性，在能源结构上均应有所侧重。如针对牧区和林区生物质能源利用影响生态环境的问题，应加速此类地区现代清洁能源的开发和利用。

参考文献

[1] 张雷. 国家资源环境安全的要素综合评价. 地球科学进展, 2004, 19(2): 283-288.

[2] 张雷. 资源环境基础论：中国人地关系研究的出发点. 自然资源

学报，2008，23(2)：177-183.

[3] 张雷，张淑敏，朱鹏，等. 中国城镇化进程的资源环境基础. 北京：科学出版社，2009.

[4] 文涛，许万虎. 构建"西电东送"接续能源基地. 经济参考报，2013-5-8. http://www.jjckb.cn/2013-05/08/content_443403.htm.

[5] 胡瑛. 西藏清洁能源产业加快发展. 中国西藏网，2018-2-23. http://www.tibet.cn/cn/news/yc/201802/t20180223_5483086.html.

[6] 国家统计局国民经济统计司. 新中国五十五年统计资料汇编. 北京：中国统计出版社，2005.

[7] 国家统计局. 中国统计年鉴(历年). http://www.stats.gov.cn/tjsj/ndsj/.

[8]《西藏自治区志·国民经济综合志》编纂委员会. 西藏自治区志·国民经济综合志. 北京：方志出版社，2015.

[9] 蔡国田，张雷. 西藏农村能源消费及环境影响研究. 资源开发与市场，2006，22(3)：238-241，244.

中国交通运输领域清洁能源的发展

王海滨

中国中化集团有限公司经济技术研究中心

2015至2018年中国电动汽车产销量连续四年位居世界第一。至2018年底,中国电动汽车保有量达到261万辆[1],占全球市场保有量50%以上[2]。其中,几乎所有的电动公交车都在中国。截至2018年上半年,全球电动公交车约为38.5万辆,99%在中国[3]。可以说,中国是全球电动汽车超级大国。

中国生态文明建设的不断推进对改善能源消费结构提出了较高要求,中国电动汽车的快速发展就发生在这一大背景中。在当今世界各国中,中国是努力改善能源消费结构的唯一大国①,推进交通运输用能的清洁化是能源结构调整政策的重要部分。发展绿色交通的方式有很多种,中国政府一方面推进清洁燃料和动力的应用,包括发展压缩天然气(Compressed Natural Gas, CNG)车辆、液化天然气(Liquefied Natural Gas, LNG)车辆和船舶、电动交通运输工具以及推广乙醇燃料等,这是狭义上的发展清洁能源;另一方面也在努力推进传统能源的清洁化利用,这在交通运输领域的重要体现是提高油品清洁度、努力提高汽车燃油经

① BP公司首席经济学家戴思攀(Spencer Dale)在《BP世界能源统计年鉴2018》发布会上的发言,北京,中国大饭店会议厅,2018年7月30日。

济性，这是广义上的清洁能源发展①。由于篇幅有限，本文将主要分析狭义的清洁能源，即清洁燃料和动力在道路和轨道交通领域的应用。

一、生态文明建设是中国发展清洁燃料和动力的大背景

1978年改革开放启动后的较长时间内，中国经济快速增长，但忽视了对环境的保护。中国发展交通运输清洁燃料和动力是在生态文明建设的大背景中进行的。党的“十八大”以来，中国政府大力推进生态文明建设，决心建设“美丽中国”。现在，政府对环境保护的重视程度提高，治理环境污染的决心增大。中国政府认识到，能源尤其是化石能源的生产和

① 2013年至今，中央和地方政府采取了许多相关政策，包括：单双号限行、汽柴油加快升级、汽车排污标准升级、在京津冀加快推进汽转铁等政策。实施了“蓝天保卫战行动计划”和“柴油车污染防治行动计划”。从1999年开始推广无铅汽油至今，中国政府和炼油企业提高油品清洁度已经历多个过程，从国一标准的汽柴油，连续升级至国二、国三、国四和国五，各项污染物指标变得越来越严格。其中，硫含量标准分别从800ppm（国一汽油）和10,000ppm（国一柴油）快速下降到10ppm。根据政府安排，2019年1月1日起，全国全面供应符合国六标准的车用汽柴油，停止销售低于国六标准的汽柴油，国六标准对硫含量的要求与国五标准相同，但是烯烃和芳烃含量等指标更加严格。车辆排放标准也在加快升级。车辆是汽柴油消费的载体。车辆控制污染物排放设备情况对污染物排放情况有影响。中国政府近年来积极推进车辆环保水平的进步。1999年车辆燃油实行国一标准，2016年12月23日，环境保护部和国家质监总局发布了《轻型汽车污染物排放限值及测量方法（中国第六阶段）》，规定2020年7月1日开始实施。根据规律，一些城市将提前实行国六标准。黄标车（即国一标准以下的汽油车和国三标准以下的柴油车）将加快被淘汰。虽然中国政府对成品油清洁程度和车辆尤其是柴油车排放标准的要求越来越严，但是现实总是很复杂。劣质油品仍然在国内大行其道，而一部分货车司机为了减少购买车用尿素等费用，使用作弊软件，降低车辆的环保标准，增加污染物排放，这类违法现象也很普遍。为了配合车辆排放标准和油品质量的升级，政府还在重点区域采取了一些行动，以配合治污效果。比如，在《京津冀及周边地区2017年大气污染防治工作方案》、《京津冀及周边地区2017—2018年秋冬季大气污染综合治理攻坚行动方案》和《打赢蓝天保卫战三年行动计划》中，均强调要推进在京津冀等重点地区的汽转铁。中国政府之所以突出强调要在京津冀地区抓紧推进汽运转铁路运输，首先当然是因为京津冀地区的空气污染状况最严重，其次是由于京津冀地区的汽车运输在各类交通运输方式中所占的比例偏高，其中尤其是把“三西”（陕西、山西和内蒙古西部）的煤炭以及铁矿石等大宗商品用重型卡车运输的比例偏高。运输那些商品的重型卡车基本都是柴油车。由于许多穿过北京的重型柴油车的车辆和烧掉的油都不达标，导致车辆排放严重超标，并加剧了北京及其他沿途城市的空气污染。正因为如此，汽转铁从2017年起成为中国政府治污的一个重要原因。

消费是环境污染的重要来源。因此，近些年来中国政府大力推进清洁能源发展，治理污染是其重要考虑之一。

治霾对中国交通运输领域清洁能源的发展提出了迫切要求。2013年至今，中国东部大片地区，尤其是京津冀地区，多次遭受了严重灰霾天气的袭击。重霾天气的反复出现影响了民众对政府的信心，迫使政府不得不下决心治霾。在重霾天气出现后，关于霾的成因的讨论往往会变得很热烈，主要的争论点之一是油造成的污染更大还是煤造成的污染更大。虽然有各种分歧，但是一个基本结论是，石油消费肯定是导致大中城市空气污染的重要原因。中国科学院和环境保护部的报告都指出，中国大中城市的灰霾污染具有煤烟和汽车尾气污染混杂的特征[4]。国际能源署(International Energy Agency, IEA)提出，尽管交通运输行业不是当前中国空气污染物排放的最大来源，但是在这一行业中采取行动十分重要，因为人接触与交通运输有关的污染物的程度非常高，特别是PM2.5。如今，超过80%的客车以及接近60%的公路货车活动在城市地区，道路交通的颗粒物排放量占了上海和广州的颗粒物排放总量的20%以上，而这一比例在北京和深圳分别为30%和40%[5]。中国政府出台了一系列政策来治理燃油导致的空气污染，这就是发展清洁交通的核心考虑①。

除了保护环境的考虑外，中国政府发展交通运输领域清洁能源，还有保障国家能源安全、促进产业升级、提升经济发展质量等方面的考量。

二、在交通运输领域推进清洁能源应用的政策

近年来，中国正在积极推进能源消费革命。能源消费革命在中国交通运输领域的表现包括但不限于高速和常速电气化铁路、城市轨道交通工具、电动汽车、天然气汽车、燃料乙醇汽车、燃料甲醇汽车、燃料电池汽车等替代燃料或动力交通工具的发展。

---

① 由于全球变暖加剧，减少二氧化碳等温室气体排放、治理碳污染成为全人类越来越紧迫的任务。然而，不论是“听其言(即观察中国政府的政策宣示)”还是“察其行(即观察中国政府实际实施的政策)”，都不难发现近些年来中国政府对治理空气污染的重视程度远胜于治理碳污染。

电动交通运输工具对燃油车的替代是电机机械对内燃机机械的替代,具有一定的革命意义。发展电动交通运输工具是中国政府发展清洁交通的重要政策之一。在中国各种电动交通运输工具的发展中,电动汽车的发展最令人注目①。2014 年以来中国中央政府发布的各项鼓励电动汽车发展的政策文件均提到了治理空气污染的目的。反过来,积极发展电动汽车的内容②也频频出现在政府治理空气污染的各项政策文件中[6]。

电动交通运输工具只是能源的应用,并不是能源本身。由于电动汽车电力可能来自煤炭发电,也可能来自水电、风电、燃气发电等相对清洁的电力,因此从全生命周期来看,电动汽车的确很难说一定是清洁的,相反,电动汽车的清洁环保程度是变动不居的。在中国,由于煤电在电力消费结构中仍然占据 2/3[7] 的比例,更加不能轻易断言电动汽车从全生命周期看是清洁环保的。然而,在消费环节,电动汽车不会产生污染物,是清洁的交通运输工具。中国政府急切地希望打赢蓝天保卫战,而电动汽车的发展有助于治理城市空气污染,因此得到各级政府的欢迎。近些年来中央和地方政府在电动汽车的生产、销售等环节提供大量补贴,促使中国电动汽车产、销量大幅增长。

不过,电动汽车要发挥治污的作用,还要突破技术因素的限制。一个突出的限制是电动汽车的能量密度不足,决定了它目前基本只能用于轻型车辆,重型卡车、轮船和飞机实现电动化还会比较遥远。100 年来,随着内燃机技术的不断进步,燃油汽车的马力越来越强劲,相同数量的汽柴油产生的动力越来越强。汽油车和柴油车的能量密度早已分别超过 1 瓦(Watt)/克或 2 瓦/克[8],远远超过电动汽车。为了让消费者真心愿意购

---

① 这在很大程度上是由于地铁和电力火车经常不在多数人的视野范围内,电动汽车则不然。

② 比如在 2015 年、2016 年和 2018 年李克强总理所做的《政府工作报告》里[见"政府工作报告(全文)", http://www.gov.cn/guowuyuan/2015-03/16/content_2835101.htm;"政府工作报告(全文)", http://www.gov.cn/guowuyuan/2016-03/17/content_5054901.htm;"政府工作报告",http://www.gov.cn/premier/2018-03/22/content_5276608.htm],以及《打赢蓝天保卫战三年行动计划》等政策文件里。

买电动汽车，中国政府出台政策，以推动动力电池能量密度的提高。根据中国动力电池发展规划，“到2020年，新型锂离子动力电池单体比能量超过300瓦时/公斤；系统比能量力争达到260瓦时/公斤……到2025年，新体系动力电池技术取得突破性进展，单体比能量达500瓦时/公斤”[9]。这意味着即使按时达标，到2025年中国动力电池的能量密度仍然不及汽油车的一半，与柴油车的差距则更大，电动汽车能量密度的提高还有漫长的路要走。

天然气汽车（主要包括CNG和LNG汽车）在交通运输领域可以部分替代石油消费。中国中央政府在一定程度上支持天然气汽车的发展，比如，政府对CNG和LNG都不征收消费税，而汽柴油每吨需要缴纳上千元的消费税，这让CNG和LNG与汽柴油相比具有一定竞争力。在一些政府文件中，可以明显看出中央政府明确地把发展天然气汽车与治理空气污染联系起来[10]。中国的CNG和LNG汽车保有量合起来已超过600万辆[11]。据中石油测算，2017年车用天然气替代了大约2400万吨的成品油消费[12]。预计未来中国的天然气汽车数量还将增长。根据国务院发展研究中心预测，到2025年，国内CNG车保有量将达到630万辆；到2030年，LNG车保有量将超过150万辆[6]。

不过，天然气汽车的发展也受到一些限制。首先，近年来由于煤改气的推进等原因，天然气供求关系渐趋紧张，价格总体上涨，带动LNG和CNG价格上涨，天然气汽车的经济优势减小。其次，各地方政府在气荒出现时往往强调“压非（居民用气）保民（用气）”，气源吃紧，导致天然气汽车无气可加，或者需要排长队加气。再次，国内天然气汽车正面临电动汽车快速发展带来的挑战[13][14]。中央和地方政府把电动汽车定义为“新能源汽车”，对其支持力度大，除了给予财政补贴外，还包括在限号限行方面给予优待；然而政府已不认为天然气汽车是“新能源汽车”，不对其提供补贴，也没有限号限行等方面的优待。结果，虽然在更重视能量密度的重型卡车方面，天然气汽车还享有对电动汽车的优势，但是在轻型车辆方面，天然气汽车越来越不能抵挡来自电动汽车的冲击。最后，天然气汽车治理空气污染的效果受到一些人为因素的干扰。CNG中含有一些杂质，燃烧后会排放少量污染物；LNG则更为清洁，不过由于液氮的价格低于

LNG,常有不法经营者用液氮冒充 LNG,注入车辆中。液氮燃烧后产生大量的氮氧化物,增加空气中的污染物[15]。

中国政府鼓励生物燃料的发展,且最近加大了鼓励力度。燃料乙醇是中国主要的生物燃料。2017 年中国中央政府 15 个部委联合发文,要求在 2020 年前强制在汽油中添加 10%的燃料乙醇,基本实现全覆盖[16]。现阶段中国的汽油消费量为 1 亿多吨[17],如果推广目标实现,将意味着燃料乙醇达到 1000 多万吨的消费量。如果国内生产的燃料乙醇不能满足需求,中国可以从美国、巴西等乙醇生产大国进口。作为增氧剂和防爆剂,燃料乙醇的推广有助于替代 MTBE(methyl tert-butyl ether, 甲基叔丁基醚)。由于 MTBE 有致癌风险,因此用燃料乙醇替代 MTBE 有环保意义。MTBE 在部分意义上是石化产品,因此用燃料乙醇替代 MTBE,是部分意义上的石油替代。不过,由于司机普遍反映汽油掺入燃料乙醇后,跑起来没劲。因此,乙醇汽油的市场接受度仍然较低,目前其消费量仅约 260 万吨[18],未来燃料乙醇推广的效果还尚待观察。

国内燃料甲醇、生物柴油的现状和燃料乙醇的处境相似,市场接受度低,消费量小,对石油消费的替代作用有限。

总之,现阶段燃料电池汽车的成本过高,严重依赖政府补贴,估计要经过较长时间才能进入商业化推广阶段。

三、中国政府发展清洁交通的其他动因

除了治理污染外,中国政府发展清洁交通另有多种考虑,其中较突出的包括保障能源安全、提升经济发展质量。

(一)保障能源安全是发展清洁交通的重要考虑

在国家发展清洁交通的考虑中,能源安全与产业拉动、环保并重[19]。清洁交通发展对中国能源安全的促进表现在相对减少石油消费等方面。石油安全是目前中国能源安全的核心。在各类主要能源中,石油的国内产量与消费量之间的差距最悬殊,导致中国石油消费的对外依赖度最高。2006 年 11 月 20 日,国务院副总理曾培炎主持召开国务院会议,会议提出要以新能源替代传统能源、以优势能源替代稀缺能源、以可再生能源替

代化石能源[20]。简言之,是以有余补不足。目前中国的电力供应总体宽松,天然气消费的对外依赖度和石油消费相比更低。用电力和天然气部分替代石油作为交通运输动力,一方面有助于减轻中国石油供应的压力,从而有利于保障中国石油安全,另一方面也有利于改善中国一次能源消费结构,提高能源安全系数。

(二)提升相关产业发展质量是清洁交通发展的重要动力

习近平生态文明思想的本质是绿色辩证法。习总书记指出,“绿水青山就是金山银山”,保护环境与发展经济,以及生态文明建设与经济建设,不是相互对立的,不是说治理污染就一定要牺牲经济,或者反过来发展经济就一定要牺牲环境。经济、政治、社会、文化和生态文明建设应该做到五位一体,相互促进、共同发展。

从绿色辩证法的角度出发,中国政府对推进交通运输领域清洁化的考虑是多方面的。从理论角度看,治理空气污染以及其他类型的污染是减少人们身体健康遭遇的威胁,能够争取到的是消极意义上的利益,即减少民众健康、社会经济等方面的利益损失。通过发展电动交通运输工具、天然气汽车、燃料电池汽车等,可以在一定程度上提高中国石油安全的系数,减少中国石油消费的风险。这方面中国政府能够争取到的也是一种消极意义的利益,即减少安全利益的损失。

不难理解,如果做一件事,既能在某些方面减少损失(即争取到消极意义上的收益),还能在其他方面争取到积极意义上的收益(即增加经济等获益),就可以说实现了一举两得或多得,而这件事就更有可能取得成功,长期持续下去的可能性也会更大。

事实上,中国政府推进绿色交通,除了治理环境污染、保障国家能源安全外,的确有更多积极意义上的考虑。在经济方面,中国政府希望通过发展绿色交通来增加经济增长点,还力图借此帮助实现经济由高速增长到高质量发展的转变。

推动相关行业转型升级是中国政府发展清洁交通的一个重要考虑。以电动汽车发展为例,中国政府支持电动汽车发展的一个重要考虑是发展民族汽车工业。中国汽车行业已发展多年。2009 年,中国首次超越美国成为全球第一大汽车销售市场[21],之后的领先优势越来越明显。但是，中国汽车业“大而不强”是社会共识。民族汽车品牌技术落后、所占市场份额低、产品档次低等现象都是汽车工业“大而不强”的表现。2014 年 5 月 24 日，国家主席习近平在视察上海汽车集团股份有限公司时指出，汽车行业是市场很大、技术含量和管理精细化程度很高的行业，发展新能源汽车是我国从汽车大国迈向汽车强国的必由之路，要加大研发力度，认真研究市场，用好用活政策，开发适应各种需求的产品，使之成为一个强劲的增长点[22]。由于中国、美国、欧洲以及日本等汽车强国在发展电动汽车方面技术和经验差距比在传统燃油车方面的差距要小很多，我国的确有更大机会在电动汽车领域实现向强国的过渡。

除了要努力在汽车制造业逐渐实现由大国向强国的转变之外，中国在制造业的其他许多领域也有相同抱负。其中大幅提升制造业的雄心壮志便在《中国制造 2025》的发展蓝图中得到较为集中的体现。

《中国制造 2025》提到将支持电动汽车的发展，同时要求支持另一种清洁交通运输工具[6]——燃料电池汽车——的发展。它提出：“继续支持电动汽车、燃料电池汽车发展，掌握汽车低碳化、信息化、智能化核心技术，提升动力电池、驱动电机、高效内燃机、先进变速器、轻量化材料、智能控制等核心技术的工程化和产业化能力，形成从关键零部件到整车的完整工业体系和创新体系，推动自主品牌节能与新能源汽车同国际先进水平接轨[23]。”

在交通运输方面，《中国制造 2025》还高度重视高速电气化铁路这一清洁能源利用方式的发展。它不仅着眼于高铁事业在国内的发展，也对高铁“走出去”、在世界铁路建设市场中逐渐扩大市场有所期待。报告中提到，应加强对外投资立法，强化制造业企业走出去法律保障，规范企业境外经营行为，维护企业合法权益。探索利用产业基金、国有资本收益等渠道支持高铁等装备和优势产能走出去，实施海外投资并购[23]。

此外，地铁等城市轨道交通系统的修建和运营技术已经很成熟。虽然城市轨道交通未来在数字化、智能化等方面还有广阔的发展空间，但总体上不在高科技的范围内。不过，修建地铁、轻轨等城市轨道系统除了有利于环保外，还能拉动投资、促进就业，这些便是中国中央和各地方政府支持城市轨道交通发展的重要原因。

四、中国清洁交通发展的国际影响

在低碳电力发展[7]的背景下，中国电动交通运输工具的发展一方面有利于温室气体减排，从而对全球应对气候变化事业做出了贡献；另一方面，中国电动汽车、电气化铁路、城市轨道交通运输工具或系统及其技术的出口在一定条件下，有助于目的地国家和地区能源消费结构的改善。

中国电动交通运输工具或系统及其技术已经实现小规模出口。在电气化铁路方面，中国公司负责建成非洲第一条跨国电气化铁路亚吉铁路，该线自埃塞俄比亚首都亚的斯亚贝巴（Addis Ababa）通往吉布提（Djibouti），采用中国二级电气化铁路标准建设，设计时速 120 公里。这是中国企业在海外建设的第一条全产业链“走出去”的铁路，即从融资、设计、施工、装备材料，到通车后的运营，全部由中国中铁和中国铁建中土集团两家中国公司负责。该线路于 2017 年 10 月开始商业化运行。在高铁项目方面，中国公司负责的印度尼西亚雅万铁路①取得重要进展。在城市轨道交通项目方面，越南首都河内吉灵—河东（Cat Linh-Hà Đông）城市轻轨项目于 2018 年 9 月实现试运行，它是越南第一条城市轨道交通项目，由中铁六局承建[24]。

在世界电动汽车发展的大背景下，近年来中国电动汽车进口量和出口量都有所增长。一方面，中国从美国等其他国家进口了特斯拉（Tesla）等品牌的电动汽车；另一方面，中国向世界许多国家和地区出口了电动汽车。2017 年，中国进口了约 2.6 万辆电动汽车，出口了超过 10 万辆电动汽车，净出口量超过八万辆。不过，目前中国电动汽车出口存在单价低等问题。比如，2017 年中国进口的电动汽车平均每辆价值 7.42 万美元，而出口电动汽车的单价平均仅为 0.35 万美元，不及前者的 1/20[25]。

展望未来，如果风电、太阳能发电等低碳电力在中国电力供应中的占比继续提升，那么电动交通运输工具的发展将有助于推进中国交通运输领域的低碳化发展。在这样的发展过程中，电动交通运输工具受到的“逆

---

① 该线路是自印度尼西亚首都雅加达（Jakarta）至万隆（Bandung）的高铁线路。

替代”的指责[26]将越来越少。

未来中国电动交通运输工具或系统及其技术出口规模总体上将呈扩大趋势。首先，中国国内电气化铁路和城市轨道交通项目继续发展的空间越来越小，其先进产能需要更多“走出去”。到2017年底，中国电气化铁路里程已达到8.7万公里，电气化率达到68.2%[27]。国内还没有实现电气化的铁路多为山区或支线铁路，电气化改造的难度大、经济性差。国内城市轨道交通项目因拆迁等费用高涨，成本越来越高，推进难度也在增大。中国铁路、地铁建设等公司自然会越来越多地“走出去”，到国外寻找业务机会，同时把中国先进的技术、设备和建设经验扩散到其他国家。其次，近几年来，中国电动汽车生产发展迅猛，规模反超发达国家。由于国内电动汽车产能快速扩张，已出现严重过剩[28]，预计在满足国内需求之余，未来中国电动汽车出口量可能会在现有基础上继续增加。同时中国电动汽车产能会更大规模地“走出去”，在国外建厂生产。

今后，中国电气化铁路、城市轨道交通运输工具、电动汽车产能将越来越大规模地“走出去”，为世界其他国家和地区的温室气体减排和污染治理作出更大贡献。

五、结论

近年来中国交通运输以及其他领域清洁能源的发展，主要是在中国政府优化能源消费结构的背景之下推进的，而中国政府优化能源消费结构又是其治理污染战略的一部分。

迄今为止，中国交通运输领域清洁能源的推进主要得益于自上而下的发展路径。目前已经到了十字路口，之后能否实现可持续发展的不确定性增大。正在经历的一个大变化是中国政府清洁能源发展政策已经从向企业提供大量补贴转变为减少补贴，同时强制企业完成清洁能源产品的生产和销售。强制的增加意味着企业反抗的可能性会增长。另外，目前中国清洁交通的发展严重缺乏非政府组织和公民社会的参与[29]。这些都将给未来中国交通运输领域清洁能源的继续推进带来一定的不确定性。在后补贴时代，中国政府、企业应努力利用有利条件，有效应对挑战，增强交通运输领域清洁能源发展的可持续性。

参考文献

[1] 崔小粟. 2018 年汽车销量下降 2.8%. 中国证券报，2019-01-15.

[2] 鲍南. 推广新能源车先考虑电池处置. http://www.fj.chinanews.com/news/fj_zxsp/2019/2019-03-08/435583.html.

[3] 佚名. 媒赞中国领跑全球电动公交革命:欧美踟蹰不前. http://www.jnbus.com.cn/industrynews/19672.jhtml.

[4] 孙秀艳，郝迎灿，李刚，等. 雾霾发难,油品难逃其责. 人民日报，2013-2-25.

[5] International Energy Agency. Energy and air pollution: world energy outlook special report. https://webstore.iea.org/weo-2016-special-report-energy-and-air-pollution.

[6] 张国昀. 中国电动汽车发展研究. 北京:中国石化出版社,2016.

[7] BP Statistical Review of World Energy 2018.

[8] Smil V. Energy and civilization: a history. Cambridge, Massachusetts: The MIT Press, 2017: 289-290.

[9] 四部委关于印发《促进汽车动力电池产业发展行动方案》的通知. http://www.miit.gov.cn/n1146295/n1652858/n1652930/n3757018/c5505456/content.html.

[10] 加快推进天然气利用的意见. http://www.ndrc.gov.cn/zcfb/zcfbtz/201707/W020170704620817903063.pdf.

[11] 仝晓波. 重卡减排“气代油”受追捧. 中国能源报，2018-09-17.

[12] 费华伟，陈蕊. 2017 年中国炼油工业发展状况与趋势. 国际石油经济，2018，5：45.

[13] 国务院关于印发打赢蓝天保卫战三年行动计划的通知. http://www.gov.cn/zhengce/content/2018-07/03/content_5303158.htm.

[14] 北京公交集团新能源公交车两年内占比将提升至 80%. http://www.sasac.gov.cn/n2588025/n2588129/c8091300/

content. html.

[15] 佚名. 液市小讲堂:您的 LNG 中掺液氮了吗?. http://www. sohu. com/a/235853512_100013387.

[16]《关于扩大生物燃料乙醇生产和推广使用车用乙醇汽油的实施方案》印发. http://www. gov. cn/xinwen/2017-09/13/content_5224735. htm.

[17] 2017 年中国汽油行业市场前景及消费量预测. http://www. chyxx. com/industry/201708/548968. html.

[18] 国家能源局. 国家能源局科技司负责人就《关于扩大生物燃料乙醇生产和推广使用车用乙醇汽油的实施方案》答问. http://www. nea. gov. cn/2017-09/13/c_136606048. htm.

[19] 黄珮. 充电桩行业需要脚踏实地的企业——专访华商三优执行董事、总经理刘晓民. 中国能源报, 2018-09-10.

[20] 国家发改委宏观经济研究院信息中心课题组. 2006 年中国宏观经济大事辑要(下). 经济研究参考, 2007, 33: 44.

[21] 2009 年中国超越美国成为全球最大汽车市场. http://www. mofcom. gov. cn/aarticle/i/jyjl/m/201001/20100106727122. html.

[22] 习近平在上海考察. http://politics. people. com. cn/n/2014/0524/c1001-25060582. html.

[23] 国务院关于印发《中国制造 2025》的通知. http://www. gov. cn/zhengce/content/2015-05/19/content_9784. htm.

[24] 王迪, 陶军. 中企承建越南首条城市轻轨开始试运行. http://www. xinhuanet. com/silkroad/2018-09/20/c_129957905. htm.

[25] 崔东树. 2017 年中国新能源汽车出口国家分析. https://www. sohu. com/a/223297183_115312.

[26] 刘朝全, 姜学峰主编. 2017 年国内外油气行业发展报告. 北京:石油工业出版社,2018.

[27] 齐中熙. 为品质生活提速——改革开放 40 年我国电气化铁路实现跃升. http://www. xinhuanet. com/politics/2018-10/

03/c_129965424. htm.

[28] 张厚明. 我国新能源汽车市场产能过剩危机的成因与对策研究. 科学管理研究, 2018, 36(3): 29.

[29] Kostka G, Zhang C M. Tightening the grip: environmental governance under Xi Jinping. Environmental Politics, 27(5): 772.

新能源汽车专利池潜力测度
——基于专利合作的网络机制

孙华平[1,2]　耿　涌[2]　胡凌翔[1]　石龙宇[3]　许　通[3]
1. 江苏大学产业经济研究院；2. 上海交通大学环境学院；
3. 中国科学院城市环境研究所

引　言

日益严重的全球能源危机和日益加剧的交通行业污染凸显了产业绿色低碳转型的迫切性和复杂性。传统燃油汽车的高排放促使世界各国纷纷大力发展新能源汽车。尤其是进入21世纪以来，新能源汽车产业得到空前的发展，目前已经成为全球各国争抢的战略高地。我国的新能源汽车发展始于“863”计划，并在政府的大力支持下被列为七大战略性新兴产业之一，取得了较快的发展。在全国范围内，新能源汽车整车和零部件的产业格局逐步形成，技术创新体系走向成熟。市场上涌现出一大批优秀的新能源汽车代表性企业及其产品，部分产品行销全球。新能源汽车区分于使用汽油、柴油发动机的普通能源汽车，一般指采用非传统燃料作为能源驱动，或者使用传统燃料但革新车载动力装置的汽车。新能源汽车种类繁多，主要包括纯电动汽车、混合动力汽车、太阳能汽车、燃料电池汽车、氢能源动力汽车、燃气汽车、生物燃料汽车等。

作为代表性新兴产业，新能源汽车的重要标志就是采用了新兴技术，其产业竞争力的核心在于技术创新。技术创新活动的最直接产出表现为专利。专利作为企业的智慧结晶涵盖了企业创新的最新情报，是企业技术信息的有效载体。对企业的专利分类、整合后进行数据分析，可以一窥该领域的技术发展趋势、企业所处产业内位置以及专利权人之间的合作等众多深层次的信息。新能源汽车产业领域存在着众多原始性创新成果产生，在全球技术经济范式进入新的转换期、知识和技术成为创新网络关键要素的背景下，我国新能源汽车专利权人应当采取何种专利策略来保护新能源领域的创新成果，以及采取什么样的专利合作模式保护自身利益、促进新能源汽车产业发展是我们必须面对的问题。本文基于国内领先组织的专利数据，运用社会网络分析法对这些问题给出回答。

一、文献综述

近年来，不少学者开始从动态网络的视角分析产业演化和企业创新等问题。Baum 等[1]通过构建网络演化模型模拟企业选择合作伙伴的行为，研究认为知识互补性具有不可替代的角色，而且它可能是合作联盟形成背后的真正推动力。Blundel[2]基于两个竞争创新网络的动态分析，考察了技术能力和产业动态在创新网络中扮演的不同角色。Jiang 等[3]运用复杂网络演化模型，基于网络嵌入性等视角考察了技术创新网络的结构变化。Chen 和 Vang[4]基于摩托罗拉的创新网络案例，考察了发展中国家在跨国公司全球创新网络中所处地位及其演化过程。Holger[5]对中国和德国两个新能源汽车大国进行了策略比较研究。他认为两国发展模式完全不同，中国是政府推动型，而德国是市场主导型，文章还提到中国在锂离子电池领域的强势地位。Yang 等[6]基于新能源汽车中的电动汽车专利数据，主要考察了中国电动汽车的相关政策和技术发展趋势之间的关联性。

国内外学者关于新能源汽车产业专利和技术创新的研究也较为丰富。王静和朱桂龙[7]通过整体发明专利和联名专利的对比分析，从产学研合作的角度考察了我国新能源汽车领域专利发展情况。黄鲁成等[8]针对北京新能源汽车产业从专利分析角度探讨了其优、劣势，并提出了相应的对策。李薇薇[9]考察了新能源汽车产业中的企业专利现状，制定成功实现技术专利化——专利标准化——标准垄断化的竞争战略。李雷[10]提出新能源汽车专利池策略的意义，是指众多专利的拥有者形成的正式或者非正式组织，目的是为了相互之间共同享用专利技术以及对外统一进行专利许可。陈腾[11]以电动汽车产业化最发达的日本为例，对日本三大汽车企业丰田、本田和日产电动汽车相关专利进行了计量分析和比较研究。杨利锋等[12]引入“跨国专利”概念，并利用专利比较优势指数对我国和其他新能源汽车大国的电动汽车技术优势进行比较分析，研究发现我国新能源汽车产业发展存在不平衡等问题。张慧卿等[13]聚焦新能源汽车电池成组技术，运用 Innography 分析软件对该领域内的全球专利进行了分析和更深层次的专利挖掘工作。闫杰等[14]在专利组合理论的基础上对其方法进行部分修正，研究了全球电动汽车企业的技术创新能力和技术联盟伙伴选择问题。王晨[15]通过建立 QSPM 矩阵来比较各备选专利战略的总分，并选择了最适合低碳经济环境下我国新能源产业发展的专利战略。汪守霞等[16]构建了一个以专利指标为主的 28 个三级指标的技术创新能力评价体系，科学地评价了我国新能源汽车产业的技术创新能力。高堉颖等[17]在对新能源汽车专利进行简单梳理的基础上，对我国新能源汽车产业技术方面的专利创新路线进行了探讨。陈文婕等[18]运用数据挖掘方法对全球范围内低碳汽车专利申请量前 100 位的专利权人展开了专利合作网络分析，并考察了其整体特征和演变路径。

综合来看，前人的研究主要侧重对专利数据的直接分析，如专利数量、专利申请人分布等初步描述统计，并运用社会网络等方法研究新能源汽车专利合作网络的演化特征。但很少有学者对全行业或全产业链的专利数据进行进一步的挖掘工作，也较少有学者基于全国新能源汽车专利数据对其专利池潜力进行测度。基于此，本文从专利数据出发，通过专利数量、技术创新主体、技术领域、专利权人地理分布等初步揭示我国新能源汽车专利的发展现状，在此基础上运用 UCINET 软件构建专利合作网络并进行演化分析，以期清晰地反映中国新能源汽车产业技术创新和专利池构建的潜力，并根据实证结果，给出相关结论和政策建议。

二、数据来源与网络分析方法

(一)数据来源与检索办法

本文所需的专利数据，均来源于中国国家知识产权局建设的“专利检索及分析系统”。该系统是目前国内最权威的专利检索工具，收录了国内外个人、组织自 1985 年起在华申请的专利数据以及相关引证、同族和法律信息。专利检索方法上，通常有关键词检索法和 IPC 分类检索法。本文采用的是关键词检索法,原因是IPC分类号存在一定的争议,为避免遗漏主要采用关键词检索法。在关键词方面,本文的研究对象为新能源汽车,中国工信部对新能源汽车的基本定义为:混合动力汽车、纯电动汽车、插电式电动汽车和燃料汽车等四大类,时间范围截至2016年12月31日。

本文采用以上关键词检索策略选取了相关专利拥有量前38名的企业,并在"标题、摘要和权利要求"中同时检索,以避免遗漏数据。这些专利权人共计拥有5699个专利,647个为被引专利,其中在38个专利权人之间被引用的专利数为424。全部新能源汽车方面专利数为26949个,搜寻时间范围为20010101至20161231。本文将时间分为三段,分别是2001—2008年、2009—2012年以及2013—2016年。

(二)社会网络分析方法介绍

1. 整体网络结构分析

(1)网络节点度分布

网络中节点与节点大量相互连线,构成了复杂的网络。节点的度数即描述了这种连线关系,度数越大表示连线数量越多。分析网络中节点度数有助于深入了解整体网络的结构特征。

(2)网络凝聚性分析

网络的凝聚性主要表现在网络密度、平均距离和凝聚力等几个指标。网络密度越大表明节点间的联系越紧密,该网络对节点的影响力就越大。网络平均距离是指网络中节点之间距离的平均值,反映出节点之间的亲疏关系。

2. 网络中心性

(1)点度中心度

点度中心度(degree centrality)表示某个节点与其他直接相连的节点个数。点度中心度越大,说明与该节点相连的节点数量越多,这样的节点往往处于网络中心,对其他节点影响力较大。对点度中心度进行排序可筛选出居于网络中间位置的节点。在有向图中,每个点的度数可分为点入度和点出度,在本文中也即专利被引和引用他人的次数。点度中心度公式为:

$$C_D(n_i) = d(n_i) = \sum_j x_{ij} = \sum_j x_{ji},$$

式中，$\sum_j x_{ij}$ 用于计算节点 i 与其他 j 个节点的直接联系数。

(2)中间中心度

中间中心度(betweenness centrality)描述的是节点对于资源的控制程度。如果其他节点之间的联系需要经过某个节点，那么该节点的中间中心度就较高。中间中心度的取值一般在0～1之间，中间中心度为1表明这个点往往起到“中间人”的作用，对其他节点不可或缺。而中间中心度为0，即处于网络边缘的专利权人，表明他们对专利权人之间的引用关系影响力相对较弱。中间中心度公式为：

$$C_{ABi} = \sum_j^n \sum_k^n b_{jk}(i), j \neq k \neq i \text{ 并且 } j < k$$

式中，$b_{jk}(i)$ 表示节点 i 能够控制节点 j 和 k 联系的能力。

(3)接近中心度

接近中心度(closeness centrality)测量的是单一节点不受其他节点的控制程度，一般通过距离指标来衡量。某个节点越是与其他节点接近，那么它的信息就越容易被传递出去，相应地接近中心度就越低，这样的点往往位于网络的中间位置。距离越长的节点往往在资源控制和影响力方面较弱，处于网络的边缘。接近中心度公式为：

$$C_{APi} = \sum_{j=1}^n d_{ij}$$

式中，d_{ij} 是点 i 和点 j 之间的距离。

三、实证分析

(一)现状分析

1. 专利申请数量

经过关键词检索并剔除外观设计类专利后，2001年至2016专利申请数量为25607件，其中包括发明专利15047件，实用新型专利10560件。由图1可以看出，2001年之前我国新能源汽车方面的专利非常少，几乎可以忽略不计；2001年以后保持着稳步增长的态势，但年均申请量较少，处于探索阶段。2009 年专利申请量突破 500 件，这表明新能源汽车研发水平逐渐提高，专利规模扩大。2013 年后专利数增幅不减，2016 年达到 7376 件，新能源汽车产业迎来了全面发展时期。

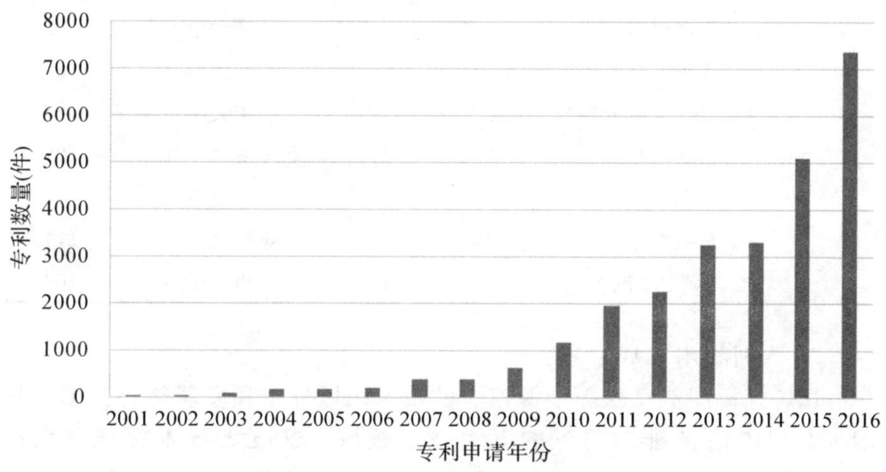

图 1　我国新能源汽车产业专利申请趋势图

2. 专利权人分布

选取的 38 个专利权人专利总数为 5699 件，表 2 列出了专利申请量位于前 20 的专利权人，既包括纵向一体化组织（整车企业），也包括纯研发组织（高校和科研院所）。表 1 结果显示：在企业中，奇瑞汽车股份有限公司拥有的专利达到 759 件，占据第一位，比亚迪、重庆长安和北汽福田等国内大型车企分别列第二至第四位。而在高等院校和科研院所中，清华大学拥有 284 件专利，山东理工大学、吉林大学、江苏大学和同济大学等紧随其后，专利申请量均在 100 件以上。综合来看，我国新能源汽车领域研发组织较多、竞争激烈，目前的研发格局以企业为主、高校科研院所为辅。

表 1　专利数量排名

排名	专利权人	专利数量	排名	专利权人	专利数量
1	奇瑞	759	11	山东理工大学	157
2	比亚迪	414	12	吉林大学	152

续表

排名	专利权人	专利数量	排名	专利权人	专利数量
3	重庆长安	395	13	江苏大学	146
4	北汽福田	327	14	同济大学	135
5	清华大学	284	15	东南大学	129
6	吉利汽车(含研究院)	226	16	重庆大学	127
7	江淮汽车	224	17	上海中科深江	126
8	上汽集团	217	18	中国一汽	117
9	东风汽车	177	19	郑州比克	114
10	北京新能源汽车	163	20	惠州亿能	109

3. 专利技术领域分布

IPC分析图能反映新能源汽车的技术领域分布和发展趋势。图3显示了专利申请量排名前五的五大技术领域。这五大技术领域分别是B60K和B60L、H02J、H01M和H02K。其中B60K和B60L排名前二,均属于车辆电控的B60大类。这说明伴随着产业发展,电控技术获得飞快的发展,国内企业和组织在底盘、车身等方面研发颇多。H01M、H02K和H02J分列三到五位。其中,H02K增长最为平缓,总量也与其他两类存在差距,H02J和H01M则增长较快,尤其是H02J上涨趋势最猛,这反映了配电和供电系统越来越成为研发重点,基础设施领域受到更多的关注。从图2可以看出各技术领域专利从2012年开始有明显的下降,这一方面是因为这几大技术领域研发趋于饱和,而其他技术领域得到重视,另一方面则是受政策调整影响。综合来看,主要技术领域的专利数量总体上大幅提升,这说明中国政府大力倡导的"电池、电机、电控"三横战略取得了非常好的成效。

4. 专利权人地理分布

将检索得到的全部25607件专利按地域所属进行整理分类,我们得到图3。专利权人地理分布前8名依次为北京、上海、江苏、安徽、重庆、广东、浙江和湖北,这8个省份或直辖市的专利申请量占到我国新能源汽车专利总数的72.97%,但占比都较低,没有绝对的领先者。最高的北京

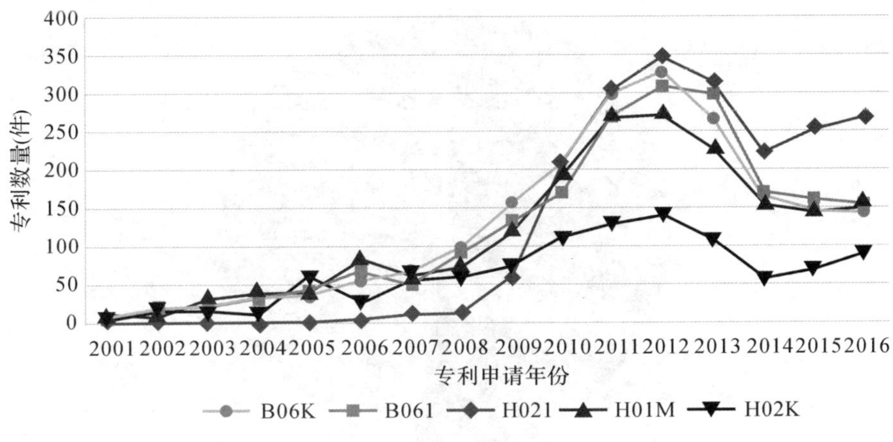

图 2 我国新能源汽车专利技术领域分布

占比为 12.79%,较低的湖北也有 5.12%,这说明我国新能源汽车研发力量的集中度还不够,研发区域比较分散。该现象一方面说明我国新能源汽车市场竞争激烈,多点开花,但较低的研发集中度又会使有限的人力、经济资源无法被最大化利用,某种程度上阻碍了专利研发水平。

(二)基于社会网络分析的专利引用网络特征分析

1. 专利引用网络宏观特征分析

本文通过 EXCEL 软件对收集来的前 38 名新能源汽车专利权人的相关专利进行整理,并构建 38×38 的专利引用关系矩阵,将关系矩阵导入软件 UCINET 自动生成社会网络来刻画我国新能源汽车专利引用现状。通过分析专利合作网络图谱,可以深入了解专利权人之间的协作行为。

如图 4 所示,本文对我国新能源汽车产业专利引用网络进行了可视化处理。图中节点代表专利拥有量排名前 38 位的新能源汽车领先组织,主要被分为两大类,方块表示纵向一体化企业,圆圈表示纯研发组织。节点连线的粗细与节点之间的引用次数正相关,即引用次数越多,连线越粗,反之越细。

社会网络的整体结构特征主要包括网络集中度、密度、效率和凝聚子

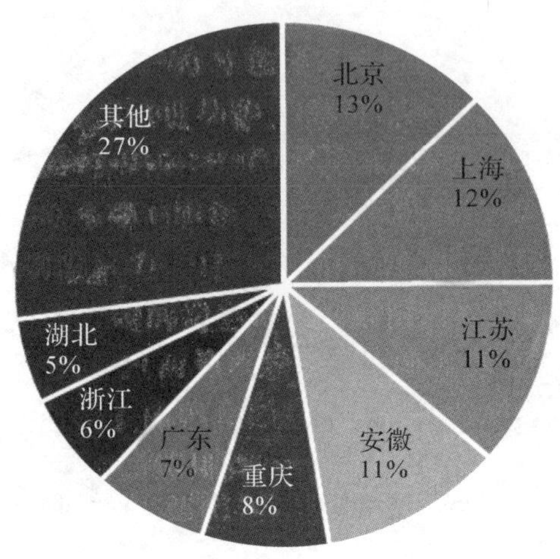

图 3 我国新能源汽车专利权人地理分布

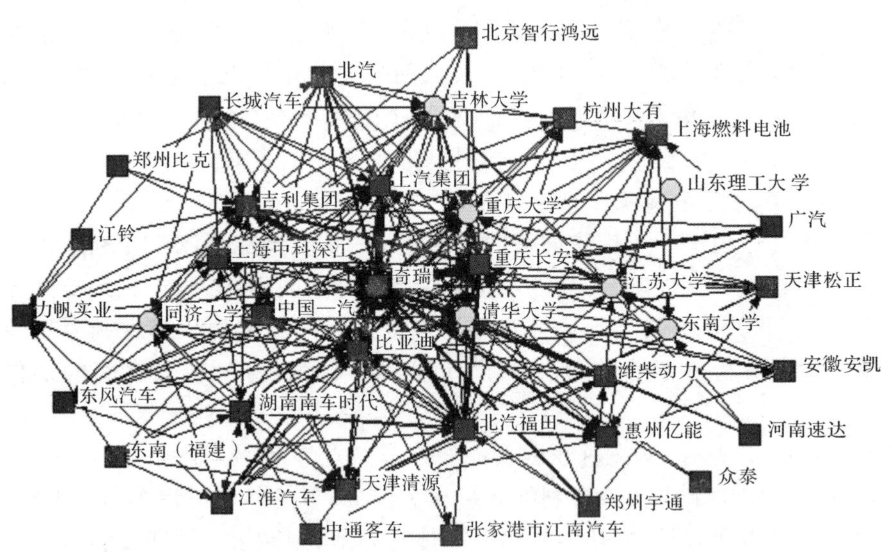

图 4 2001—2016 宏观网络生成图

群等多个方面。运用 UCINET 对网络整体特征进行测量，结果如表 2 所示。

表 2　专利引用网络的整体结构特征参数

网络边数	网络联结数	网络中心度	网络密度	效率度量		凝聚子群数
				平均距离	基于距离的凝聚力	
303	934	16.45%	0.6662	1.951	0.476	22

从 UCINET 显示结果来看，我国新能源汽车产业专利引用网络由 38 个专利权人构成，理论上最大可能的网络边数为 703 个，而实际观察到的网络边数为 303 个，总的网络联结数更多，达到 934 个，整个网络中无孤立点。通过 UCINET 软件测算出网络密度数值为 0.6662，这表明该专利引用网络密度大，各个专利权人之间合作紧密。

整个网络的中心度为 16.45%，表现一般。这表明大多数专利权人只需要部分中介人作为桥接点，即引用关系较为直接。标准度数平均值及其标准差分别为 7.079 和 17.180，这反映出网络中专利权人因各自引用而产生的关系权利存在一定差异，总体上位置优势在各专利权人上表现不一。

效率度量方面，我国新能源汽车产业专利引用网络的平均距离为 1.951，基于距离的凝聚力为 0.476，这表明网络节点之间联系紧密，专利信息传递效率较高。

凝聚子群数为 22 个，即分为 22 个派系，数量较多。初始在成分分析中共有 10 个成分，其中一个为强成分（包含 29 个节点），9 个为弱成分。进一步对称化后的派系分析则析出了更多子群，共计 22 个。这些子群中比亚迪参与了 11 个，体现了其不可或缺性。上述数据表明，我国新能源汽车产业专利引用网络逐渐成形，两大类节点纵向一体化车企和纯研发组织正在全国范围内建立起跨地区、深层次的专利技术合作关系。具体而言，专利引用网络的密度较大，节点之间联系紧密，网络集中度表现良好；存在部分关键节点，引用关系较为直接，信息传递效率较高；拥有较多子群，尽管有较为强势的节点，但总体上十分稳定。

2. 专利引用网络节点特征分析

新能源汽车产业专利引用网络的中心化水平反映在度数中心度上为16.45%,中间中心度为16.29%(表3)。这两个数值均不低,结合之前整体网络特征的分析结果,有理由认为我国新能源汽车产业专利引用网络中位置优势在各节点上表现不一,这意味着部分节点处于网络的核心地位,而也有较多节点处于网络的边缘。

表3 三种中心度描述性统计指标

	平均值	标准差	总和	方差	最小值	最大值	中心度
点度中心度	24.58	26.10	934	618.09	2	108	16.45%
中间中心度	26.40	44.518	1003	1981.89	0	237.61	16.29%
接近中心度	386	565.86	14693	320192.50	41	1406	/

表4 三种网络中心度计算结果

点度中心度			中间中心度			接近中间度		
节点	点出度	点入度	节点	中间性	标准化中间性	节点	引用接近	被引接近
奇瑞	108	300	奇瑞	237.61	17.84	奇瑞	41	382
重庆长安	92	118	比亚迪	98.39	7.37	重庆长安	48	385
北汽福田	83	16	重庆长安	85.64	6.43	清华大学	50	392
上汽集团	70	20	重庆大学	68.22	5.12	比亚迪	53	384
吉利集团	65	23	天津清源	67.16	5.04	重庆大学	53	393
比亚迪	60	86	吉利集团	60.94	4.58	吉利大学	59	396
清华大学	39	75	湖南南车时代	60.90	4.57	吉利集团	59	389
湖南南车时代	29	18	清华大学	56.58	4.25	上海燃料电池	61	408
潍柴动力	27	3	江苏大学	51.65	3.88	中国一汽	61	396
北汽	27	1	潍柴动力	47.07	3.53	天津清源	61	398
江淮汽车	24	2	北汽福田	36.92	2.77	湖南南车时代	64	387
长城汽车	24	4	张家港市江南汽车	36.00	2.70	上海中科深江	64	393
惠州亿能	22	9	上汽集团	21.56	1.62	上汽集团	64	394
上海中科深江	20	21	吉林大学	11.39	0.86	同济大学	65	391
同济大学	20	15	力帆实业	9.01	0.68	北汽福田	66	383

注:因篇幅所限,只列出前15位。

从表 3 得出的结果来看，新能源汽车产业专利引用网络可能暗含着所谓核心一边缘的结构。表 4 列出的结果很好地印证了这种内部不平衡性。点度中心度和中间中心度的平均值分别为 24.58 和 26.40，这意味着网络内 38 个专利权人每个专利权人平均与 24.58 个专利权人达成专利合作关系，平均 26.40 次充当中间联系者。接近中心度平均值为 386，与此相关的网络平均距离为 1.951(直接联系则距离为 1，每多一个中间联系者距离加 1)，表明每个专利权人与其他机构取得技术联系的平均步长为 1.951 步。除此之外，通过表 3 我们还可以发现，各类中心度指标在 38 个专利权人之间分布不均衡，部分节点较为突出，说明专利合作网络内存在着核心或者类核心的区域。接近中心度相较而言稍显均衡，说明该网络整体联结性表现良好，网络结构稳定。综合来看，我国新能源汽车专利合作网络的确呈现出核心一边缘的结构模式。

那么，网络中哪些专利权人处于核心地位，哪些专利权人处于相对边缘的地位呢？我们可以通过表 4 详细列出的点度中心度、中间中心度、接近中心度指标数值来具体分析。在下文中，所有专利权人将根据“核心—半边缘—边缘”的思想被具体分为四类：核心成员、中间成员、边缘成员以及潜在成员。

3. 中心性分析

(1)点度中心度

从整体来看，网络中专利引用关系明显，引用和被引用次数十分频繁，这说明网络中存在较多有效专利，整个网络引用关系稳定。具体而言，奇瑞和重庆长安等拥有较大点出度，反映出其引用其他专利权人专利的次数较多。同时也可以发现，它们自身的点入度也很高，表明它们占据着重要地位。其他点出度较高的专利权人还有北汽福田、上汽集团、吉利集团、比亚迪、清华大学、湖南南车时代和潍柴动力等，说明他们引用专利的频率较高。但是这些企业或高校又可以根据其点出度和点入度的对比再分成两类：一类是点出度小于点入度，表明专利净流出，说明其被外界引用相对更多，在技术和知识交流过程中处于上流或输出地位；另一类是点出度大于点入度，表明专利净流入，说明其引用的更多一些，总体上较为活跃，专利需求极强。除此之外，还有部分专利权人无论是点出度还是点入度均较少，处于边缘位置；更极端的，点出度和点入度均为0，表明其无任何引用和被引关系，但整体网络中未发现类似极端节点。

网络整体的标准化点入度和点出度中心势分别为23.7%和15.1%，表现良好（中心势越大越说明引用关系往中心区域集聚），这表明引用和被引用关系在网络内相对集中。并且不难发现，该网络的集中趋势更加体现在专利被引用的关系上，专利被引的集中趋势更加明显。

(2)中间中心度

表4表明奇瑞、比亚迪和重庆长安的中间中心度明显高于其他专利权人，位于网络的核心地位并且是资源控制者，众多专利间的引用方向都指向它们，它们代表着专利知识和技术的源头和最高水平，控制着网络内大部分专利引用和被引用关系；然后依次是重庆大学、天津清源、吉利集团、湖南南车时代、清华大学、江苏大学和潍柴动力等，相较于其余节点，这些专利权人是组成中间人的主体，表现相对活跃。众多专利权人之间业务上的联系需要通过它们的中介传导得以实现，扮演着桥梁的角色。

而众泰、山东理工大学、江铃、郑州比克、北京智行鸿远、河南速达、郑州宇通和东南(福建)等多个专利权人的中间中心度为0，位于整体网络的边缘地带，说明它们对网络内引用和被引用关系的影响力较小，处于被辐射和影响的地位。

(3)接近中心度

从表4列出的结果来看，排名越前的节点的接近中心度越高。如奇瑞公司，其专利知识和信息传播到其他专利权人的距离之和仅有41，传播效率很高；相对而言，其获取专利知识和信息就困难一些，距离之和为382。在专利引用的控制程度方面，排名前十的专利权人分别是奇瑞、重庆长安、清华大学、比亚迪、重庆大学、吉林大学、吉利集团、上海燃料电池、中国一汽和天津清源，排名越前说明控制能力越强，自身越独立。在被引专利程度方面，前十依次是郑州比克、北汽、东南(福建)、郑州宇通、北京智行鸿远、河南速达、众泰、山东理工大学、江铃和奇瑞，排名越前表明越不易被控制，独立性越强。专利引用网络中，除个别点较为突出外(如奇瑞等)，在专利引用和被引用方面同时拥有较高控制程度的专利权人并不多，且分布不集中，这说明整体网络中的专利权人已经构成了既相互联系又相互独立、结构稳固合理的专利引用关系。

(4)专利权人分类

根据上文三个中心度的分析,我们可以发现专利权人在整体网络中扮演着不同的角色。目前常见的专利权人分类方法一般按照商业类型,如本文提到的纯研发企业和纵向一体化企业进行划分。本文认为专利权人在网络中所处的技术地位可以从网络的角度更好地解构专利权人的关系,在此,基于上述三大中心度结果并按照整体网络内专利引用关系及密集度将专利权人具体分为四类:核心成员、中间成员、边缘成员以及潜在成员。核心成员是整个网络的核心,由一个或少数几个专利权人构成,具有最高的专利被引次数。中间成员专利引用关系相对均衡,且位于其他专利权人专利引用的路径上,以“桥梁”的角色出现。边缘成员往往处于网络边缘,它们主要是引用其他专利权人的专利且次数较少。潜在成员是游离在整体网络之外,完全和网络中其他成员无专利引用关系,但在未来可能加入网络的专利权人。

在点度中心度方面,奇瑞和重庆长安的点出度和点入度均位于前二的位置,比亚迪点入度位于第三,并且它们的点入度要明显的大于点出度,表明它们的专利被引的次数最多、技术含量最高,可以说它们代表着该领域最先进的研发水平。其中,奇瑞有 7 个专利被引次数大于 5 次且同族专利大于 3,这表明奇瑞拥有优质专利。中间中心度方面,奇瑞、比亚迪和重庆长安的中心度明显高于其他专利权人,说明它们是最大的资源控制者,控制着其他专利权人的专利引用关系。接近中心度方面,奇瑞专利信息传递距离最短只有 41,重庆长安、清华大学和比亚迪紧随其后,表明它们的控制力较强。结合三大中心度,本文将奇瑞、重庆长安和比亚迪三个专利权人定义为“核心成员”。同理,清华大学、重庆大学、北汽福田、上汽集团、吉利集团、湖南南车时代、潍柴动力、上海中科深江、同济大学、惠州亿能、东风汽车、吉林大学、中国一汽、天津清源、上海燃料电池等 15 个专利权人被定义为“中间成员”,它们是整体网络构成的中坚力量,整体引用水平和中心度都较为均衡。北汽、江淮汽车、长城汽车、北京智行鸿远、东南(福建)、广汽、江苏大学、郑州宇通、天津松正、安徽安凯、力帆实业、河南速达、张家港市江南汽车、东南大学、杭州大有、中通客车、山东理工大学和众泰等20个专利权人被定义为“边缘成员”，它们专利引用关系较少且往往是点出度较高，中间中心度较低，专利传递距离较长，这些均表明它们对专利权人之间的引用关系影响力较弱。而“潜在成员”指的是无任何引用关系，中间中心度为0，接近中心度最高的成员和节点，在2001—2016的整体网络中无该类成员。

这种类似于“核心—半边缘—边缘”思想的专利权人分类能够更好地反映出整体网络结构，也便于后面的分析。但需要指出的是，这种基于2001—2016整体网络的专利权人分类不是一成不变的，各个专利权人的角色也并非固定。随着我国新能源汽车产业的快速发展，专利权人之间的关系变得日益复杂，在网络发展的不同阶段，核心成员、中间成员、边缘成员以及潜在成员也在不断地变更中。各类成员的变化反映了整体网络的哪些特征，以及各个专利权人如何提升研发能力以促进角色变换，都是值得我们思考的问题。

（三）专利合作网络演变分析

1. 新能源汽车专利合作网络的阶段划分

2001年我国开始实施“863”计划电动汽车重大专项，这是我国新能源汽车产业开始形成的标志，其要求建立“三纵三横”的新能源汽车研发布局。2009年是我国新能源汽车产业发展的关键之年。2009年3月，国务院进一步公布《汽车产业调整振兴规划细则》，加大扶持力度，并明确了对新能源车辆的财政补贴标准。2009年3月13日，全国首个新能源汽车产业联盟在北京正式成立。2012年7月，国务院发布了《节能与新能源汽车产业发展规划(2012—2020)》，明确了节能与新能源汽车的技术路线及推进措施等，为中国新能源汽车未来的发展明晰了方向。2013年9月17日，三部一委联合发布了《关于继续开展新能源汽车推广应用工作的通知》，新版政策推广期为三年，主要涵盖纯电动、插电式混合动力和燃料电池汽车。

结合上文分析中的专利数量变化以及新能源汽车产业重大政策的颁布时间，本文将我国新能源汽车专利合作分为三大阶段：2001—2008年的初始发展时期，即“研发培育”阶段；2009—2012年的国家重点扶持和提速增长时期，即“产业酝酿”阶段；2013—2016年的持续高速发展和国家产业规划时期，即“战略发展”阶段。在此基础上，构建三个阶段各自的专利引用矩阵，为接下来我国新能源汽车专利合作网络的演变分析作铺垫。

2. 专利合作网络演变分析

以专利权人为节点，以专利权人间的专利引用关系为主要联系，将38个新能源汽车专利权人的专利按2001—2008年、2009—2012、2013—2016年三个阶段分别构建新能源汽车产业专利合作网络图谱。网络节点方块表示纵向一体化企业，圆圈表示纯研发组织，箭头方向如A→B表示B的专利被A引用，连线越粗表示专利引用次数越多。

先后通过Excel和Ucinet等分析工具对专利引用矩阵进行计算和描述，分析各个阶段的网络特征和演变过程。我国新能源汽车产业专利引用网络三个阶段的基本参数如表5所示。随后，对2001—2016年我国新能源汽车产业专利引用网络的演变路径进行具体分析。

表5　我国新能源汽车产业不同阶段专利引用网络的基本参数

	节点	边数	合作次数	网络密度	网络中心度	网络紧密度	网络凝聚子群数
2001—2008年专利引用网络	38	14	21	0.0149	8.51%	0.014	1
2009—2012年专利引用网络	38	171	425	0.3029	11.57%	0.32	7
2013—2016年专利引用网络	38	217	494	0.3516	12.82%	0.377	12

(1)研发培育阶段

在研发培育阶段即2001—2008年，伴随着“863”计划电动汽车重大专项和其他关键产业政策的相继实施，国家大力推动建立新能源汽车“三纵三横”的战略布局，新能源汽车产业发展进入起步期。在多项产业政策利好下，众多大型车企昂首迈入新能源汽车领域。

但是由于我国新能源汽车产业刚刚起步，和国际先进技术水平还存在着巨大的差距。分析这一阶段的网络图谱，可以发现专利权人之间无论是合作次数还是合作伙伴都相对较少，分别只有合作次数 21 次以及网络边数 14 次。大量的企业和科研院所游离在合作网络之外，网络中成员仅有 11 个。该阶段的新能源汽车专利创新成果较少，最大专利产出仅有 41 项，部分专利权人甚至未有专利成果，专利合作规范化程度不高，可见新能源汽车技术研发和创新能力均有待提升。网络规模过小的同时，节点联系也较为稀疏，网络密度和网络紧密度仅分别为 0.0149 和 0.014，网络结构集聚度不高、较为松散，凝聚子群只有一个即整体网络。其中，纯研发组织如清华大学、重庆大学和同济大学在网络中起着桥梁的作用，从事研发较早，经验十分丰富。纵向一体化企业除个别企业，如比亚迪和奇瑞外，并无显著优势。比亚迪、清华大学、奇瑞、重庆长安、同济大学和上海燃料电池等企业合作关系较密切。其中，比亚迪位于网络核心，专利引用和被引用次数最为频繁，是该时期网络的核心成员，这从 2001—2008 年网络图谱中也可以看出。清华大学、奇瑞、重庆长安、同济大学和上海燃料电池相互联系密切，符合中间成员的标准。而网络中剩余成员专利引用或被引次数均只有一次，为边缘成员。除此之外，还有多达 27 个节点和任何成员没有专利联系，为该时期的潜在成员。

(2)产业酝酿阶段

在产业酝酿阶段即 2009—2012 年，国务院首次明确把新能源汽车产业纳入“七大战略性新兴产业”，整车和关键零部件的产业化获得了政府的大量资金支持。这一时期，我国新能源汽车产业改变了过去研发主体单一、申请量较少以及专利合作匮乏等现象，专利技术创新步入了横向、纵向快速发展的新局面。大量车企和组织进入市场，不仅专利研发主体、专利申请量和专利合作次数与日俱增，新能源汽车市场规模也迅速扩大。经过研发培育阶段的知识积累，这一阶段的专利权人迎来了大量的创新成果，技术专利最高产出增长到 251 项，由奇瑞公司创造。专利合作网络中，合作关系随着新能源汽车产业的酝酿和逐渐铺开而增加，分别为边数 171 条与合作次数 425 次。

在这一时期，新能源汽车迎来了跨越性的技术变革，单一专利权人很难独立应对，客观上促进了专利权人之间的技术交流和合作。网络规模扩大，已有 33 个专利权人加入网络中，网络密度也显著提升，达到了 0.

3029,节点间的联系愈发频繁,网络紧密度为 0.32,网络结构逐渐紧密,凝聚子群共有 7 个,出现了多个小网络式的合作集团。此时,奇瑞公司逐渐崛起,占据了整个网络的核心位置,拥有和比亚迪相同的最高点入度(51)。重庆长安和重庆大学紧随其后,也均处于网络的中心,成为该阶段的核心成员。随着网络规模的扩大,中间成员和边缘成员也得到了扩充,由图 5 可知,边缘成员的引用和被引用次数也已不再有为 1 的情况。越来越多上一阶段的潜在成员在本阶段加入了网络,现阶段的潜在成员剩余 5 个。本阶段,纯研发组织继续扮演着关键的角色,重庆大学、清华大学和吉林大学等被引数量位居前列;而越来越多的整车企业逐渐加入网络,网络中纵向一体化企业占据了大多数,新能源汽车产业链逐渐成形,车企研发实力得到提升。

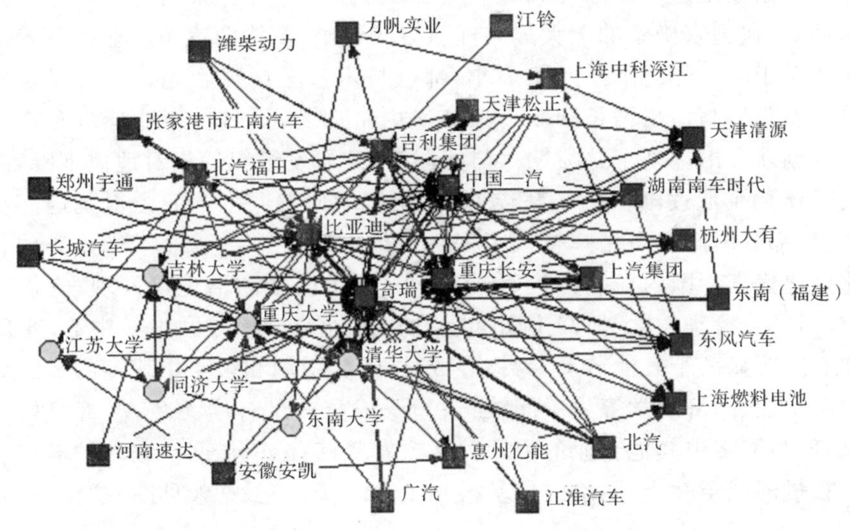

图 5　2009—2012 专利合作网络

(3)战略发展阶段

在战略发展阶段即 2013—2016 年,新能源汽车成为我国汽车工业发展新的增长点。国务院于 2012 年 7 月印发的《节能与新能源汽车产业发展规划(2012—2020)》为我国节能与新能源汽车未来的发展指明了战略方向和具体路径。在之前的两个阶段中,零部件产业化专利成果最为显著,年均增长20%左右,而整车和下游服务环节稍显滞后。这一阶段服务环节和整车产品步入了发展的快车道。新能源汽车生产和销售屡创新高,部分高端车型打入海外市场。最新的比亚迪e6续航里程取得新突破,达到300km,其电池额定容量为57kWh。

这一时期的专利合作网络继续扩大和深化,专利权人之间,尤其是领先组织与其他专利权人的合作强度加深,网络边数和合作次数分别为217条和494次。不少企业实现了资金与技术、知识的充分对接。网络密度为0.3516,网络紧密度为0.377,说明该时期的网络结构趋向稳固。网络中心度由前两个阶段的8.51%和11.57%增长到12.82%,重庆长安中间中心度达到163.125,合作关系更加集中于几个中心行动者,凝聚子群的数量则进一步增加到12个。专利合作网络的深化离不开专利技术创新,在国家确定的七大战略性新兴产业中,新能源汽车产业的技术水平相对于国际先进水平差距最小,部分技术甚至全球领先。这一时期的技术专利最高产出增长到347项依然由奇瑞公司创造,新能源汽车产业专利创新产出迎来了井喷期。与此同时,纯研发组织的相对地位下降,纵向一体化企业逐渐占据了整体网络,它们的研发—生产能力得到进一步增强,部分国产突出品牌打入了国际市场,跻身世界一流品牌,如奇瑞和比亚迪代表着国内新能源汽车最高水平。由网络图谱也可发现,它们与重庆长安、清华大学、上汽集团和吉利集团等位于整体网络最中心,中间中心度明显高于其他节点,为核心成员;部分引用和被引用均衡的节点如力帆实业、同济大学等为中间成员;边缘成员数量有增无减,尽管身处边缘,但与网络中其他企业的引用关系愈发紧密;游离在网络之外的潜在成员数量削减至0个,网络内成员得到了进一步扩充。(参见图6)

四、研究结论

通过现状分析和专利合作网络分析,我们可以发现我国新能源汽车产业专利技术研发和创新获得了快速发展,专利数量逐年递增、技术创新主体不断增加且以企业为主;“电池、电机、电控”的三横战略在企业层面得到了应有的体现,但专利权人地理分布较为分散、集中度不够。从网络

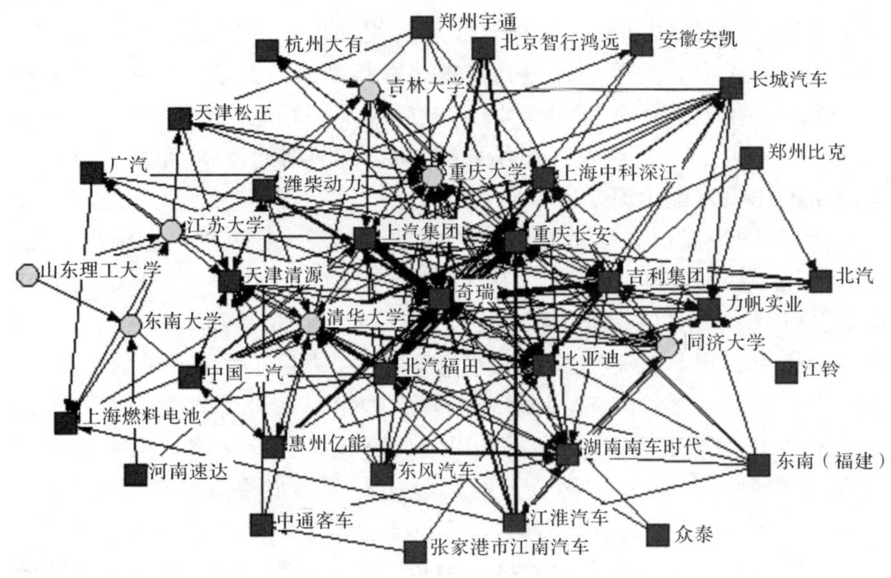

图 6　2013—2016 专利合作网络

分析视角看，已具备构建横向或纵向专利池的必要条件。具体结论如下：

第一，整体网络规模和密度趋大，联系日趋紧密。在相同规模下，网络密度能够准确地度量网络的密集程度，反映出节点之间的联系多寡。由表 5 列出的数据可知，在我国新能源汽车专利合作网络的演变过程中，专利合作次数从第一阶段的 21 次增长至第二阶段的 425 次，再到第三阶段的 494 次，网络密度从 0. 0149 增长至 0. 3516，密度明显提高。此外，网络规模不断扩大，网络中专利权人的数量从 11 个增加到 38 个，这一点也可以从“潜在成员”数量的减少而窥一二。这些均表明，各组织平均合作关系越来越密切，网络规模和密度均在稳步提升中。

第二，集聚现象突出，如核心成员和凝聚子群的存在。专利合作网络中核心成员作用逐渐显现，整体网络结构从松散走向密集和稳固，以多个核心成员为中心的集聚网络形成，图 5 至图 7 清晰地反映出这一点。每个阶段始终有明显的核心成员，如第一阶段的比亚迪到第二阶段的奇瑞、比亚迪、重庆长安和重庆大学，再到第三阶段的奇瑞、比亚迪、重庆长安、清华大学、上汽集团和吉利集团。整体网络的中心度也从 8.51%增长到 12.82%，网络中心性越来越得到体现。网络凝聚子群数量从第一阶段的 1 个增长至第三阶段的 12 个。网络中最大子网络包含的专利权人在第三阶段也达到了 7 个专利权人，随着专利合作网络的演变，最大子网占整体网络的比重逐渐上升。

第三，网络成员类型多样，各自扮演不同角色，且专利引用结构稳定。专利引用结构稳定这一点可以从网络标准化点出度和点入度中得到印证，其在网络演变过程中的第三阶段仅分别为 5.30%和 12.34%。这意味着网络中引用与被引用关系不够高度集中，尽管有核心成员的存在，但总体上分布较为平均，专利引用结构较为稳定。在包含大量专利权人的合作网络中，紧密而稳定的专利引用结构不仅是新能源汽车同业者复杂竞合关系的体现，也是专利合作网络深化乃至形成专利池的重要保证。在本文中，专利权人被划分为四类，不同类型的专利权人扮演着不同的角色。“核心成员”是那些在专利技术和知识传播过程中位于源头或者上流位置的专利权人，它们是专利技术的净输出者，持有数目较多的有效专利；“中间成员”专利引用关系较为平衡，往往起着沟通桥梁的作用；而其余部分专利权人处于网络的边缘，甚至被排除在外，这就是“边缘成员”和“潜在成员”，其对专利合作网络内的其他成员不具有控制力，位于专利技术传播的末端。

五、政策建议

(一)鼓励和发展横向和纵向专利合作

横向体现在整车企业的内部合作，即大企业和中小企业合作。一般而言，整车厂商之间主要是市场竞争关系，但专利合作网络反映出来的还包括专利引用等技术合作关系，这种横向的复杂竞合关系通过专利合作网络得到了很好的体现。网络中的横向竞合关系十分有利于同业之间技术竞争氛围的形成，这种氛围又促进了网络合作效率的提高。面对激烈的同业竞争压力，尽管汽车厂商通常会加大研发投入，但是单个企业的创新资源和知识积累有限，许多企业往往会选择采取模仿和跟踪创新的模式。这种模式成本低、时间短,能够减少重复性创新带来的创新资源浪费。但是毫无疑问,该模式会影响原始创新企业的收益,进而削弱其研发动力和热情。因此,需要构建一种合理的专利技术交易平台和配套的知识保护体系,促进整车企业之间的横向技术交流与合作。

纵向体现在纯研发和纵向一体化整车企业的合作。大学和科研机构等纯研发组织在专利合作网络中扮演着重要的角色,它们是技术创新传播的发源地,众多核心技术和有效专利往往就来自这些高校和科研院所。从新能源汽车专利发展的情况来看,纵向一体化整车企业的优质专利引用来源于两方面,一是同业竞争的整车厂商,二是高校和科研院所等纯研发组织。它们与这些纯研发组织的合作方式往往局限于直接购买相关专利技术或者实施短期合作项目等,尚未形成紧密的长期合作关系。因此,新能源汽车专利合作网络的拓展和深化,需要在纵向一体化整车企业和纯研发组织之间建立起强有力的产学研战略合作体系,拓宽纵向合作渠道,提升自主创新能力。

(二)组建专利池

1. 重视专利池和标准工作

随着我国新能源汽车产业的大跨步发展,国内涌现出一大批优质的汽车厂商。专利数量逐年增长,国内、国际市场规模不断扩大,在此基础上这些领先组织需要更进一步,在拥有雄厚的创新资源和知识积累后,带头构建中国自己的技术和专利标准,不仅经济效益将获得质的提升,也将改变我国新能源汽车产业在国际中的地位,真正达到世界领先水平。企业和纯研发组织可以在风险共担、利益共享的指导思想下对某些重点和关键性技术开展联合研发,或者在自愿、公平的前提下将某些专利和技术提供出来形成产业联盟或者专利池。目前广东省平衡车专利池的构建就是这一理论的实践,企业和组织形成合力、抱团进步,从而降低研发成本、促进创新效率的提高。当前,技术标准和专利相互融合是时代发展的趋势,基于技术标准的专利池模式已成为最有效的专利合作方式。构建我国新能源汽车产业专利池,不仅能够极大地聚集创新资源、切实保障专利权人的权益,还能将知识溢出和技术扩散的作用最大化,实现自主创新的持久激励。

2. 各类型企业扮演角色和所起作用

专利合作网络中的"核心成员"要发挥带头作用，领导组建新能源汽车产业专利池。这些企业往往技术研发能力领先，资金实力雄厚，持有大量有效专利，应充分发挥其行业领导力，努力构建我国自主的新能源汽车产业专利池。专利合作网络中的"中间成员"是构建专利池的中坚力量，应积极发挥其连带效应，努力串联起知识和技术传播两端的专利权人，强化成员间关系，促进合理高效的专利池治理模式的形成。专利合作网络中的"边缘成员"，往往技术研发实力落后，对其他专利权人没有控制力。尽管其无法主动带头建立专利池，但它们可以积极配合领先组织，在建立专利池的过程中发挥好资源共享和协同的作用，并充分汲取先进技术和知识，加快跟踪性创新效率，争取在未来的专利竞争中提高自身地位。对于不在网络中的"潜在成员"，要加强自身科研实力，主动与大型企业和组织寻求合作，争取在未来加入专利池，同时要增强专利意识，避免知识产权纠纷。

参考文献

[1] Baum J A C, Cowan R, Jonard N. Network-independent partner selection and the evolution of innovation networks. Management Science, 2010, 56(11): 2094-2110.

[2] Blundel R. 'Little Ships': the co-evolution of technological capabilities and industrial dynamics in competing innovation networks. Industry and Innovation, 2006, 13 (3): 313-334.

[3] Jiang J F, Dang X H, Xue W X. An evolutionary model for techno-innovation network structure: analysis from the viewpoint of the embeddedness of network. Systems Engineering, 2007, 25(2): 11-17.

[4] Chen Y C, Vang J. MNCs, global innovation networks and developing countries: insights from Motorola in China. International Journal of Business Science and Applied Management, 2008, 1(1): 11-30.

[5] Holger B. Lead markets for electric vehicles — China's and

Germany's strategies compared. Working paper No. 12 within the project：Lead Markets. Berlin，2013：1-26.

[6] Yang L F，Xu J H，Neuhäusler P. Electric vehicle technology in China：an exploratory patent analysis. World Patent Information，2013，35：305-312.

[7] 王静，朱桂龙. 新能源汽车产业产学研合作专利分析. 中国科技论坛，2012,(1)：37-43.

[8] 黄鲁成，成雨，吴菲菲，等. 基于专利分析的北京新能源汽车产业现状与对策研究. 情报杂志，2012，31(5)：1-6.

[9] 李薇薇. 新能源汽车产业的专利标准化战略制定与实施. 中国科技论坛，2012,(6)：62-66,72.

[10] 李雷. 建立国家级新能源汽车产业联盟势在必行. 装备制造，2010,(7)：46-48.

[11] 陈腾，曾国屏，杨君游. 丰田、本田、日产电动汽车专利计量分析. 科学与管理，2013，34(2)：26-31.

[12] 杨利锋，陈凯华. 中国电动汽车技术水平国际比较研究——基于跨国专利的视角. 科研管理，2013，34(3)：128-136.

[13] 张慧卿，郭倩玲，张杰. 电池成组技术国际专利情报分析. 现代情报，2014,(11)：131-137.

[14] 闫杰，缪小明，闫斌. 基于专利组合的电动汽车企业研发优势和商业机会评估. 世界科技研究与发展，2017,(1)：97-104.

[15] 王晨. 低碳经济环境下我国新能源产业专利战略制定. 吉林大学，2015.

[16] 汪守霞，汪张林. 基于专利信息的新能源汽车产业技术创新能力评价指标体系的构建. 辽宁工业大学学报(社会科学版)，2016,(2)：16-20.

[17] 高堉颖，黄镜瑄，邵彩. 新能源汽车技术专利研究. 低碳世界，2016,(11)：74-75.

[18] 陈文婕，曾德明，邹思明. 全球低碳汽车技术合作创新网络演化路径研究. 科研管理，2016,(8)：28-36.

从“补贴推动”到“内源驱动”

——新能源汽车补贴退坡政策的SD动态仿真研究

叶瑞克　高壮飞

浙江工业大学政治与公共管理学院

引　言

面对当前日益严峻的环境污染和能源安全问题，交通领域尤其是汽车行业巨大的能源消耗及其污染物排放和碳排放问题愈发引起人们的关注[1,2]，汽车工业迫切需要改革和转型[3]。与传统汽车相比，新能源汽车可提供灵活的电力消耗和存储，有利于消纳风电和其他不够稳定的可再生能源电力[4]，保证电力系统的灵活性和弹性[5]，同时减少碳排放[6]，具有显著的节能环保优势[7]，广泛采用新能源汽车可有效解决能源供给的清洁、安全和可持续问题[8-11]。因此，早在2009年，《中美政府联合声明》就倡议加强新能源汽车的推广应用，将其提升至中美两个大国间战略合作的高度，欧盟也将其作为达成能源和气候政策目标的核心议题[12]。新能源汽车推广应用及其可持续性已然成为一个全球性议题，成为各国政府应对全球气候变化和大气治理工作的重点领域[13]。

近年来，新能源汽车作为中国《“十三五”国家战略性新兴产业发展规划》[14]的五大领域和《中国制造2025》[15]的十大产业之一，其推广应用一直备受各级政府的重视，将其作为能源供给保障、节能减碳和城市大气污染治理的重要手段之一。中国主要通过积极的供需调节和高效的行政管理来促进新能源汽车的销售和扩散[16]。在示范试点城市和补贴政策推动下，中国新能源汽车推广应用取得了一些“量”的成果：保有量增加、企业增加、品牌与车型增多，2017年新能源汽车的产销量分别为79.4万辆和77.7万辆,连续三年产销量居世界第一,累计保有量达到180万辆,占全球市场保有量50%以上[17,18]。但是,中国新能源汽车推广应用在其发展过程中也伴随着一些"质"的困境:①电池等核心技术有待突破,整车生产水平有待提高;②技术标准有待统一[19],路线之争仍在继续;③财政压力尾大不掉,一补蜂拥而上,不补偃旗息鼓,车企骗补行为难以杜绝[20];④中央政策落地艰难,政策配套举措不系统[21];⑤商业模式有待创新,私人购买意愿有待激发[21];⑥充换电基础设施闲置,维修维护体系不健全[21],安全事故时有发生[22-24]。

"质"与"量"形成巨大反差的根源在于,中国的新能源汽车推广应用呈现出显著的"补贴推动"特征[25],或者说过于依赖财政补贴。虽然中国政府根据新能源汽车推广应用的不同阶段的需求差异,制定了差异化的购置补贴标准,但是相关财税政策制度设计的合理性和可持续性仍一直备受诟病。随着规模扩增,巨额的补贴金额加重了各级政府的财政压力[26],"企业骗补行为"更是凸显了财政补贴的依赖效应和挤出效应[27](见表1)。

表1 新能源汽车骗补情况

骗补方式		骗补数据	
		数量(辆)	金额(万元)
有牌无车	虚报车辆合格证和产量,未生产即已上牌及申请补贴	3547	101021
有车缺电	电动汽车未按有关规定安装电池及关键零部件;电池重复拆装利用申请补贴	19158	187510
标实不符	电动车辆的实际技术参数、配置和性能指标与有关规定不一致;提供虚假技术参数、虚假推广信息等骗取财政补助资金	1893	33949
前端闲置	车辆符合出厂标准,但出售对象是关联企业而非终端用户且车辆闲置	30414	169767

续表

骗补方式		骗补数据	
		数量(辆)	金额(万元)
终端闲置	车辆交付给终端用户但用户未提车或用户已提车但未实际运行使用以及车辆处于返厂闲置状态	21362	434826
合计		76374	927073

资料来源:新能源骗补完整名单泄露 72家车企狂骗92亿[EB/OL]. http://auto.sohu.com/20160913/n468352167.shtml, 2018.9.20.

注:2016年9月8日,财政部对外通报了2016年初对93家新能源汽车生产企业的专项检查结果,发现72家企业骗补,占比为77.4%,平均1.2亿元/家,12万元/辆;5家骗补大户(苏州吉姆西、苏州金龙、深圳五洲龙、贵州奇瑞万达和河南少林),4350辆,骗补12亿元,平均2.4亿元/家、28万元/辆。

因此,近年来新能源汽车补贴逐年降低,补贴标准和门槛日趋严苛(见表2),可见,财政补贴政策的逐步退出是大势所趋[28,29]。2017年9月中国工信部发布的《乘用车企业平均燃料消耗量与新能源汽车积分并行管理办法》和中国国家发改委2016年8月发布的《新能源汽车碳配额管理办法》(征求意见稿)更是进一步凸显了中国政府将市场机制引入新能源汽车推广应用领域的决心。那么中国的新能源汽车推广应用是否可能摆脱补贴?如何摆脱?如何判断成功摆脱?即补贴退坡后目标①能否实现?显然,如何通过合理的制度设计和政策工具选择以解决上述问题,亟待研究。

① 根据《中国节能与新能源汽车产业规划(2011—2020)》,2020年新能源汽车推广应用的目标为500万辆,若按70%比例,乘用车约为350万辆。

表 2 2013 年—2018 年新能源电动汽车乘用车财政补贴标准

车型	纯电续驶里程（公里）	2013 年	2014 年	2015 年	2016 年	2017 年	2018 年
纯电动乘用车	$80 \leqslant R < 100$	3.5	3.325	3.15	—	—	—
	$100 \leqslant R < 150$	—	—	—	3	2	—
	$150 \leqslant R < 200$	5	4.75	4.5	4.5	3.6	1.5
	$200 \leqslant R < 250$						2.4
	$250 \leqslant R < 300$	6	5.7	5.4	5.5	4.4	3.4
	$300 \leqslant R < 400$						4.5
	$R \geqslant 400$				5		
插电混动乘用车	$R \geqslant 50$	3.5	3.325	3.15	3	2.4	2.2

一、文献综述

近年来，新能源汽车推广应用及其补贴政策的研究一直备受学界关注，研究成果逐年增多。中文数据库 CNKI 的搜索结果显示（图 1），早在 1995 年，国内就有学者关注新能源汽车购买的补贴政策[30]，在 2009 年，即国家推出城市示范试点工作前后，相关研究出现井喷，到 2017 年相关文献达到 828 篇（新增），仅 2018 年 1—10 月就达 548 篇，累计 4893 篇。

研究伊始，相关研究成果主要集中在国外新能源汽车购置补贴的政策推介，并为我国出台相关政策提出了诸多建议。王英斌[30]详细介绍了法国政府鼓励购买电动汽车的补助基制度，内容涉及个人、运营公司、电力公司、环境部门和电动汽车研究机构等；曾耀明[31]等通过对比中外政策，认为国家出台的扶植政策是推动新能源汽车产业发展的直接动力；徐鹏[32]认为新能源汽车要实现跨越式发展，政策是关键，政府补贴政策能降低新能源汽车购置成本和使用成本，使对价格敏感的消费者更能接受；钟太勇[33]等通过一个动态的、非合作多方博弈模型研究发现对购买新能源汽车者提供必要的支持，可扩大新能源汽车的市场份额。

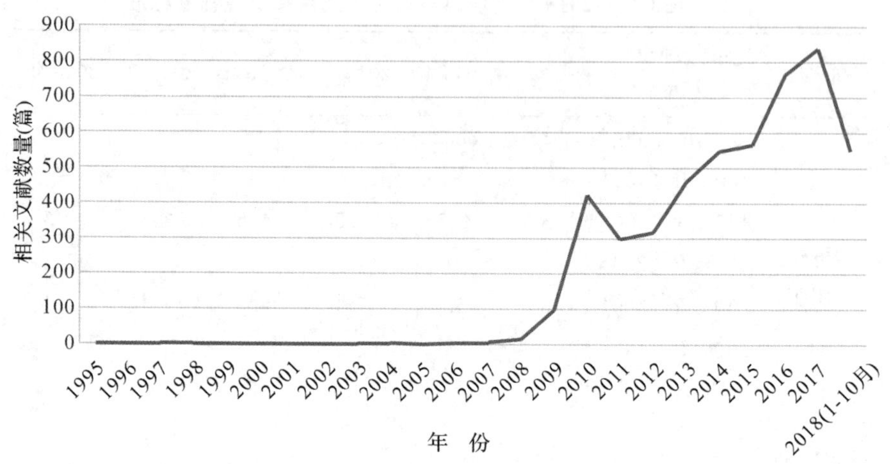

图 1 中文数据库文献检索结果

随着示范试点工作和购置补贴政策地推进，相关研究开始对补贴政策成效进行评估。唐葆君等[34]应用固定效应模型和回归模型研究发现，激励政策与中国新能源汽车补贴试点城市的混合动力汽车市场份额之间存在正相关性；李泉等[35]通过汽车上市公司的财务数据实证研究得出，增加政府补贴将有效促进新能源汽车的发展；张学龙[36]等应用 Shapley 值方法研究发现，政府对消费者补贴的增加使得出厂价格、销售价格和销售量都增加；Sierzchula[37]等针对 30 个国家电动汽车市场的实证分析发现，财政奖励、地方生产设施和充电基础设施对消费者购买的影响较大；谢旭轩等[38]认为我国目前实时的新能源汽车财政政策过于单一，并且补贴标准非常低，退坡机制会打击生产者和消费者的信心；李晓英[39]认为应加大补贴力度，并完善新能源汽车的政府采购制度。

随着补贴溢出效应和依赖效应等负面效应的显现[27]，一些学者开始对补贴政策进行反思。张永安等[40]认为购置补贴政策并没有触及消费者的真正需求，反而使企业滋生了采取“骗补”方式快速获得收益的念头，严重违背政策初衷；郑敬高等[41]采用均衡模型研究发现，地方政府对新能源汽车实施补贴是一种具有地方保护色彩的歧视性政策，制造了行业垄断，并形成了租金；邵慰等[42]应用一般财务数据处理的线性方程实证研究发现，强度较高的“生产补贴”研发激励效用远低于强度较低的“研发补贴”，两种政府补贴方式都符合边际效用递减规律。

进而，相关研究成果也提出了一些购置补贴政策的优化策略。吴迪等[43]通过构建补贴信号博弈模型研究发现，信息不对称提升了企业获得补贴的动机，提高企业投机和被发现的风险成本是实现市场完全成功均衡的关键；范如国[44]综合考虑了新能源汽车成本、充电桩建设情况、消费者初始效用、中央政府补贴等因素对地方新能源汽车推广的影响，构建了地方政府为实现既定新能源汽车推广目标的最优补贴策略模型，并提出可依据新能源汽车成本下降、充电设施逐步完善、消费者初始效用提升等因素变化，对补贴进行适当退坡；孙红霞等[45]认为政府应根据新能源汽车市场实际表现设定合理的补贴水平以及补贴退坡速度，并在补贴的同时设立专业的检查小组，采取积极的监管措施，及时发现骗补企业并处以较高的罚金。

随着近年来购置补贴逐渐退坡(见表2)，一些学者开始关注“后补贴时代”的新能源汽车购置补贴的替代策略研究。郭燕青等[46]认为技术进步对新能源汽车推广应用的影响大于经济补贴政策；He[47]认为突破关键技术难题、逐步提高电池续航里程和使用寿命以降低技术成本，是促进新能源汽车推广应用的有效措施；Sen[48]认为碳税、“双积分”政策、碳配额制度是扩大新能源汽车使用需求的有效政策措施；Jo[49]认为对传统内燃机汽车的限制政策可有效提升新能源汽车的供给水平，将成为政府补贴的有效替代举措；Ying 等[50]认为政企合作可减轻地方政府的财政压力；陈清泉[51]认为应形成新能源汽车智能化、平台化、互联化的创新发展格局；Skippon 等[52]认为新能源汽车的性能与质量、智能电网建设和基础设施建设的完善程度、充换电标准的统一以及充换电设施共享，将比价格更能影响消费者的购买决策；郭燕青等[46]认为一些以消费者为导向的政策设计，如不禁止通行、免费车牌、进入公交车专用道、停车优惠等，可降低使用成本进而刺激消费者需求；郑月龙[53]等认为消费者节能偏好支付意愿及共性技术研发是补贴退坡背景下更具根本性的新能源汽车产业健康发展驱动力量；Yu 等[54]建模分析指出，建立充电站要比购买补贴更有效率；张建斌等[55]通过对补贴的负面效应的解读，定性分析了补贴退坡的预期影响；马亮等[56]建立了新能源汽车绿色度、政府补贴和准入限制的三阶段博弈模型，提出了补贴“退坡”的替代机制。

综上所述，学者们在购置补贴政策的推介、评估及优化等方面进行了广泛而深入的研究，对“后补贴时代”的替代策略也开始有所关注。其中，政策评估及替代策略的相关研究成果还表明新能源汽车推广应用的影响因素数量多、涉及面广。现有研究对某单个因素的独立分析相对较多，但对多因素的内在联系和交互作用研究相对较少；且囿于方法学的限制，因素涵盖不够全面，将众多要素置于一个模型中的全面系统的综合分析较为缺乏，且尚未对“后补贴时代”的补贴退坡政策进行定量模拟和实证分析，相关替代策略的科学性也尚待深化。鉴于此，本研究在文献梳理的基础上，创新性地构建了中国新能源汽车推广应用的“内源驱动”理论模型，并将其视为一个包含诸多因素在内的自我导向型复杂系统，引入系统动力学理论（SD）及其分析软件对补贴退坡政策进行动态仿真，探讨补贴退坡的预期影响，检验补贴退坡政策的合理性和科学性，进而探讨“后补贴时代”新能源汽车推广应用补贴替代策略的制度设计和政策工具选择。

二、方法与数据

（一）“内源驱动”理论模型

突破新能源汽车推广应用面临着诸多困境，绝不可能仅凭“政府补贴”，而是基于一种多要素的系统作用的结果。在文献梳理的基础上综合分析发现，新能源汽车推广应用取决于四个一级因素：基础资源、需求条件、配套举措和模式创新（见图 2）。这四大因素并不是独立地发挥作用，而是相互影响，并最终形成一种“内源驱动”的能力。每一因素还可进一步分解为若干子变量，如政策扶持力度、基础设施建设规模与合理性、汽车产业尤其是新能源汽车产业发展水平及相关企业的竞争力、商业模式创新、环境保护压力等（见表 3）。

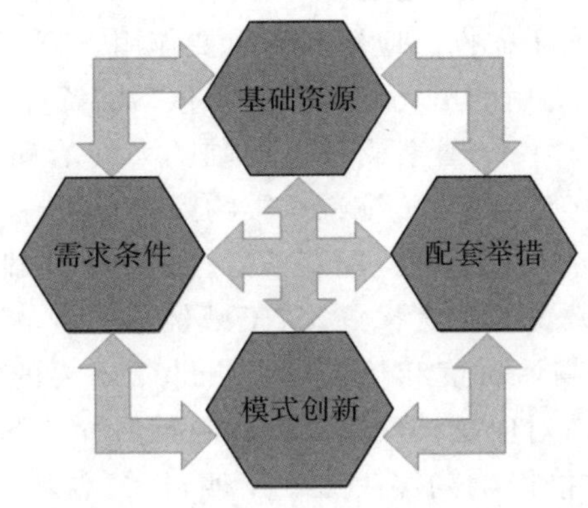

图2 新能源电动汽车推广应用的"内源驱动"理论模型

表3 新能源汽车推广应用的"内源驱动"理论模型的分析框架

一级因素	定义	二级因素
基础资源	新能源汽车推广应用有关资源方面的基础条件	新能源汽车产业企业发展水平[17-18]、产业投资规模[18]、新能源汽车技术创新投入[18,27]、专利数[27]、道路承载空间[58],等
需求条件	城市或公众对新能源汽车推广应用的需求情况	财税政策[31-33]、环保压力[21]、传统汽车保有量[26]、汽油/柴油价格[49]、消费者购买力水平[52]、传统汽车限购限行政策[46],[49]、社会舆论引导[58],等
配套举措	与新能源汽车推广应用紧密关联或具备驱动效应的相关配套举措	充换电基础设施建设水平[52],[54]、维修维护系统建设及其他配套政策措施[21],[52](如:不限行限号、停车优惠、专用停车位、社区停车设施建设支持),等
模式创新	新能源汽车推广应用模式的创新性和灵活性	推广方式的多样性[21]、商业模式的创新性[17],[21]、社会组织和社会资本的参与[56],等

第一,基础资源。新能源汽车推广应用面临多种制约因素,其中最为关键的是技术瓶颈,包括电池寿命、续航里程以及安全性。因此,一个具

有一定规模且良性发展的新能源汽车产业，一批拥有核心技术的高水平企业，将对新能源汽车的推广应用起到重要作用。第二，需求条件。需求是新能源汽车推广应用的市场基础。一个包括购置补贴在内的合理的财政补贴政策框架[57]，一个国家或城市面临的大气治理等环保压力、能源费用压力、消费者经济水平、传统汽车限购限行政策、社会舆论引导等，都将对需求条件产生作用。第三，配套举措。充换电基础设施、维修维护系统、不限牌不限行政策等配套措施，对于减轻消费者的里程焦虑，增进用车便捷性，从而提高认可度和接受度具有非常重要的作用。在北京、上海、杭州等诸多城市对内燃机汽车限牌和限行的背景下，配套举措将比新能源汽车的价格更能影响购买决策。第四，模式创新。虽然新能源汽车推广应用对整个社会具有正外部性，但新能源汽车充换电设施前期建设和后期运营都需要高昂的成本，在关键技术仍未取得突破的背景下，一个灵活变通的、具有创新性的、优秀的商业模式或推广模式以及社会资本的加入，将实现规模的快速扩张，从而有效降低成本，实现商业化。

（二）SD 模型构建

SD 是一门研究系统动态复杂性的科学，它以反馈控制理论为基础，计算机仿真技术为手段，强调系统行为主要由系统相关因素及其内部运行机制所决定，定性和定量地分析研究系统结构功能与动态行为的内在关系，从而找出解决问题的对策[59]。本研究引入 SD 理论和方法，运用 Vensim_DSS 软件，基于“内源驱动”的理论模型，将新能源汽车保有量、充电桩数量、传统汽车保有量转化为水平变量，同时将充电桩增长量、新能源汽车新增量、新能源汽车减少量、传统汽车增加量设置为相关速率变量，其余为辅助变量，建立了新能源汽车推广应用的 SD 模型（见图 3）。为了简化研究问题，同时基于乘用车的普遍性和广泛性，模型中的新能源汽车及传统汽车以乘用车①为主要研究对象。

鉴于数据的可获得性，本研究将模型 INITIAL TIME 设置为 2011 年，现值为 2011—2017 年，预测 FINAL TIME 设置为 2025 年，步长为 1，

① 根据《汽车和挂车类型的术语和定义》(GB/T 3730.1)第 2.1.1.1 款至第 2.1.1.10 款，新能源乘用车为最大设计总质量不超过 3500 千克的车辆。

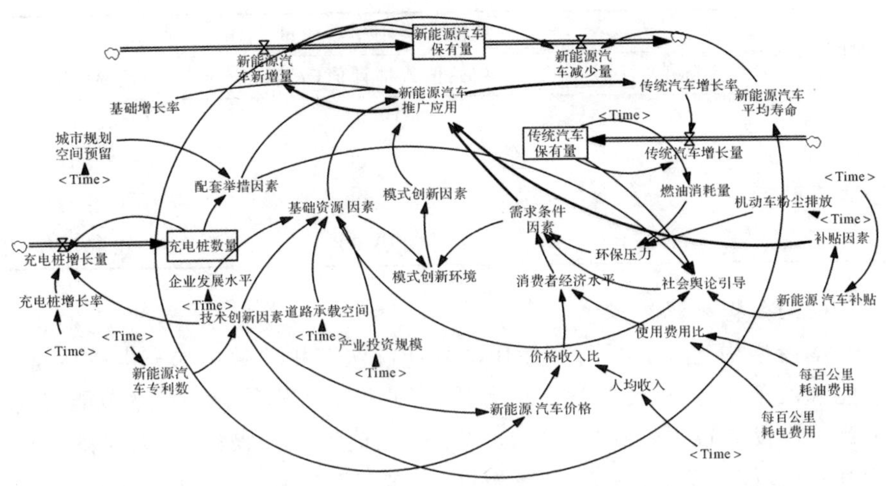

图3 新能源汽车推广应用的SD模型

注：<time>表示时间序列数据。

单位为年。本研究根据新能源汽车应用“内源驱动”概念模型的结构特点及因素特征，在参阅相关文献后通过相关方法对方程与参数进行初始设定，并通过多次仿真对参数进行调整。为了检验构造模型与实际系统之间的吻合程度，我们以新能源乘用车新增量为目标，将仿真结果与真实结果进行比较，即模型有效性检验。如表4所示，误差率均位于10%[60]的范围内，可以判断模型有效。

表4 实际值与估计值比较表

时间(年)	新能源乘用车新增量		
	实际值(万辆)	初始值或估计值(万辆)	误差率(%)
2011	0.23	0.23	—
2012	0.68	0.64	−5.89
2013	0.96	1.02	6.72
2014	5.45	4.95	−9.23

续表

时间(年)	新能源乘用车新增量		
	实际值(万辆)	初始值或估计值(万辆)	误差率(%)
2015	20.64	19.81	-4.01
2016	32.08	30.86	-3.80
2017	59.2	62.09	4.88
合计	119.24	119.60	0.30

(三)数据来源

本模型构建及分析时所使用的新能源汽车相关数据如充电桩数量、新能源汽车保有量、传统汽车保有量、产业投资规模等,来源于《节能与新能源汽车发展报告》(2016—2018)(中国工信出版传媒集团、人民邮电出版社)、《节能与新能源汽车年鉴》(2016—2017)(中国经济出版社)及中国汽车技术研究中心数据资源中心数据库;环保压力相关数据来源于中国生态环境状况公报(2012—2017),其他辅助变量的数据如人均收入、道路承载空间、城市规划空间预留等,来源于《中国统计年鉴》(2016—2017)(中华人民共和国国家统计局)、中国国家工业和信息化部网站及其他公开资料。

四、仿真及结果分析

(一)补贴政策推动效应显著,且无论何种情境增长趋势不变

本研究设置了三个补贴情境,即当前补贴额度(曲线1)、补贴分别降低20%、40%、60%、80%(曲线2-5),和补贴取消(曲线6)。结果发现:①所有情境下新能源汽车保有量虽各有不同(见图4),但都呈现上升趋势,说明不论补贴如何退坡,新能源汽车保有量的增长态势不会改变;②预测值在补贴情境高于补贴退坡情境,并和补贴退坡正相关,说明车辆购置补贴的推动效应确实十分显著。

(二)一级因素皆具正效应且叠加效应显著,配套举措为关键因素

本研究将各因素的增长速度分别设置为比历史趋势预估情境高20%,共计六种情境,即当前情境、基础资源上升20%情境、需求条件上

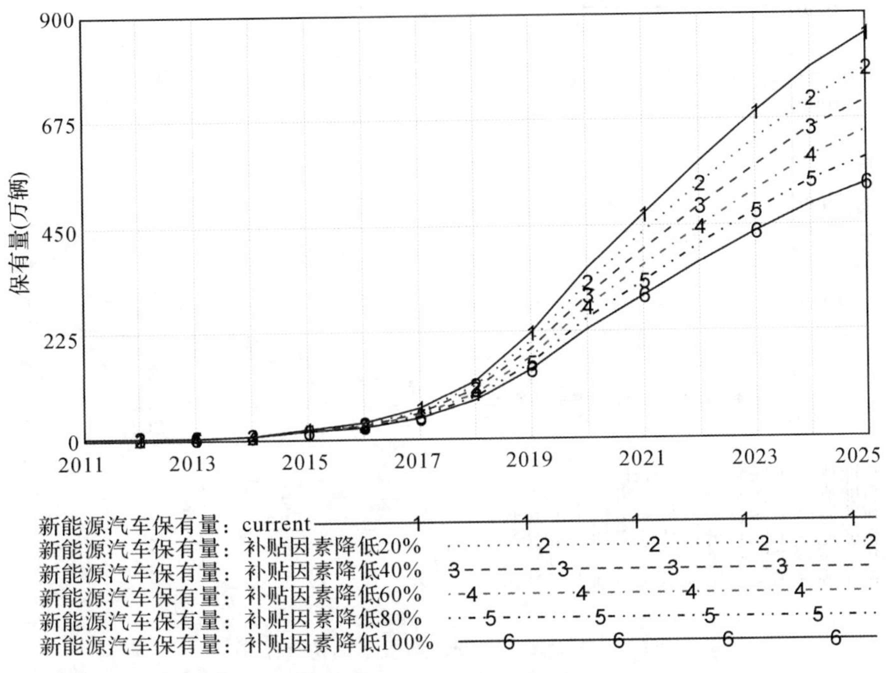

图4 不同补贴标准情境下新能源汽车保有量仿真

升20%情境、配套举措上升20%情境、商业模式上升20%情境和四要素皆上升20%情境(如图5所示)。仿真可得:①四个一级因素都具有显著的正向效应,且叠加效应更为显著(如曲线2相较于其他曲线);②配套举措因素较其他因素对新能源汽车推广应用影响效应最为突出(曲线3),其次为需求条件(曲线6)、基础资源(曲线4)和模式创新(曲线5)。由此可见,从长期看,补贴政策完全可以在配套举措等领域找到可资替代的政策或举措。

(三)补贴政策退坡有难度,但仍具可行性

从长期来看,购车补贴等相关财政补贴的退出是必然的,也是必要的。一是巨额的财政补贴难以为继,二是补贴的依赖效应和挤出效应会消解市场在资源配置中的决定性作用。然而,补贴退出后新能源汽车推广应用能否继续保持稳定态势?在剔除补贴情境下,2020年的预测值为

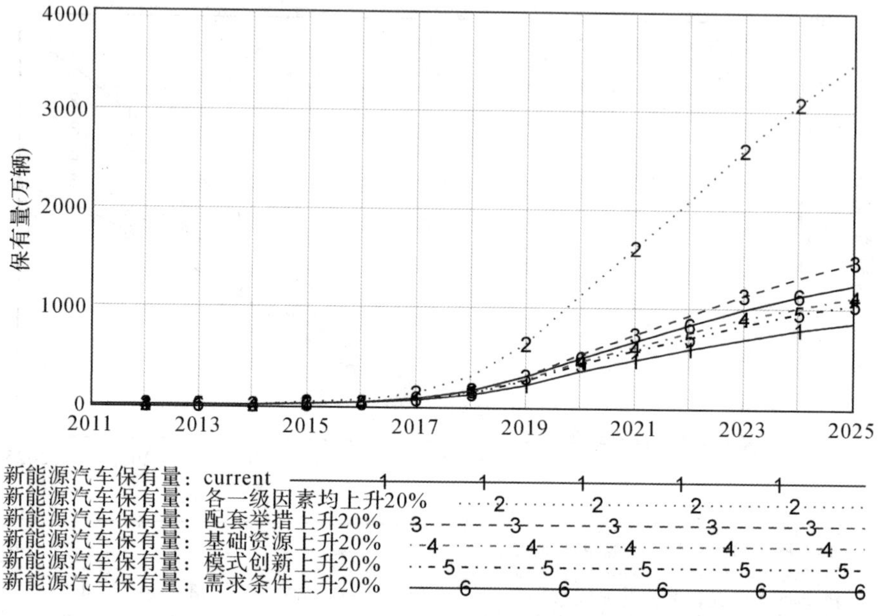

图 5 各一级因素变迁情境下的仿真结果

200 万辆，考虑到累计产销量一般说来要大于保有量，以及 2017 年新能源汽车中乘用车的所占比例 73.09%，达成《中国节能与新能源汽车产业规划(2011—2020)》的目标 500 万辆(按 70%比例，乘用车为 350 万辆)，确实存在一定差距。但是，一个具有稳定预期的渐进退坡的购置补贴政策，加之政府购买、传统燃油汽车的限牌限号政策、汽车共享(互联网分时租赁)等因素，仍然很有可能达成目标。这也证明中国当前实行的补贴逐渐退坡的政策是切实合理的。剔除补贴因素并将其他因素上浮 10%的情境(图 6，曲线 2)仿真发现，2020 的预测数据基本达到了 350 万辆乘用车的推广目标。

四、结论与建议

(一)研究结论

本研究基于新能源汽车推广应用的"内源驱动"的概念模型，构建了

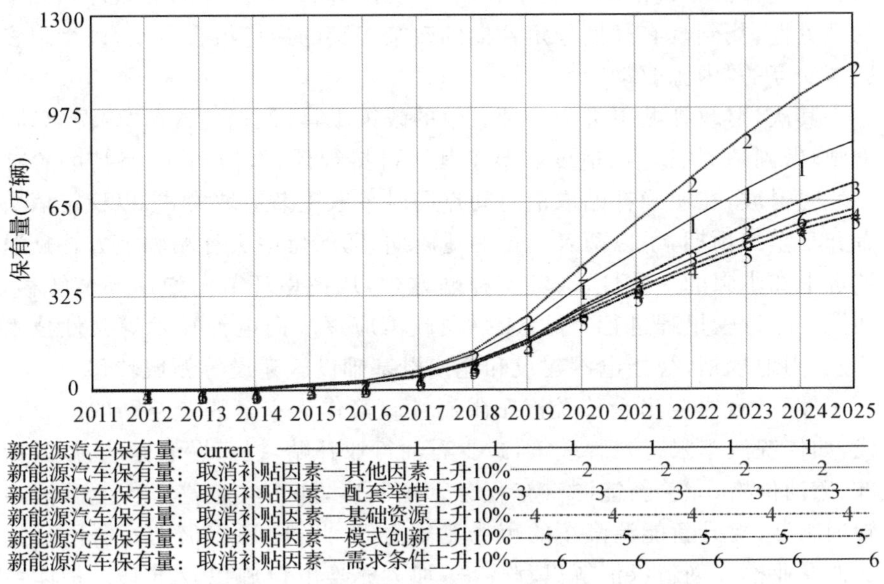

图 6　取消补贴因素情境下新能源汽车保有量仿真

SD模型，通过仿真研究，结果发现：①补贴政策的推动效应显著，但不论补贴如何退坡，新能源汽车保有量的增长趋势不会改变；②“后补贴时代”中国的新能源汽车推广应用的“内源驱动”有赖于相关因素之间相互作用与叠加效应；配套举措的影响效应大于其他要素，其他依次为需求条件、基础资源和模式创新；③补贴政策退出难度颇大，但仍具备一定的可行性，购车补贴可以在其他要素中寻求替代政策方案，即使补贴完全退出中国也能基本实现预定目标。综上所述，在“后补贴时代”，补贴因素将逐渐减小并最终归零，其他因素如基础设施完善、关键技术进步、产业水平提升以及商业模式创新的推动效应将更加显著，从而刺激消费需求，提高市场化水平，中国的新能源汽车推广应用将摆脱补贴依赖，进入后补贴时代的“内源驱动”模式。

（二）政策建议

首先，“内源驱动”能力的培育与提升应成为新能源汽车推广应用政策工具选择的关键准则。决策者们应把握不同政策之间的关联性和政策的预见性,找到具有长期稳定预期的政策工具的最优组合方案,以实现多因素交互的"内源驱动"。

其次,财政补贴不失为一种有效的政策工具,但仍应遵循"内源驱动"准则,做到适时、适点、适度。鉴于其不可持续性,需做到:①坚持购置补贴适时退坡,在明确补贴取消时间点同时采取逐渐退坡模式,以稳定消费者和车企的预期,予以两者充足的适应期;②保持中央补贴和地方补贴退坡水平和步骤的一致性;③转变补贴方式,从销售环节向使用环节转移,如按实际行驶里程进行补贴;④财税政策应逐步向电池技术等共性技术研发、用地规划、智能电网建设和充换电基础设施建设等领域转移。

最后,政府应出台传统汽车限制性政策作为车辆购置补贴的政策替代,如传统汽车限行限牌政策,减少石油行业补贴,提高燃油标准、排放标准、燃油价格,完善新能源汽车积分管理制度,加快实施汽车行业碳配额管理制度,提升新能源汽车的市场竞争力等,此外,还需借助互联网科技加强商业模式创新以消解里程忧虑,加大充换电设施以及维修维护体系建设、新能源汽车停车优惠、专用充电停车位等配套措施的力度,同时加强社会舆论引导,培育市场需求,形成需求导向市场内生成长机制。

本研究虽然是关于新能源汽车购置补贴政策退坡的动态仿真,但其理论模型、分析框架、SD 建模方法,或可给予其他类似领域的政策仿真研究一些方法学上的借鉴。如风电、光伏发电等新能源开发与利用领域同样存在财政补贴政策退坡的问题,传统油气行业也存在如何减少财政补贴的问题,相关的研究结论和政策建议对这些领域也有一定的参考借鉴价值。

参考文献

[1] Yin X, Chen W, Eom J, et al. China's transportation energy consumption and CO_2, emissions from a global perspective. Energy Policy, 2015, 82(1): 233-248.

[2] Kumar M S, Revankar S T. Development scheme and key technology of an electric vehicle: an overview. Renewable &

Sustainable Energy Reviews, 2016, 70.

[3] Wang Y F, Li K P, Xu X M, et al. Transport energy consumption and saving in China. Renewable & Sustainable Energy Reviews, 2014, 29(7): 641-655.

[4] Peng M, Liu L, Jiang C. A review on the economic dispatch and risk management of the large-scale plug-in electric vehicles (PHEVs)-penetrated power systems. Renewable & Sustainable Energy Reviews, 2012, 16(3): 1508-1515.

[5] Juul N. Battery prices and capacity sensitivity: electric drive vehicles. Energy, 2012, 47(1): 403-410.

[6] Hawkins T R, Singh B, Majeau-Bettez G, et al. Comparative environmental life cycle assessment of conventional and electric vehicles. Journal of Industrial Ecology, 2013, 17(1): 53-64.

[7] Arar J I. New Directions: The electric car and carbon emissions in the US. Atmospheric Environment, 2010, 44(5): 733-734.

[8] Borén S, Nurhadi L, Ny H, et al. A strategic approach to sustainable transport system development-Part 2: the case of a vision for electric vehicle systems in southeast Sweden. Journal of Cleaner Production, 2017, 140: 62-71.

[9] Steinhilber S, Wells P, Thankappan S. Socio-technical inertia: understanding the barriers to electric vehicles. Energy Policy, 2013, 60(6): 531-539.

[10] Nienhueser I A, Qiu Y. Economic and environmental impacts of providing renewable energy for electric vehicle charging-A choice experiment study. Applied Energy, 2016(180): 256-268.

[11] Brady J, O'Mahony M. Development of a driving cycle to evaluate the energy economy of electric vehicles in urban areas. Applied Energy, 2016(177): 165-178.

[12] Nilsson M, Nykvist B. Governing the electric vehicle transition-Near term interventions to support a green energy economy. Applied Energy, 2016(179): 1360-1371.

[13] He X, Wu Y, Zhang S, et al. Individual trip chain distributions for passenger cars: implications for market acceptance of battery electric vehicles and energy consumption by plug-in hybrid electric vehicles. Applied Energy, 2016 (180): 650-660.

[14] 中华人民共和国国务院. 中国"十三五"国家战略性新兴产业发展规划[EB/OL]. http://www.gov.cn/zhengce/content/2016-12/19/content_5150090.htm, 2018. 9. 12.

[15] 中华人民共和国国务院. 关于印发《中国制造 2025》的通知[EB/OL]. http://www.gov.cn/zhengce/content/2015-05/19/content_9784.htm, 2018.9.12.

[16] Ma S C, Fan Y, Feng L, et al. An evaluation of government incentives for new energy vehicles in China focusing on vehicle purchasing restrictions. Energy Policy, 2017, 110: 609-618.

[17] IEA. Global ev outlook 2018. 2018. 8. 5.

[18] 罗兰贝格汽车行业中心, 亚琛汽车工程技术有限公司. 2018 年全球电动汽车发展指数. 2018. 8.

[19] Zhang X, Bai X. Incentive policies from 2006 to 2016 and new energy vehicle adoption in 2010-2020 in China. Renewable & Sustainable Energy Reviews, 2017, 70: 24-43.

[20] 范如国, 冯晓丹. "后补贴"时代地方政府新能源汽车补贴策略研究. 中国人口资源与环境, 2017, 27(3): 30-38.

[21] 叶瑞克, 朱方思宇, 范非, 鲍健强. 电动汽车共享系统(EVSS)研究. 自然辩证法研究, 2015, (07): 76-80.

[22] 第一电动网. 2016 年新能源汽车起火事故全面盘点[EB/OL]. http://www.in-en.com/article/html/energy-2258654.shtml. 2017. 1. 5.

[23] 第一电动网.2017年上半年电动汽车起火事故盘点[EB/OL]. https://www.qctt.cn/news/182334，2017. 1. 5.

[24] 电动汽车资源网. 2018上半年电动汽车起火事故盘点[EB/OL]. http://nev.ofweek.com/2018-06/ART-71005-8420-30239200.html，2018. 6. 9.

[25] Wang N，Pan H，Zheng W. Assessment of the incentives on electric vehicle promotion in China[J]. Transportation Research Part A Policy & Practice，2017，(101)：177-189.

[26] 唐葆君，刘江鹏. 中国新能源汽车产业发展展望. 北京理工大学学报(社会科学版)，2015，(2)：1-6.

[27] 刘兰剑，赵志华. 财政补贴退出后的多主体创新网络运行机制仿真——以新能源汽车为例. 科研管理，2016，37(8)：58-66.

[28] Zhang X，Liang Y，Yu E，et al. Review of electric vehicle policies in China：content summary and effect analysis. Renewable & Sustainable Energy Reviews，2017，(70)：698-714.

[29] Greene D L，Park S，Liu C. Public policy and the transition to electric drive vehicles in the U. S.：the role of the zero emission vehicles mandates. Energy Strategy Reviews，2014，(5)：v66-77.

[30] 王英斌. 法国大力扶植电动汽车. 世界知识，1995，(13)：7-7. Energy Strategy Reviews，2014，5：66-77.

[31] 曾耀明，史忠良. 中外新能源汽车产业政策对比分析. 企业经济，2011，(2)：107-109.

[32] 徐鹏. 新能源汽车的政策、体系和市场. 汽车与配件，2009，(40)：14-17.

[33] 钟太勇，杜荣. 基于博弈论的新能源汽车补贴策略研究. 中国管理科学，2015，(s1)：817-822.

[34] 唐葆君，郑茜. 我国混合动力汽车经济激励政策的效果分析. 中国能源，2011，33(7)：24-29.

[35] 李泉，王小雪. 促进新能源汽车发展的财税政策研究——以上市汽车企业为例. 经济与管理，2012，26(6)：37-43.

[36] 张学龙，王军进. 基于 Shapley 值法的新能源汽车供应链中政府补贴分析. 软科学，2015,(9)：54-58.

[37] Sierzchula W，Bakker S，Maat K，et al. The influence of financial incentives and other socio-economic factors on electric vehicle adoption. Energy Policy，2014，68(5)：183-194.

[38] 谢旭轩，刘坚. 我国电动汽车发展面临障碍及政策建议. 中国能源，2014，36(8)：15-18.

[39] 李晓英，李敏. 新能源汽车产业发展现状及对我国发展的启示. 邵阳学院学报(自然科学版)，2016，13(1)：68-76.

[40] 张永安，周怡园. 新能源汽车补贴政策工具挖掘及量化评价. 中国人口·资源与环境，2017，27(10)：188-197.

[41] 郑敬高，冯森，杨振东. 新能源汽车补贴政策的租金效应及其应对. 科学与管理，2014,(6)：71-76.

[42] 邵慰，杨珂，梁杰. 政府补贴、研发激励与新能源汽车创新. 科技进步与对策，2018,(8)：69-75.

[43] 曹飞韶，吴迪. 基于信号博弈的新能源汽车研发补贴分析. 科技管理研究，2015，336(14)：21-25.

[44] 范如国，冯晓丹."后补贴"时代地方政府新能源汽车补贴策略研究. 中国人口资源与环境，2017，27(3)：30-38.

[45] 孙红霞，吕慧荣. 新能源汽车后补贴时代政府与企业的演化博弈分析. 软科学，2018,(2)：14-29,49.

[46] 郭燕青，李磊，姚远. 中国新能源汽车产业创新生态系统中的补贴问题研究. 经济体制改革，2016,(2)：29-34.

[47] He Y，Zhang Q，Pang Y. The development pattern design of Chinese electric vehicles based on the analysis of the critical price of the life cycle cost. Energy Policy，2017，109：382-388.

[48] Sen B，Noori M，Tatari O. Will Corporate Average Fuel E-

conomy (CAFE) Standard help? Modeling CAFE's impact on market share of electric vehicles. Energy Policy，2017，109.

[49] Jo Langbroek J H M，Franklin J P，Susilo Y O. The effect of policy incentives on electric vehicle adoption. Energy Policy，2016，94：94-103.

[50] Li Y，Zhan C，Jong M D，et al. Business innovation and government regulation for the promotion of electric vehicle use：lessons from Shenzhen，China. Journal of Cleaner Production，2016，134：371-383.

[51] 陈清泉：集成发展车联网，助力电动车产业. 电气时代，2015，(10)：35-36.

[52] Skippon S M，Kinnear N，Lloyd L，et al. How experience of use influences mass-market drivers' willingness to consider a battery electric vehicle：a randomised controlled trial. Transportation Research Part a，2016，(92)：26-42.

[53] 郑月龙，冷峥峥，王琳. 补贴退坡、共性技术供给与新能源汽车产业发展. 科学与管理，2018，(2)：45-55.

[54] Nie Y，Ghamami M，Zockaie A，et al. Optimization of incentive polices for plug-in electric vehicles. Transportation Research Part B，2016，(84)：103-123.

[55] 张建斌，王丽香，李梦莹. 新能源汽车补贴的负面效应与补贴退坡预期影响研究. 经济研究参考，2018，(5)：85-89.

[56] 马亮，仲伟俊，梅姝娥. 政府补贴、准入限制与新能源汽车产业发展. 上海经济研究，2017，(4)：17-25.

[57] 叶瑞克，高壮飞，刘康丽，等. 俄罗斯可再生能源开发利用现状与展望. 南京工业大学学报(社会科学版)，2018，17(3)：87-96.

[58] 王娜，中国新能源汽车发展关键影响因素识别分析. 南京工业大学学报(社会科学版)，2017，(4)：20-27.

[59] 张波，虞朝晖，孙强，等. 系统动力学简介及其相关软件综述.

环境与可持续发展，2010，(2)：1-4.

[60] Tan Y, Jiao L, Shuai C, et al. A system dynamics model for simulating urban sustainability performance: a China case study. Journal of Cleaner Production, 2018, (199): 1107-1115.

“三桶油”主要竞争对手与竞争压力研究

龚斌磊

浙江大学公共管理学院

一、研究背景

油气资源对于我国能源安全、经济发展和环境保护具有重要意义。迫于环境压力，我国正努力减少煤炭资源的使用。在新能源难以大量供给的背景下，油气资源特别是天然气，因其具有相对清洁性，成为我国未来几十年稳定发展的物质基础。然而，当前我国油气开发无法满足国内需求，2017 年我国油气对外依存度分别为 67%和 39%①，均创历史新高。我国油气资源开发由中石油、中石化和中海油主导，加快三大油企发展、提高国内供给是确保能源安全、维持经济发展和保护生态环境的最优途径。

如表 1 所示，我国三大油企实行差异化发展，彼此业务重叠少，其竞争对手主要是国外企业。因此，有必要对“三桶油”的国际竞争压力进行分析。此外，同时研究全球主要石油企业，可以避免定性研究中我国油企样本量过小的问题。最后，在外资准入松绑和海外投资活跃的背景下，研究油气行业的国际竞争环境和国外企业现状，对油气行业“引进来”和“走出去”战略，以及稳定油气外部供给和促进经济持续发展有积极作用。

基于此，本文利用 2009—2016 年全球 54 家主要石油企业数据，构建了多维度空间生产函数模型，从产品、科技、产业、地区和企业性质五个维

① 数据来源：《2017 年国内外油气行业发展报告》，石油工业出版社。

度分析了中石油、中石化和中海油的国际竞争压力。

表 1 中国三大油企多维度业务结构(2015 年)

企业名	产品		技术		产业链			产量地区分布	
	石油	天然气	常规	非常规	开采	炼化	销售	国内	海外
中石化	73%	27%	86%	14%	9%	55%	36%	85%	15%
中石油	65%	35%	93%	7%	31%	45%	24%	67%	33%
中海油	83%	17%	77%	23%	69%	15%	16%	68%	32%

数据来源:Rystad Energy 数据库、Energy Intelligence 数据库以及三大石油企业年报

二、国际主要石油企业及其统计数据

本文采用 2009—2015 年全球 54 家大型油气企业的年度面板数据。这些企业中,16 家是国有石油企业,38 家是私营石油企业。表 2 给出了这 54 家主要石油企业的名单。借鉴已有文献,本文选取企业总收益作为企业产出变量,雇员数量、石油储量、天然气储量、提炼能力作为企业的四种投入要素,并在生产函数中控制石油价格和天然气价格。以上数据来自权威能源数据机构 Energy Intelligence 发布的《全球石油企业排名 100 强》(Top 100: Global NOC & IOC Rankings)数据库[①]。

表 2 全球 54 家主要石油企业名单

Anadarko	Gazprom	Pertamina
Apache	Hess	Petrobras
Bashneft	Husky Energy	PETRONAS
BHP Billiton	Imperial	Pioneer
BP	Inpex	PTT
Cenovus	Kazmunaigas	Repsol
Chesapeake	Lukoil	Rosneft

① 本文只选取百大石油企业中投入产出信息齐全的企业构建面板数据。

续表

Anadarko	Gazprom	Pertamina
Chevron	Marathon Oil	Shell
CNOOC(中海油)	Mitsui	Sinopec(中石化)
CNPC(中石化)	Mol	SK Energy
CNR	Murphy Oil	Socar
ConocoPhillips	Noble Energy	Southwestern
Devon Energy	Novatek	Statoil
Ecopetrol	Occidental	Suncor
EnCana	OMV	Tatneft
Eni	ONGC	Total
EOG	PDVSA	Wintershall
ExxonMobil	PEMEX	Woodside

表3给出了2009—2015年54家全球主要油气公司的投入产出及其他变量的统计信息。2009—2015年,这些企业平均雇佣77500人,拥有91亿桶石油储量、300亿立方英尺天然气储量和日产86万桶的炼化设备,创造了年均764亿美元的产值。其中,石油和天然气比例分别为57%和43%,常规和非常规资源分别为74%和26%,开采、炼化和销售三部门的比重是19:58:23。

表3 变量的统计指标

变量	单位	均值	标准差	最小值	最大值
总收益	十亿美元	76.4	106.5	1.7	482.3
雇工数量	千人	77.5	221.5	1.0	1670
石油储量	百万桶	9,102	38,675	0	300,878
天然气储量	十亿立方英尺	30.6	93.5	0	678.5
提炼能力	千桶/天	864	1,314	0	6,271
石油价格	美元/桶	71.3	19.8	4.4	111
天然气价格	美元/千立方英尺	4.4	1.6	1.2	16.4

续表

变量	单位	均值	标准差	最小值	最大值
天然气产品占比	%	43	23	1	100
非常规资源占比	%	26	29	0	100
开采部门占比	%	19	20	0	78
炼化部门占比	%	58	32	6	100
销售部门占比	%	23	20	0	70

数据来源：权威能源数据机构 Rystad Energy 的 UCube 数据库和权威能源数据机构 Energy Intelligence 发布的《全球石油企业排名 100 强》(Top 100：Global NOC & IOC Rankings)数据库。

三、主要竞争对手和国际竞争压力

表 4 给出了我国三大油企在各个维度的主要竞争对手排名。列(1)—(3)显示了我国三大石油企业前三位的竞争对手。在企业性质维度，18 家国有石油企业的相互影响一致，因此对于我国三大油企，其余所有国有企业均并列第一，故未列出前三名。在产品、科技、产业和地区四个维度，我国三大石油企业的主要竞争对手均是国外企业。在利用模型平均法权重得到的综合排名中，中海油(CNOOC)的竞争对手前三位是挪威国家石油公司(Statoil)、墨西哥国家石油公司(PEMEX)和中石油(CNPC)，中石油(CNPC)的竞争对手前三位是中石化(Sinopec)、阿塞拜疆石油公司(Socar)和哈萨克斯坦国家石油公司(KMG)，中石化(Sinopec)的竞争对手前三位是中石油(CNPC)、巴西国家石油公司(Petrobras)和委内瑞拉国家石油公司(PDVSA)。列(4)给出了我国三大石油企业在各维度所面临的竞争指数和国际排名，其中，竞争指数基准为 1，值越大表示面临压力越大；国际排名表示 54 家企业中面临压力从小到大排列的名次。以加权的五个维度为例，中海油的竞争指数是 0.899，低于基准线，表示面临的总体竞争压力低于世界平均；在主要的 54 家油气企业中面临第 5 小的竞争压力，表明中海油在差异化发展方面成果显著。中石油的竞争指数是 1.016，在主要的 54 家油气企业中面临第 29 小的

竞争压力，处于国际中游。中石化的竞争指数是1.108，在主要的54家油气企业中面临第5大的竞争压力，表明其所面临的巨大竞争压力。

表4 我国三大石油企业各维度主要竞争对手 TOP3

	No. 1 (1)	No. 2 (2)	No. 3 (3)	竞争压力 (4)
产品维度				
中海油 (CNOOC)	巴西国家石油 (Petrobras)	委内瑞拉国家石油 (PDVSA)	哈萨克斯坦国家石油 (KMG)	0.984 (18/54)
中石油 (CNPC)	雪佛龙 (Chevron)	赫斯基能源 (Husky Energy)	英国石油 (BP)	1.066 (39/54)
中石化 (Sinopec)	委内瑞拉国家石油 (PDVSA)	大韩石油 (SK Energy)	巴西国家石油 (Petrobras)	1.002 (21/54)
科技维度				
中海油 (CNOOC)	雪佛龙 (Chevron)	埃克森美孚 (ExxonMobil)	委内瑞拉国家石油 (PDVSA)	1.110 (51/54)
中石油 (CNPC)	奥地利石油天然气 (OMV)	马来西亚国家石油 (PETRONAS)	大韩石油 (SK Energy)	1.034 (28/54)
中石化 (Sinopec)	墨西哥国家石油 (PEMEX)	壳牌石油 (Shell)	西方石油 (Occidental)	1.067 (36/54)
产业维度				
中海油 (CNOOC)	挪威国家石油 (Statoil)	墨西哥国家石油 (PEMEX)	哈萨克斯坦石油 (KMG)	0.829 (4/54)
中石油 (CNPC)	委内瑞拉国家石油 (PDVSA)	森科能源 (Suncor)	巴西国家石油 (Petrobras)	1.084 (44/54)
中石化 (Sinopec)	匈牙利石油天然气 (Mol)	大韩石油 (SK Energy)	帝国石油 (Imperial)	1.125 (53/54)
地区维度				
中海油 (CNOOC)	康菲石油 (ConocoPhillips)	壳牌石油 (Shell)	埃克森美孚 (ExxonMobil)	0.418 (4/54)
中石油 (CNPC)	西方石油 (Occidental)	道达尔石油天然气 (Total)	日本帝石 (Inpex)	0.854 (15/50)
中石化 (Sinopec)	意大利埃尼 (Eni)	英国石油 (BP)	马拉松石油 (Marathon Oil)	1.443 (50/54)

续表

	No. 1 (1)	No. 2 (2)	No. 3 (3)	竞争压力 (4)
五个维度				
中海油 (CNOOC)	挪威国家石油 (Statoil)	墨西哥国家石油 (PEMEX)	中石油 (CNPC)	0.899 (5/54)
中石油 (CNPC)	中石化 (Sinopec)	阿塞拜疆石油 (Socar)	哈萨克斯坦石油 (KMG)	1.016 (29/54)
中石化 (Sinopec)	中石油 (CNPC)	巴西国家石油 (Petrobras)	委内瑞拉国家石油 (PDVSA)	1.108 (49/54)

四、总结

本文采用2009—2015年全球54家大型油气企业的年度面板数据，研究发现：①中海油面临的竞争压力较小，中石油面临的竞争压力中等，中石化面临的竞争压力较大，这表明中海油的差异化发展战略卓有成效；②在产品、科技、产业和地区四个维度，我国三大石油企业的主要竞争对手均是国外企业。因此，在企业发展战略的制定过程中，必须对标国际一流企业，并且密切关注国际主要竞争对手的动向。

图书在版编目（CIP）数据

新时代中国清洁能源与可持续发展 / 郭苏建，方恺，周云亨主编. —杭州：浙江大学出版社，2019.10
ISBN 978-7-308-19488-4

Ⅰ. ①新… Ⅱ. ①郭… ②方… ③周… Ⅲ. ①无污染能源—能源发展—可持续性发展—研究—中国 Ⅳ. ①F426.2

中国版本图书馆 CIP 数据核字（2019）第 185604 号

新时代中国清洁能源与可持续发展

主　编　郭苏建　方　恺　周云亨

责任编辑　余健波
责任校对　张培洁　杨利军
封面设计　周　灵
出版发行　浙江大学出版社
（杭州市天目山路 148 号　邮政编码 310007）
（网址：http://www.zjupress.com）
排　　版　杭州好友排版工作室
印　　刷　浙江省良渚印刷厂
开　　本　710mm×1000mm　1/16
印　　张　17.75
字　　数　273 千
版 印 次　2019 年 10 月第 1 版　2019 年 10 月第 1 次印刷
书　　号　ISBN 978-7-308-19488-4
定　　价　55.00 元

浙江大学出版社市场运营中心联系方式：（0571）88925591；http://zjdxcbs.tmall.com